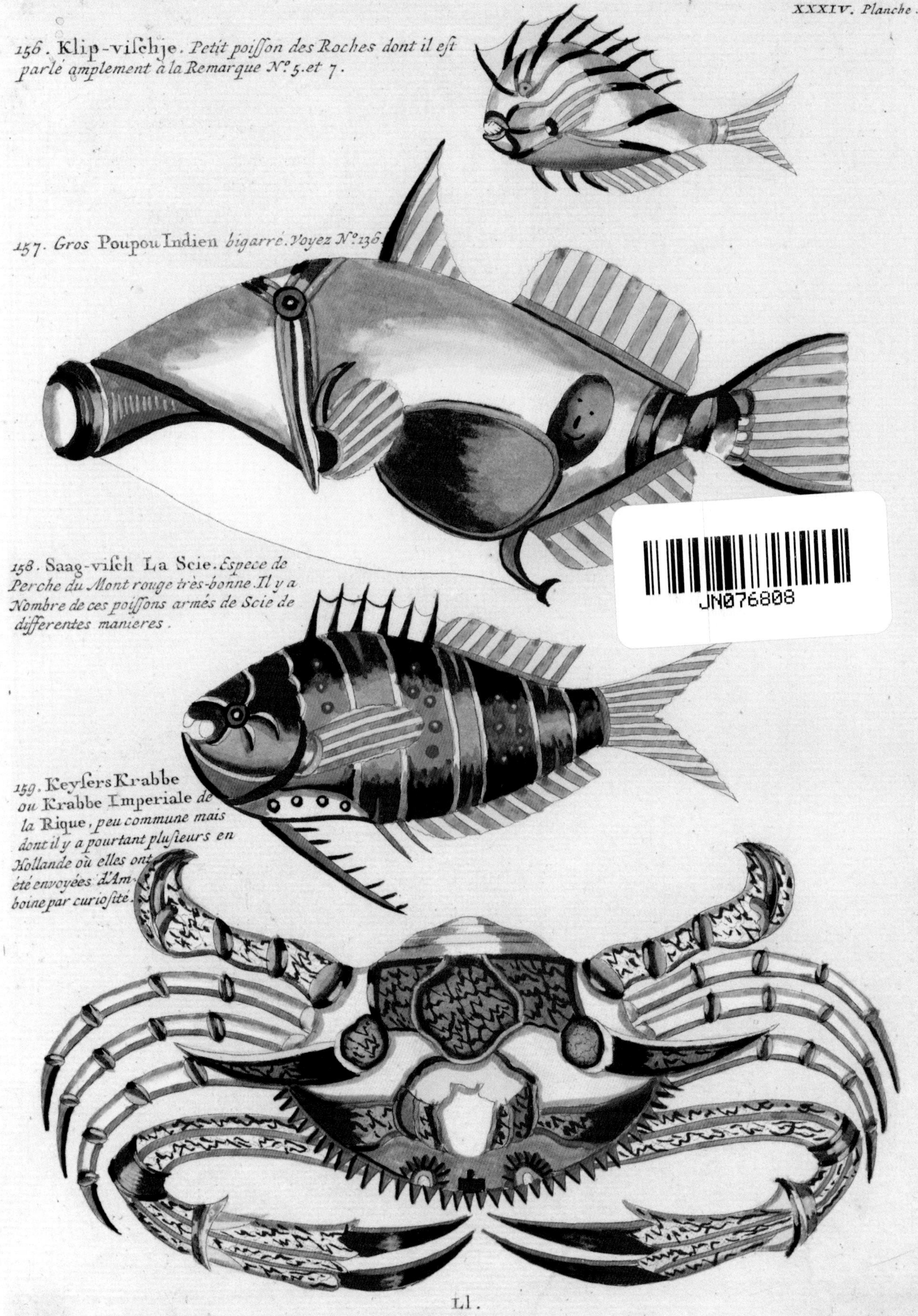
156. Klip-viſchje. Petit poiſſon des Roches dont il eſt parlé amplement à la Remarque N°. 5. et 7.
157. Gros Poupou Indien bigarré. Voyez N°. 136.
158. Saag-viſch La Scie. Eſpece de Perche du Mont rouge très-bonne. Il y a Nombre de ces poiſſons armés de Scie de differentes manieres.
159. Keyſers Krabbe ou Krabbe Imperiale de la Rique, peu commune mais dont il y a pourtant pluſieurs en Hollande où elles ont été envoyées d'Amboine par curioſité.

JN076808

愛書狂の本棚

異能と夢想が生んだ奇書・偽書・稀覯書

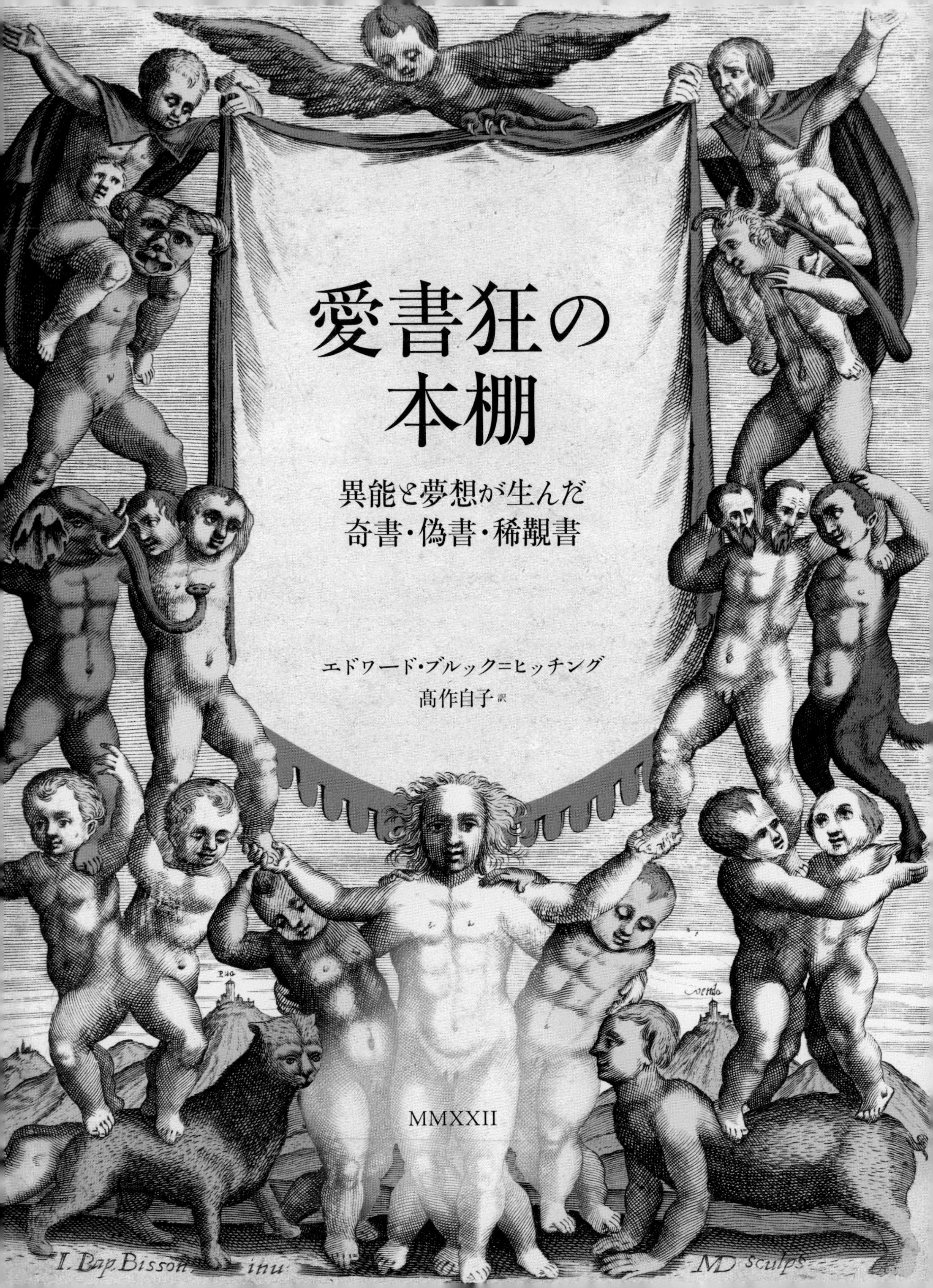
愛書狂の
本棚
異能と夢想が生んだ
奇書・偽書・稀覯書
エドワード・ブルック＝ヒッチング
高作自子 訳
MMXXII
I. Bap. Bisson
inu
MD sculps

COR
T.

神が与えてくださった最高の両親である
フランクリンとエマへ

目次

So erscheinet Asmodai.
Sein Rauch ist: Cicuta. Ambra.
und

Introduction

はじめに

本は広大な「時間の海」に建てられた灯台である

エドウィン・パーシー・ウィップル

1歳になったばかりの頃、父に連れられて初めてオークション会場に足を踏み入れた。私を入札用の札代わりにしようというのである。父が古書店を営んでいる我が家は、比喩的な意味でも実際でも、まさに本でできていると言ってよかった。壁という壁は書棚で覆いつくされ、ぎっしりと詰め込まれた革装本が色とりどりに輝いていた。深紅のモロッコ(山羊皮)、白色のベラム(高級な獣皮紙)、ネイビーブルー、ダークグリーン、黄金、古めかしいこげ茶……。どれも型押しされた大小の金箔できらめいていた。

これまでに存在した本の数

こうした本は「呼吸」もしている。そして古い紙や革の芳しい香りを漂わせている。時を超えて届けられる香り。本の生まれた場所や時代によってかすかに異なる香り。こう書くとロマンチックだが、小さかった頃はまったくその良さがわからなかった。実際、10歳頃までこの世に古書ほどつまらないものはないと思っていた。そんな私も、18歳になるとロンドンのオークション会社に勤めて、朝から晩まで働くようになった。25歳になる頃には古書に恋い焦がれるまでになり、食費や家賃などを極力切り詰め、余った金で自分の書架の一隅を埋め始めた(かの偉大な米国の稀覯(きこうぼん)本収集家、A・S・W・ローゼンバックは1927年にこう書いている。「欲しい本を手に入れたいがために、財産を投げ打って世界のあちこちへ出かけ、友情もかえりみず、嘘をつき、だまし、盗みまでする男たちを見てきた」)。

その頃、大西洋を隔てた米国では、グーグルのあるチームが誰も試みたことのない計算をようやく終えようとしていた。さかのぼること9年前の2002年、「グーグル・ブック・イニシアチブ」というプロジェクトが秘密裏に開始された。「プロジェクト・オーシャン」というコード名のこの計画は、現存するありとあらゆる紙の出版物を入手して電子化することを目的としていた。まず紙の本の総冊数を把握するため、米国議会図書館、世界最大の書誌データベースであるWorldCat(ワールド・キャット)、その他様々な世界の書籍データベースを駆使してありとあらゆる情報を集め始めた。その総冊数はやがて10億冊を超える。チームはアルゴリズムを利用して、重複本、マイクロフィルム、地図、ビデオ、さらにはエイプリルフールの悪ふざけで図書館のカード目録に加えられていた肉用温度計などを除外していった。こうしてついに、おおまかな数が明らかになる。発表によれば、現存する紙本の総冊数は1億2986万4880冊。そのすべてをスキャンしようというのだ。

過去に失われたすべての本も勘定に入れるなら、その数は飛躍的に増える。経年劣化で捨てられた本、自然災害で失われた本(シェークスピア戯曲集の二折本は、初版より第3版のほうが希少である。1666年のロンドン大火で第3版の大半が本屋の在庫とともに焼けてしまったからだ)、そして故意に破壊された本もある。焚書(ふんしょ)がその例で、ときには著者も本とともに大量の薪(まき)にくべられた。ちょっと

魔導書の悪霊

左ページ:1775年頃に描かれた『悪魔と魔術の大要』という謎めいた魔導書の挿絵。ロンドンのウェルカム・コレクション(150ページ参照)。

変わったこんな例もある。2003年、英国のロマンス小説専門出版社ミルズ・アンド・ブーン社の小説250万冊は、有料高速道路M6の建設のためシュレッダーにかけられ、25kmにわたるアスファルト道路の舗装に使われた。英国の政治家オーガスティン・ビレル(1850〜1933年)は、女流作家ハンナ・モアの本が退屈すぎると全19巻を庭に埋めてしまったという。

「本食い」によって文字通り貪り食われた本もある。古代中国の占いで使用された、文字を刻んだ亀甲や獣骨(22ページ参照)は、しばしば竜の骨と間違われて粉にされ、万能薬として用いられた。1370年のイタリアでは、ミラノの僭主(せんしゅ)ベルナボ・ヴィスコンティが、教皇の使者2人が届けた破門状に腹を立て、使者たちにその破門状だけでなく絹の紐や鉛封印などまで食べさせたという。一方、17世紀のドイツでは、法律家フィーリプ・アンドレアス・オルデンブルガーが、物議を醸した自らの文書を食べるよう、また最後のページを食べ終わるまでむちに打たれるよう言い渡されたという。

失われた本の中でひときわ異彩を放つのは、豪華本専門のロンドンの製本業者、サンゴルスキー兄妹のアルベルトとフランシスが手掛けた本だろう。『ルバイヤート』の英語版に1000個もの高価な宝石をちりばめ、2年がかりで完成させた豪華絢爛(けんらん)な「偉大なるウマル」は、米国の裕福な蔵書家ガブリエル・ウェルズの手に渡る。1912年、ウェルズは大喜びでそのお宝を米国に運んでもらうため船に載せるが、不幸にも船はあのタイタニックだった*1。

最上級の奇書の棚

グーグルのはじき出した1億2986万4880冊という数字には、今日まで残る古典的名著がもれなく含まれている。こうした作品は絶え間なく研究され、印刷され、様々な形で語られ、文学の中心であり続けてきた。だが、グーグルのコード名「オーシャン(海)」という言葉が示すように、それらは太古から果てしなく続く「書物の海」のほんの一部にすぎない。私が常に追い求めてきたのは、こうした本の周りに広がる暗闇の中でひっそりと輝きを放っている宝石たちである。忘れ去られた一風変わった本、珍奇さゆえにどのジャンルにも分類されないが賞賛されている本よりずっと魅力的な本。場所や時間や予算に制限されずに思う存分本を集められるとしたら、「最上級の奇書の棚」にはどんな本が並ぶだろうか。しかもその本たちが、著者自身や、彼らの生きていた時代のことを、期待以上に私たちに語りかけてくれるとしたら。

そこで問題になるのは、奇書とは具体的にどんな本なのかである。何を奇異と感じるかは本の所有者によって異なるから、ある程度主観的にならざるを得ない。それでも、10年近く様々な手掛かりやうろ覚えの逸話を頼りに奇書を追い求め、世界中の図書館や競売会社や古書店の目録に目を通しているうちに、「正真正銘の奇書」なるものが次第に浮かび上がってきた。内容だけでなく、その背後にも語るべき素晴らしい物語を秘めた本だ。そうした本が集まってくるにつれ、共通のテーマがいくつか存在することに気付き、かつて分類不能とされた本たちが、それぞれのテーマのもとに分類され始めた。それがまさにこの本の章を形作っている。

例えば、「血肉の書」の章は、人皮(にんぴ)装丁本(人の皮膚で装丁された本)や生物を素材に使った造本の歴史を検証する。それは何も大昔の話ではない。最近の例ではサダム・フセインの血書コーラン(62ページ参照)がある。2000年にイラクの

*1 サンゴルスキー兄妹がイタリアの詩人ガブリエーレ・ダヌンツィオ(1863〜1938年)の例にならってさえいれば、本は助かったかもしれない。この詩人は、なんと自分の本をゴムに印刷させていた。飼っている金魚とともに、タイル張りの巨大な埋め込み式浴槽にゆったりとつかりながら読むためだったらしい。

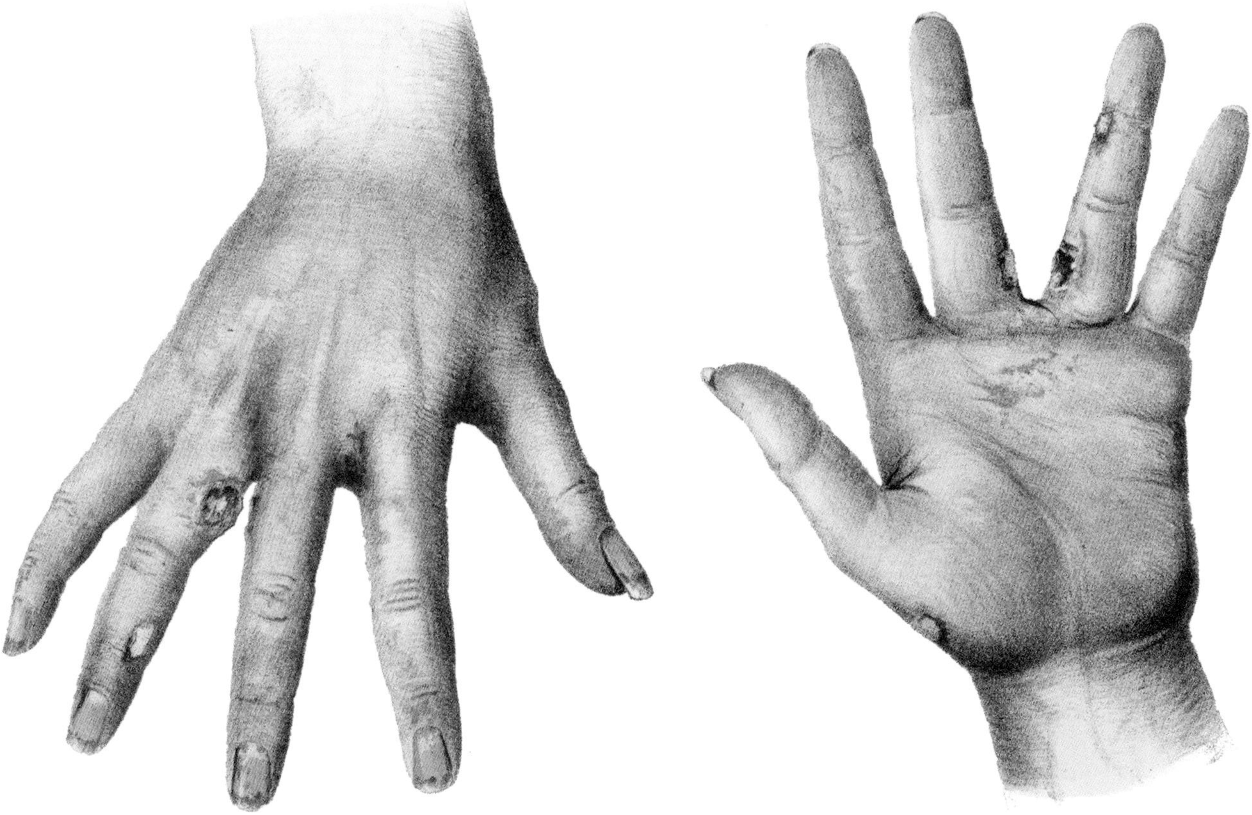

ヒ素の危険性

上：フランスの1859年版『公衆衛生・法医学年報』は、ヒ素に覆われた製品を扱う危険性に触れている。本の装丁も危険なものの一つだった。ヒ素を含む塗料を使う芸術家たちは、筆先をなめて整え、知らず知らずのうちに身体に毒を取り込んでいた。

ヒ素を使った装丁

右：死を招く17世紀の装丁。ヒ素を多く含む緑色の塗料が使われている。経費節約で表紙の板紙に古いベラム紙が張られることがあったが、その粗雑な見た目をごまかすために（のちには害虫駆除目的で）この塗料が使われた。こうした危険な装丁本が世界中のコレクションに数多く眠っているという。

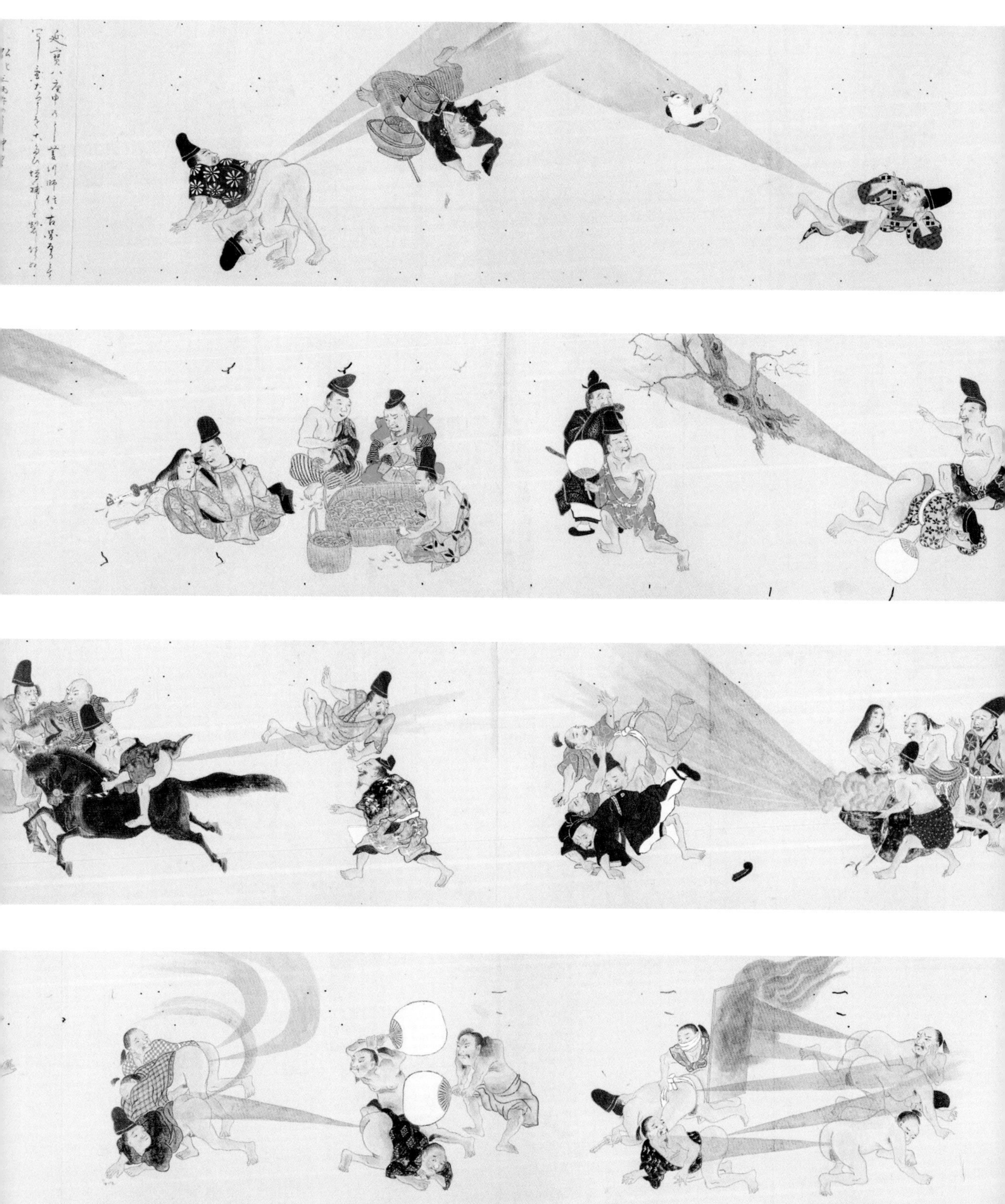

江戸時代のおならバトル

『屁合戦絵巻』。江戸時代（1603〜1868年）の作品で作者は不明。登場人物たちが互いに屁を放ち合う様子が描かれる。風刺のたぐいだろう。

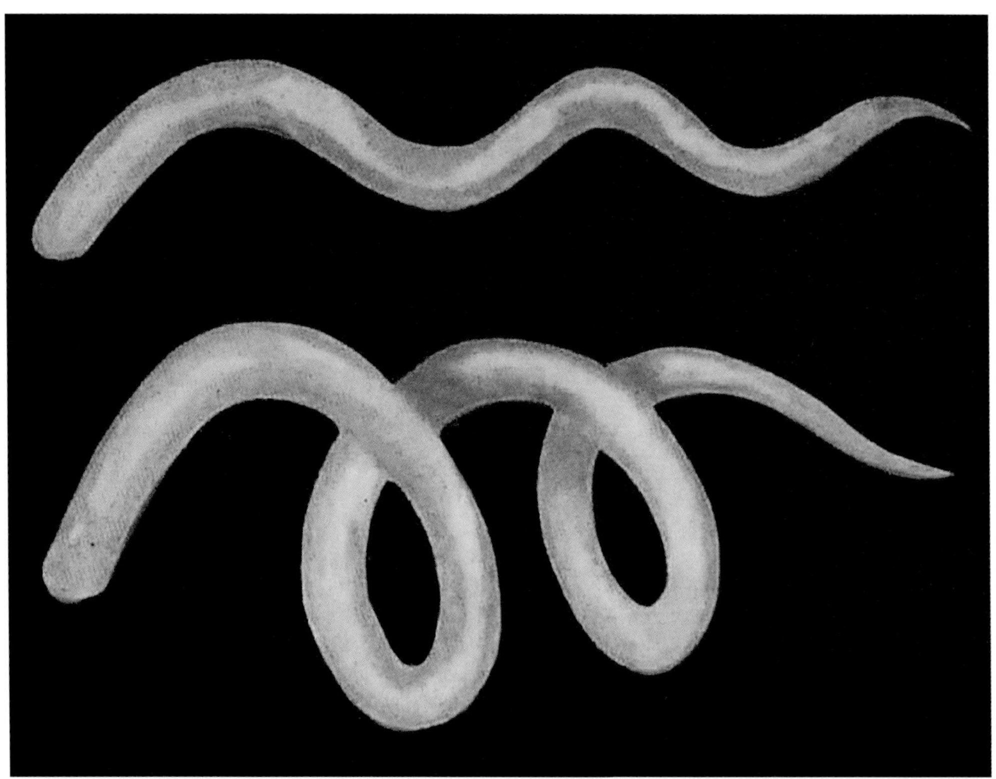

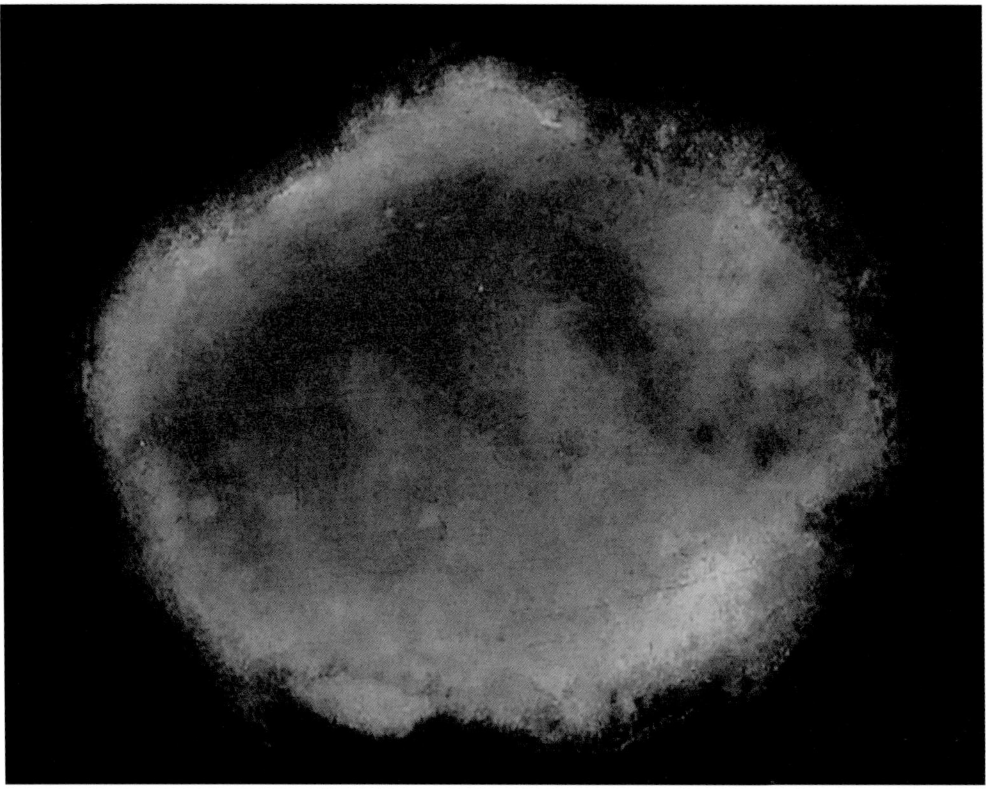

独裁者フセインの依頼で制作された605ページに及ぶ聖典コーランの写本で、フセイン自身の24〜27リットルの血を使ったといい、2年の歳月をかけて書き上げられた。

「驚異の収集本」の章で紹介する本も、異様なこだわりという点では引けを取らない。架空の獣を描いた中世の手稿、18世紀ジョージ王朝時代のロンドンで作られた俗語辞典（とりわけ卑猥な言葉を取り上げている）、知る人ぞ知るクック船長の「布の地図帳」、さらに『オックスフォード英語辞典』の誕生秘話では辞書と殺人犯との意外な関係も明かされる。

「偽りの書」の章では、偽書（本の形をとった嘘だ）の長い歴史の中から選りすぐりを紹介する。風刺、売名、復讐など執筆理由は様々だが、復讐目的で書かれた典型例が、1708年にジョナサン・スウィフトがアイザック・ビッカースタッフなるペンネームで発行した数冊の冊子だ。スウィフトはその冊子によって、自身が忌み嫌ういかさま予言者が早死にしたというデマをロンドン中に広めることに成功した。

一方、「暗号の書」の章は、暗号文の歴史を概観する。暗号文には、すでに解読されて驚くべき内容が明らかになったものもある。17世紀の悪魔からの書簡や、ドイツの風変わりな眼科医秘密結社の手稿などがその例だ。なお、眼科医の手稿に詳述されていた儀式とは「眉毛を引き抜く」というものだった。他方で未解読の暗号文も多々紹介している。長年の謎には懸賞金がかけられていることもあるので、ぜひ謎解きに挑戦し、賞金を手に入れていただきたい。

「神秘の書」の章では、魔術師の指南書や魔術にまつわる奇々怪々な珍本を、あっと驚くような挿絵とともに紹介する。例えば、自動筆記では、亡くなった者たちが死後も霊媒を通じて創作を続けることができるという。その信奉者の一人、アイルランドの詩人W・B・イェイツは、妻ジョージを通して伝えられた霊界からのメッセージを、結婚生活の最初の3年間で4000ページも書い

色彩で表した音楽

上：フランスの作曲家シャルル・グノー（1818〜1893年）の調べをこの図に見ることができる。『思いは生きている』より。

心を表した本

左ページ：ロンドンの神智学協会発行の『思いは生きている：想念形体』（1901年）より。編者のアニー・ベサントとチャールズ・リードビーターは同協会メンバーで、透視能力をもち、「想念」や実体のないものを観察して図に表すことができたという。上の図は、「知ろうとする意志」すなわち好奇心。下の図は「漠然とした清い愛情」。

た(ジョージの自動筆記は1925年に『幻想録』として出版され、その後7版を重ねたが、タイトルページに名を記されたのは夫だけだった)。

書物の海から奇書を探す

奇書の棚は、こうして世界中から時代を超えて集まってきた本で次々と埋められていく。不可視インクの本、死をもたらす本、あまりに巨大でページをめくるのに発動機が必要な本、ページ数が多すぎて宇宙さえ破壊してしまう本、食べられる本、着られる本、皮膚や骨や羽や毛で作られた本、魔導書、呪術書、錬金術の巻物、告解の書、「食人呪文」と呼ばれる古代の書、天使と交信するための本、宝探しを手伝う悪魔を喚起する本、魔王が起こした訴訟、魔王の署名入り契約書、戦闘時に身に付けていた本、予言書、魚の腹から見つかった本、エジプト人のミイラをくるんでいた本、アングロサクソンの古い医学書、心霊書、宝探しの本、聖書に隠された暗号文、ネズミで解説した日本の算術書、手のひらサイズの聖典、史上最小の本、上演された史上最短の戯曲、架空の魚の本、ありえない形の本、幻視の本、精神病患者による本、バイオリンやトイレットペーパーに書かれた戦時日記、あるいはもっと変わった本に至るまで。

こうした奇書は、そのあたりの本よりずっと面白い話を秘めている。どの本も違う角度で「本とは何か」を私たちに問いかけてくる。愛書家の心を躍らせ、本を愛することの意味を再考させ、より深めてくれるのだ。ところがどういうわけか、みな無名の淵の底に沈められてしまった。それでも、本は呼吸をしている。とうの昔に失われてしまったであろう思想や知識やユーモアを当時のまま残しながら。その本を開けた瞬間、本のもつ物語、そしてときには著者自身の物語が、容赦ない時の流れにも色あせることな

命を救った本

第一次世界大戦中、フランス外人部隊の隊員モーリス・アマノーは、ラドヤード・キプリングの小説『少年キム』のフランス語版(1913年)を胸ポケットに入れていた。フランス北東部のヴェルダンで被弾して意識を失うが、のちにそのポケット本のおかげで命拾いしたことを知る。弾は本を貫通する直前で止まっていた。わずか20ページの本が命を救ってくれたのだ。

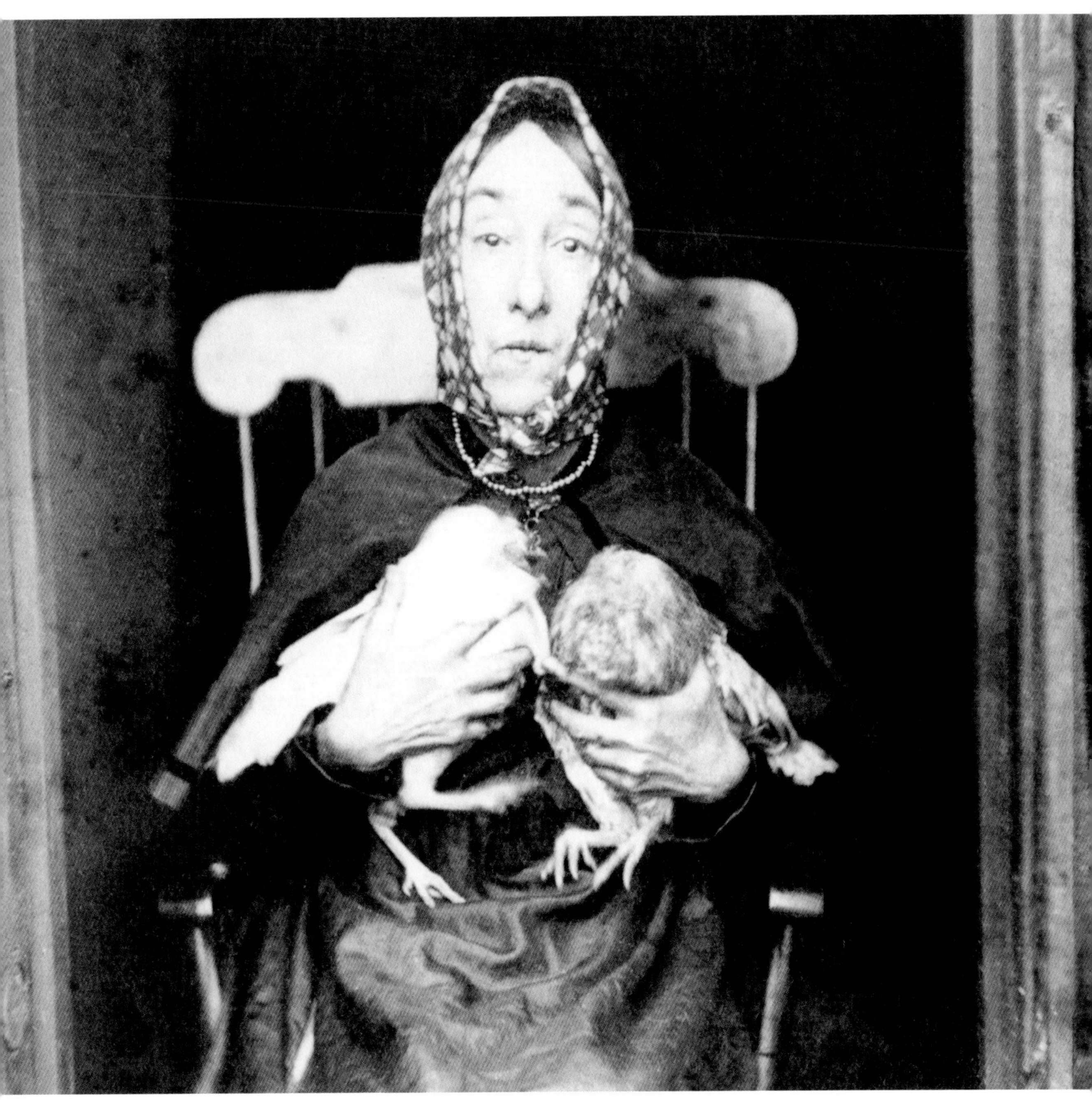

く蘇るのだ。埋もれていた本たちを探し当てて掘り起こし、本書で取り上げることは、私の使命のような気がしている。本書はこうした本たちに捧げられた書棚だ。変わりダネ、逸脱者、長らく行方知れずだったはみ出し者。そんな忘れ去られていた本たちが今ここに集結する。

愛する鶏の詩集

「マサチューセッツの鶏詩人」ことナンシー・ルース(1814〜1890年)。エイダ・クウィーティ、ビューティー・リンナと名付けた愛する鶏とともに撮影した一枚。ルースは『愛しき者たち』(1866年)などの自身の詩集をこの写真と一緒に観光客に売っていた。どの詩も鶏への愛にあふれている。現在、「鶏の聖母」の墓にはプラスチック製の鶏が飾られ、観光名所となっている。

読書家のための発明

回転式書見台。大きくて重たい本を何冊も簡単に読むことができる。ガスパール・グロリエ・ド・セルヴィエールの『数学及び機械学に関する発明品集』（1719年）より。

ブリキの本

左:『未来派の自由語』(1932年)。20世紀初頭にイタリアで起こった前衛芸術運動「未来派」の実験的作品。未来派は科学技術を賞賛し、革新的な本のデザインにも取り組んだ。この本はすべてがブリキの金属板でできており、著者フィリッポ・トンマーゾ・マリネッティの文章が印刷されている。

南極大陸で作られた本

下:『南極光』は、南極大陸で書かれ、印刷され、挿絵を入れて製本された史上初めての本。制作者は英国のニムロド号南極探検(1907〜1909年)の隊長アーネスト・シャクルトンとその隊員たち。供給物資用の木箱で製本され、70冊弱が現存している。

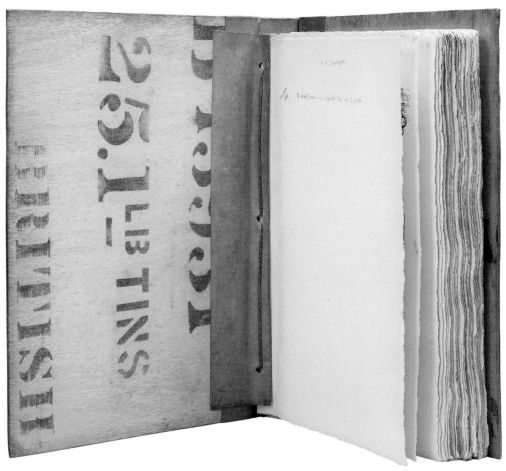

「本」ではない本

本は紙でできているとは限らない

古代ギリシャの歴史家ヘロドトスはその著書『歴史』(第4巻131節)にこう記している。紀元前513年頃、ペルシャの王ダレイオスはスキタイ(現在のカザフスタンとウクライナ南部周辺)に進軍し、スキタイのイダンテュルソス王に降伏するよう伝言を送った。その返答としてスキタイの使者が届けてきたのは、1羽の鳥、1匹のネズミとカエル、そして5本の矢だった。ダレイオスがその意味を問うと、使者は「それはご自分で」とだけ言い残して去っていった。ペルシャ人たちは頭をひねった。ダレイオスは、スキタイ人がおとなしく投降して土地も水も引き渡すことを意味すると考えた。一方、側近たちはこう解釈した。「ダレイオスが鳥のように飛び去るか、ネズミのように隠れるか、カエルのように水の中へ逃げ込まなければ、その矢で戦いを挑むぞ」＊1

＊1 ダレイオスの話の続きをここに記そう。ヘロドトスによれば、その後すぐ、戦場でダレイオスの軍勢はスキタイ軍に遭遇した。そのとき、スキタイ軍の陣列を縫うようにして「1匹のウサギが走り出た。それを見たスキタイの兵士たちは、一人残らずウサギを追いかけ始めた」。ダレイオスが何の騒ぎかと尋ねると、スキタイ軍が戦いを放り出して1匹のウサギを追い回しているのだという。その行動をあまりに奇異に感じたダレイオスは、側近にこう話したという。「連中はそれほどまでに我らを侮っているのか。どうやって無事に帰還するかを慎重に考えなければならぬ」

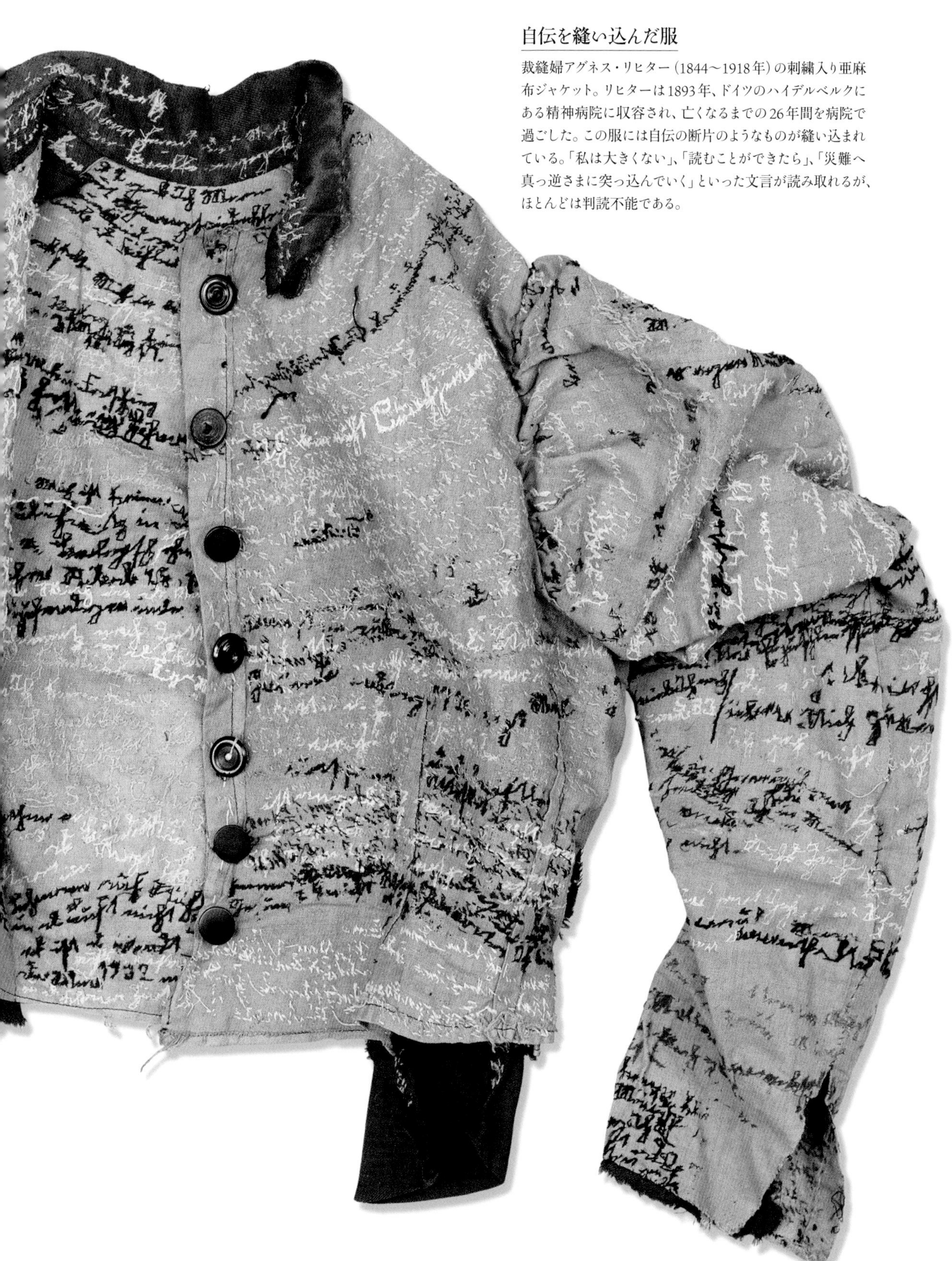

自伝を縫い込んだ服

裁縫婦アグネス・リヒター（1844〜1918年）の刺繍入り亜麻布ジャケット。リヒターは1893年、ドイツのハイデルベルクにある精神病院に収容され、亡くなるまでの26年間を病院で過ごした。この服には自伝の断片のようなものが縫い込まれている。「私は大きくない」、「読むことができたら」、「災難へ真っ逆さまに突っ込んでいく」といった文言が読み取れるが、ほとんどは判読不能である。

骨と粘土の古代の本

実際、スキタイ人は不服従を表明していたのだが、ここで興味深いのはそのユニークな伝達方法だ。私たちは「本」と聞くと、「冊子体」すなわち折りたたんだ紙を束ねて外側を保護用の表紙で挟んだものを思い浮かべる。だがこの章の目的は、本の歴史を深く広くさかのぼり、単なる冊子体の定義に収まらない興味深い本の形を見つけることにある。スキタイ王イダンテュルソスのケースは「意味」を伝えた極端な例だが、本の形態について私たちの思い込みを覆してくれる。そのような、ある種突然のひらめきから生まれたといえるような本を今から見ていこう。

冊子体が登場するはるか以前に目を向けると、古代の粘土板や蠟板に本の起源を見ることができる。やがてそれらはパピルスの巻物、さらに羊皮紙やベラム（子牛などの高級な皮）などの獣皮紙に取って代わられ、冊子体の時代になった。そして紙や印刷機が登場し、今もさらなる進化が続いている。ここではまず、本の興味深い初期形態を求めて中国に目を向けよう。世界中で古代文明の書物の多くが失われてしまったが、古代中国のとある「書」は、驚くべきことに無傷で何千年も生き抜いてきた。「甲骨」に書かれていたおかげだ。甲骨とは獣骨や甲羅のことで、たいていは雄牛やカメのものだった。その甲骨に質問を書き、占い師の血で清めたのち、熱した火かき棒を押し当ててひびが入るのを待つ。そしてその割れ目の形で将来を占うのだ。

甲骨には、天気予測から軍事作戦の結果に至るまで、あらゆる記録や予言が多々刻まれており、歴史家の熱い視線を浴びている。ただ、当然ながら現存するものは極めて少ない。ひとつには、発見されたときに竜の骨と勘違いされ、医薬的効果が期待されて、挽いて粉薬に変えられてしまったからである。右ページの写真の甲骨は、大英図書館の収蔵品の中で最も古く、紀元前1600～1050年の間に刻まれたものだ。今後10日間は悪いことが起きないという予言が書かれ、裏面には月食の記録が残されている。

古代メソポタミア人も天体現象や迷信を記録に残した。媒体は粘土板で、紀元前3500～3000年にシュメール人が発明し、メソポタミアの諸民族に使用された。そこに刻まれた文字は楔の形に似ているので楔形文字と呼ばれ、最も古い書記体系として知られている。この文字を軟らかい粘土に刻んで火にくべ、丈夫な板にしたものが粘土板である。出土した粘土板からは様々な情報や発見がもたらされる。とりわけ興味深いのは、呪術で現世のご利益を願うたぐいのものだ。古代シュメールでは、神の加護を求め、祈りの言葉を刻んだ巨大な釘のような円錐形の粘土板（粘土釘）を作り、建造中の建物の土台に何千個も埋め込んだ。時代の古さと特異性から、粘土釘は甲骨と同じくらい滅多に出土しないと思われがちだが、実は建設工事のたびに量産されたため、現在のイラク、シリア東部、トルコ南東部の遺跡発掘現場で膨大な数が頻繁に見つかっている。

メソポタミアの支配階級は、こうして神聖なお守りで建物の土台を埋め尽くして平安を祈った。一方、庶民は、地面の下から飛び出してきて悪さをする悪魔や悪霊に対処するため、やはり文字を何かに刻んだ。北メソポタミアやシリアの遺跡では呪文を書いた器がよく見つかる。「悪魔の器」や「悪霊のわな」といい、6～8世紀にかけての守護祈願の呪術の一形態だった（24ページ写真参照）。バビロニアのユダヤ・アラム語で書かれた呪文を見ると、文字が器の縁から始まり、らせん状に器の内部へと書き進められている。中央には縛られた悪魔の絵があることが多い。いわばそれは精神的な「ネズミ捕り」であった。器は部屋の隅（悪霊が壁と床の隙間から忍び込んでこられる場所）、戸口、中庭、墓地などに逆さにして埋められ、地下から悪霊が現れると器の呪文に捕らえられる仕組みだった。

出土した悪魔の器は大半がユダヤ・アラム語

骨の「本」

左：紀元前1600〜1050年頃に刻まれた中国の甲骨。

伝達の「本」

右：オーストラリアのアボリジニのメッセージ・スティック。原始的な書記形態の一つで、異なる部族間でメッセージを伝え合うために伝統的に用いられた。コロボリーと呼ばれる集団舞踏会、競技や球技への招待状として使われることが多かった。

祈りの「本」

下：チベットの古いマニ車。祈りの言葉が何千も書かれた経文が中央の軸に巻き付けられ、銀と象牙でできた円筒に納められている。チベット仏教徒の間では、経文を唱えながらマニ車を回すと経文の力が封印から解け、罪障が消えてなくなると信じられている。

祝いの「本」

上：建物の土台に埋められたシュメールの粘土釘。高さは14cmで、紀元前2100〜2000年頃のもの。神殿の建造を祝う楔形文字が刻まれている。シュメールの都市ラガシュ（現在のイラク）で発見された。

で書かれているが、マンダ語、シリア語、アラビア語、ペルシャ語のものもある。一方、出土品の約1割は理解不能な言葉が書かれており、読み書きのできない依頼人をだまして金を巻き上げた、偽の筆記者による安物とされる。

ミイラを包んでいた書物

メソポタミアで壁に粘土釘を埋めたり、居間に悪霊のわなを仕掛けたりしていた頃、別の場所では「エトルリア語で書かれた現存する最も長い書物」にまつわる謎が生まれつつあった。エトルリア語とは、現在のイタリアのトスカーナ地方で紀元前9世紀頃に興った文明で使われていた言葉だ。1798〜1801年のナポレオンのエジプト遠征後、多くのヨーロッパ人が「エジプト狂」になった。エジプトの秘宝をじかに見たいと夢見た人々の中で、幸運にもエジプト行きを果たしたのがクロアチア人ミハイロ・バーリッチだ。彼は放浪の思いを抑えきれず、1848年にハンガリー王国政府の下級官僚の職を辞して旅に出た。エジプトのアレキサンドリアに到着後、観光客相手に本物の考古遺物を売りさばく、にぎやかな市場を発見する。そこで彼は、自分への土産として、大きな石棺に収められた女性のミイラを購入した。

ウィーンへ戻ったバーリッチは、自宅のリビングの一隅にミイラを飾り、ミイラをくるんでいた亜麻布をほどいて別の陳列棚に収めた。1859年にバーリッチが亡くなるまで亜麻布はそこに置かれていたが、彼の死後、聖職者の兄弟が、首都ザグレブの国立研究所（現在のザグレブ考古学博物館の前身）に寄付した。博物館の職員は亜麻布に書かれた奇妙な模様に気付いてメモを取ったが、そのまま時が流れた。1891年、ヤコブ・クラールという専門家が、それがエトルリアの書であることに気付く。クラールは、布をつなぎ合わせれば、不完全とはいえ一つの文書になると確信した。

現在これは「ザグレブの亜麻布本」と呼ばれている。紀元前250年頃の作で、約3.4m幅の帆布を折りたたんで12ページにし、そこに赤と黒のインクで書き込まれている。エトルリア語は完全には解読されていないが、判読できる約1200語から日付や神の名が確認されている。おそらくこれは祭礼暦で、ローマの類似例を参考にすれば、宗教的な儀式を記録したものと考えられている。ではなぜ、エジプトのミイラが遠くイタリアのエトルリアの布にくるまれていたのだろうか。実は、ミイラに付属していたパピルスの

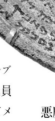

悪魔を捕獲する器

アラム語で記された悪魔の器（6〜7世紀）。中央に悪魔が描かれている。

切れ端からミイラの主が判明している。テーベの仕立屋パヘルヘンスの妻ネシヘンスというエジプト人だ。女性が亡くなったのはミイラ作りが盛んになった頃で、亜麻布の需要が非常に高く、深刻な供給不足にあった。エジプト人たちは、衣服や帆布など、手に入るものは何でも切り裂いて利用していたが＊2、その中に外国商人によってもたらされた「書物」もあったというわけだ。

呪文を記した鉛板

それに比べ、古代ギリシャやローマで遺体とともにときどき見つかる文書は、内容がより個人的だ。それは悪意に満ちたもので、「呪いの鉛板」と呼ばれている。物品や愛する人を盗んだ

ミイラをくるんでいた布

ザグレブの亜麻布本。文字の書かれた布が何枚かに分けられてエジプトのミイラをくるんでいた。

泥棒への復讐を神に願う鉛板で、口調はかなりきつい。大英博物館の呪いの鉛板にはこうある。「トレティア・マリアを呪う。命、頭脳、記憶、肝臓、肺、そのすべてを呪う。その言葉、思考、記憶を呪う。それゆえあの女は秘密を話すことは許されず、何事も許されない」。英国のバースで見つかった130個の鉛板は、一つを除くすべてが、盗まれた物の返還と泥棒への呪いを女神スリス・ミネルバに懇願するものだった。一方、愛の呪文が刻まれた鉛板もあり、愛する人の髪の束

＊2　エジプト人は巧みにも長期にわたって様々な本作りを試した。紀元前1200年頃にラムセス2世が膨大な蔵書をまとめたとき、そこにはパピルスや亜麻布ばかりか、粘土、石、シュロの葉、樹皮、象牙、骨などで作られた本もあったという。

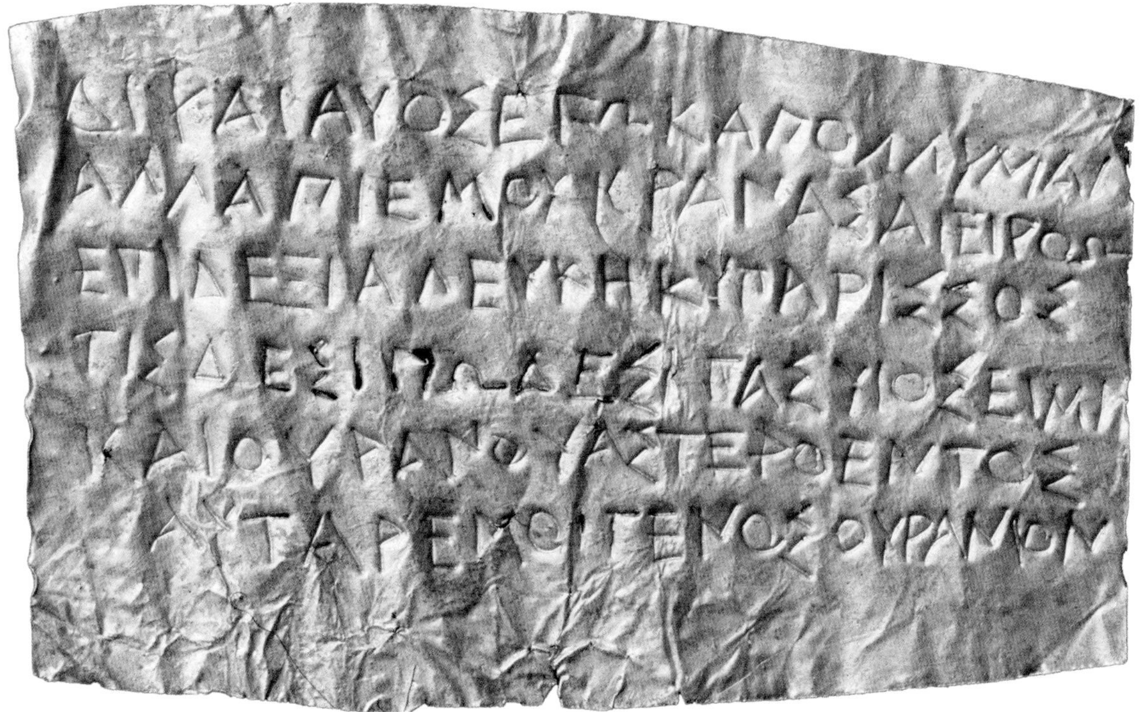

冥界への旅行ガイド

「死者のパスポート」の代表例「オルフェウスの金板」。紀元前4世紀後半。

が巻き付けられた状態で見つかっている。呪いをかける相手の名が空白の鉛板もあり、大量に呪文を購入して複数の人間に復讐することもできたようだ。こうした鉛板すべてが解読されたわけではなく、なかには悪魔の言葉に見せかけるため、「神秘的な声」つまりは筆記者がでっち上げた意味不明な言葉（アブラカダブラのような）で書かれているものもある。

呪いの鉛板は、理不尽な殺され方をした若者の墓でも見つかっている。早すぎる死を迎えた死者の霊魂を慰めるためだったのだろう。この点でよく似たものに「死者のパスポート」がある。金箔に記された書で、巻物にして小型のロケットに入れ、死者の首に飾られた。死者のための旅行案内書といった感じで、魂が冥界への旅路をたどる手助けをし、冥界の監視者との問答に備えた答えが記されていた。ギリシャ神話のオルフェウス神やディオニュソス神の信奉者と思われる者の墓、古代エジプトやセム系民族の墓、さらには紀元前2世紀のパレスチナの墓など、様々な墓所で見つかっている。

服にリサイクルされた手書きの書

こうした書物が何世紀にもわたって生き延びてきたのは驚くべきことだ。というのも、ザグレブの亜麻布本の例からわかるように、手書きの書（手稿）の多くは壊され、ほかのものに利用されてきたからだ。中世のヨーロッパでは、まさにその破壊・転用の嵐が吹き荒れた。印刷技術が発展する時代になって、紙の印刷本は優位性を確立し、羊皮紙本は衰退していった。手稿は区別なく破壊され、その素材は様々な用途に転用されて、製本の際の補強に使われたり、衣類に使われたりした。

アイスランド人聖職者の司教帽の補強に使われた羊皮紙本（28ページ写真参照）は、近年発見された「着る本」の中でもとりわけ興味深い。コペンハーゲン大学のアルナマグネア研究所にあるこの帽子について想像すると、思わず笑ってしまう。古フランス語の不埒な愛の詩が帽子に隠されているとはつゆ知らず、聖職者が厳かに礼拝を執り行っていたのだから。2011年、珍しい「着る本」がもう一つ、染織品の保存修復士によって発見された。ドイツ北部のヴィーンハウゼンにあるシトー派修道院で、中世の手稿で縁を補強した服が見つかったのだ。15世紀末の修道女たちが作ったもので、自分たちが着るためではなく、修道院の彫像が恥ずかしい思いをしないよう着せてやるためだった。こうした容赦のない手稿の再利用には眉をひそめたくなるが、写本史の研究者エリック・クワッケルによれば、利点がないわけでもないらしい。本や司教帽の補強、ときには恥ずかしがり屋の彫像の服にでも使われなければ決して目にすることのなかった中世の作品に多々出合えるからだ*3。

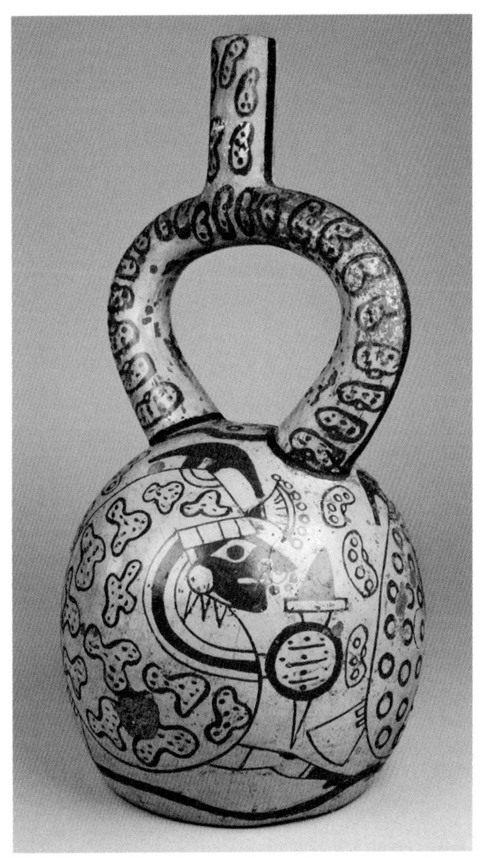

豆に記す

上：現在のペルー北部で西暦100〜700年頃に栄えた民族、古代モチェ人の土器（3〜5世紀）。この装飾から、彼らがライ豆に装飾を施して記録媒体として用いたことがわかる。ただし「ライ豆の書」の内容は謎のままだ。会計用か、埋葬の儀式用か、はたまた賭け事に使われたのか。

死者のパスポートをつけた少年

左：「死者のパスポート」は、丸めてロケットに入れられ、死者の首元に置かれた。下の美麗な絵は2世紀後半の作品で、エジプトの貴族の少年を描いたファイユーム出土の肖像画（ミイラ肖像画）。

＊3　ケンブリッジ大学図書館の司書ティム・マンビーは若い頃、共同所有していた車、1925年型ブガッティ・タイプ40ロードスターが故障したとき、傷んだ羊皮紙の本を切り取って補修に使った。その車が何年製かと人に聞かれると「車の一部は15世紀までさかのぼるんだ」と答えるのを楽しんでいたという。

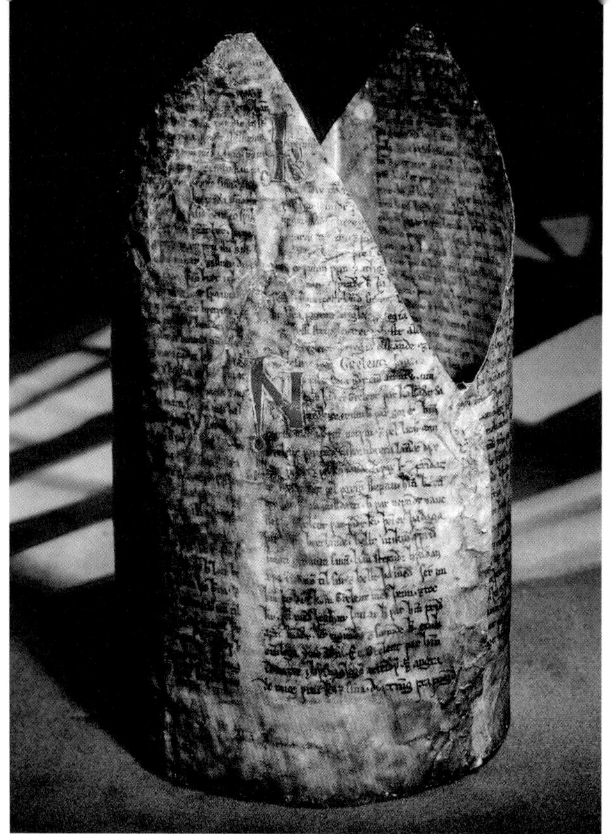

愛の詩が隠された司教帽

中世1270年頃の愛の詩の一部。愛の詩が書かれた羊皮紙は、このアイスランドの司教帽の補強に使われていた。

東洋で印刷が始まる

ドイツの金細工職人ヨハネス・グーテンベルクが、1454年頃に活版印刷術を実用化させたことはよく知られている。だが、それに先立つこと少なくとも200年前、グーテンベルクの発明した可動式(文字の組み換えが可能な)金属活字に似たものが中国に存在していたと知れば、多くの西洋人は驚くだろう。なお、金属活字を使って印刷された現存する最古の本は、1377年に朝鮮で印刷された『白雲和尚抄録仏祖直指心体要節(はくうんおしょうしょうろくぶっそじきししんたいようせつ)』、通称『直指(じきし)』と呼ばれる仏教書とされている(グーテンベルクがこうした金属活字を見聞きした証拠は残されていない。それぞれが独自に発展を遂げたのだろう)。さらに先立つ1040年頃には、世界初の活版による印刷が、中国の畢昇(ひっしょう)という工人によって考案されていた。活字は粘土を焼いたものでもろかったという。木版印刷に至ってはその歴史はさらに古い。世界最古の例は中国漢代のもので、西暦220年以前に作られたとされる。絹布に花が3色で印刷されたものだった。

なぜ歴史の早い時期に東洋で木版印刷が人気を博したのだろうか。その背景には、仏教書への需要の高まりがあった。中国の隋(581〜618年)の文帝が、再統一された国家の結束を強めるために仏教を奨励したことがきっかけだった。日本でも仏典への需要が高まりを見せ、称徳天皇(718〜770年)の命で、仏典の大量印刷という途方もない事業が進められた。764〜770年に木版で刷られた経典「百万塔陀羅尼(ひゃくまんとうだらに)」は現存する日本最古の印刷物で、世界でも最も古い印刷物の一つに数えられている。あまりに素晴らしい出来栄えに、長年、研究者たちの間では金属版を用いた可能性も検討されていたが、最近になって、経文に木目の痕跡が残されているとの指摘も報じられた。刷られた経文は、一枚一枚、保護のために木製の小塔に収められている(右ページ写真参照)。称徳天皇がこの事業で果たそうとしたのは、764年に起きた藤原仲麻呂の乱の鎮圧で亡くなった人々の菩提を弔うことであった。経文の納められた小塔は、近畿地方の主要な十寺に配られたという。

インカ帝国の紐文字

さて、ここで地球儀を回し、13世紀初頭に興隆したインカ帝国を見てみよう。コロンブス以前のアメリカ大陸で最大の国家だったインカ帝国は、1572年、ビルカバンバで最後の砦がスペインの手に落ち、終焉を迎える。コンキスタドール(スペイン人征服者)は、西洋文明とまったく異なる未知の文化に衝撃を受けた。インカ人は車輪で動く乗り物を知らなかった。乗り物を引っ張るための家畜がいなかったからだ。それどころか、乗り物として動物を使う習慣すらなかった。鉄も鋼も知らず、とりわけ不思議なことに文字が存

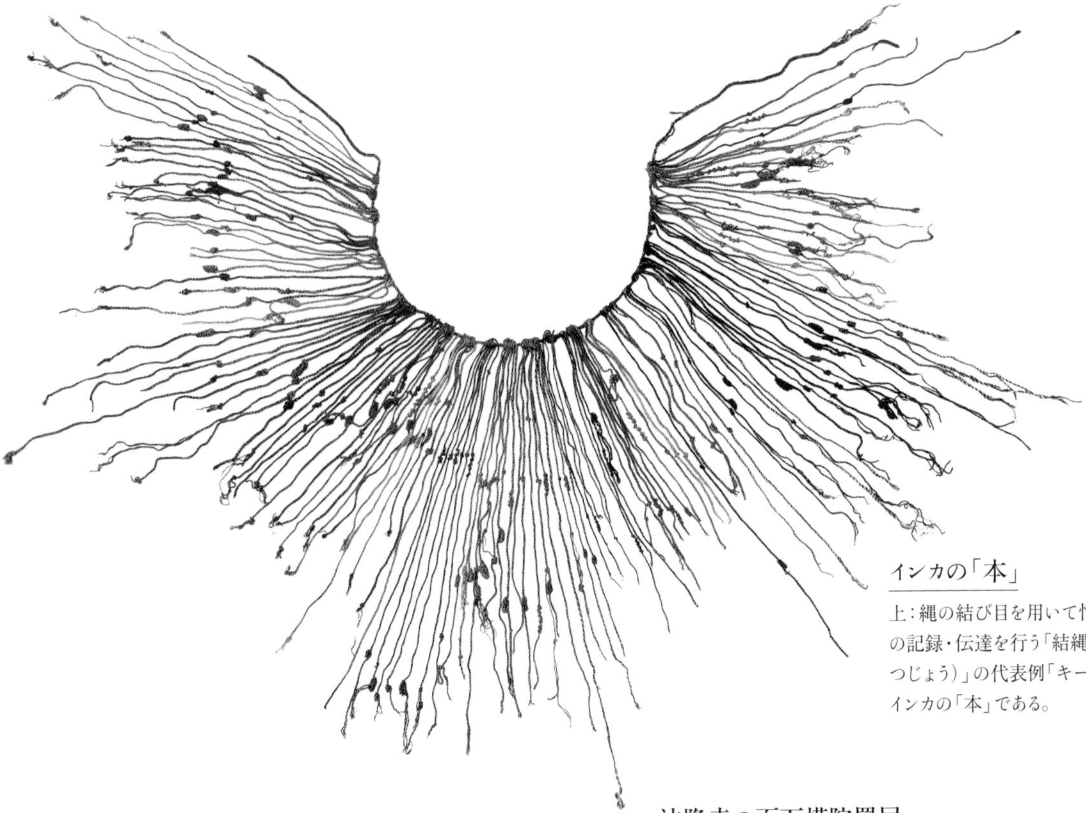

インカの「本」

上：縄の結び目を用いて情報の記録・伝達を行う「結縄（けつじょう）」の代表例「キープ」。インカの「本」である。

在しなかった。今日でも、インカ人の生活を知るにはスペイン人の残した記録に頼るしかない。そうしたなか、征服者は「キープ」を発見した。

キープとは、多種多様な紐の結び目を利用した複雑な記録方法だ。こうした方法は「語る結び目」とも言われ、南米の諸文化以外にも中国、チベット、シベリア、ポリネシアなどで歴史の早い時期に使われている。4本から2000本以上の紐からなるキープの主な役割は、その結び目によって数を10進法で記録し、伝えることだったようだ。人口統計、暦、税、会計、取引などの記録に使われたという。実際、スペイン人支配の初期に、納付物の納入に関するもめごとを解決するためにキープが利用されたと伝えられている。縄を使ってその意味を読み取る会計職の者たちは、キープカマヨックと呼ばれた。17世紀、インカ帝国の末裔（まつえい）ケチュア族の高貴な生まれで、『新しき記録とよき統治』を記したワマン・ポマによれば、キープカマヨックは目を閉じたままでもキープを読み取ることができたという。こ

法隆寺の百万塔陀羅尼

下：称徳天皇の命で造られた百万塔陀羅尼の一つ。塔の中に納められている経典は、記録に残る日本最古の木版印刷とされる。ヨーロッパでグーテンベルクが活版印刷を発明する700年も前のことだ。その多くが奈良の法隆寺に現存している。

縄を読む

キープを手にするインカ帝国の会計出納主任。インカ人ワマン・ポマの記した書簡『新しき記録とよき統治』(1615年)より。

うした技術も、スペイン人支配の過程で失われた。非常に多くの色が使われていたなどいくつかの特徴があるが、それらが何を意味していたのか、いまだにわかっていない。キープが単なる統計記録以上の役割を果たしていた可能性もあるが、本書の執筆時点では謎のままである。

天体観測の本

さてここで、「本」ではない本を探して再びヨーロッパへと目を転じてみよう。計測器、計算機、天体観測用計算機といった実用的な機能が巧妙に付け加えられて、まったく別のものへと姿を変えられてしまった本たちだ。その好例をオックスフォード大学ボドリアン図書館で見ることができる。書架番号MS Broxbourne 46.10にある17世紀末フランスの珍しい科学書は、羊皮紙で装丁された表紙の上にベラム(高級な獣皮紙)が張られ、そこに日時計として使える模様が印刷されていた。これとよく似たものに、紙の機器をページに綴じ込んだ本がある。この種の本を、1544年にドイツの技術者ゲオルク・ハルトマンは「紙製機器」と命名した。それまでの伝統的な真鍮製や象牙製の用具の作り手たちは、紙製機器の人気が高まったことに危機感を抱き、「紙製詐欺」と呼んで反対運動を展開した。「紙製機器は長持ちせず、買手をだます詐欺にすぎない」とし、1608年のニュルンベルクの法令にその禁止を盛り込むよう求めたのだ。

紙製機器で最も有名なのが「ボルベル」と呼ばれる天体観測用具だ。初期のイスラム天文学をまねて作られたとされ、計算機として使える回転円盤がページに一式備え付けられている。その最高傑作が、ハルトマンと同時期に活躍したペトルス・アピアヌス(1495〜1552年)が1540年に製作したボルベルで、紙の回転円盤が綴じ込まれた『皇帝天文学』は16世紀の印刷技術の極みといえるだろう(ページのそろった初版の美本は、今日の95万ポンド/13億円はするとされる)。芸術的にも科学的にも細部へのこだわりは見事で、本というより携帯式の天体観察室といったところだ。その本の独創的な回転円盤を動かして、惑星の配列、月食、星の位置を計算できる。例えばページ番号EIVにあるのは、9つのパーツを動かすと、背後の4つの異なる軸が回転して水星の経度を計算する装置だ。アピアヌスは、ドイツのインゴルシュタットにある自身の印刷所ですべてのページを印刷し、自ら彩色を施したという。8年をかけて制作されたこの本は、神聖ローマ皇

皇帝に捧げられたボルベル

手で彩色された「ボルベル」。アピアヌスの『皇帝天文学』(1540年)に綴じ込まれた可動式の紙製科学機器だ。同書は16世紀で最も美しい印刷物とされている。

帝カール5世とその弟フェルディナント1世に献上された。手の込んだ作りと55枚にわたる豪華な彩色ページ(そのうち21ページには可動式装置が含まれていた)は彼らを大いに喜ばせた。アピアヌスは皇帝から3000ギルダーを与えられ、ありとあらゆる栄誉を授けられた。宮廷所属の数学者に任命され、帝国騎士(皇帝直属の騎士)の称号を与えられ、桂冠詩人(優れた詩人に与えられる称号)の任命権や、非嫡出子を嫡出子とする権限までも与えられたという。

子どもの学習書「角本（つのぼん）」

左上：象牙にアルファベットが書かれた18世紀のイングランドの角本。15世紀中頃から、児童向けの学習用具として作られ始めた「本」で、木、骨、象牙などの丈夫な素材が使われた。

「少女キャンピオン」の肖像

右上：角本を手にしている。1661年。

武器になった祈禱書

下：イタリアのピストル入り祈禱書。ヴェネチアの元首フランチェスコ・モロジーニ（1619〜1694年）のための特注品だ。この銃はおそらく護身用のもので、本が閉じているときだけ発射できるようになっている。引金はしおりに見せかけた絹糸に隠された金具である。

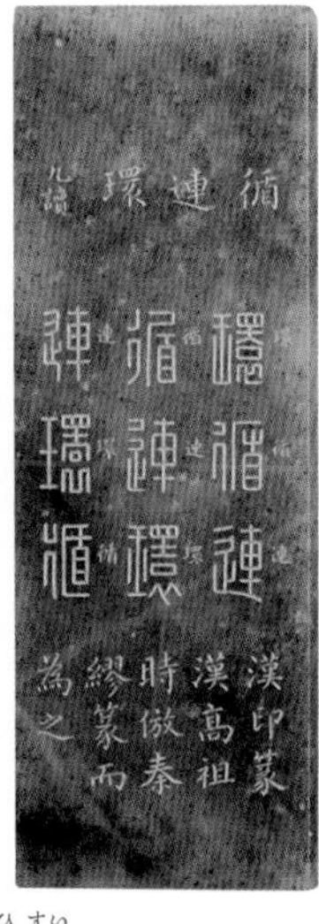
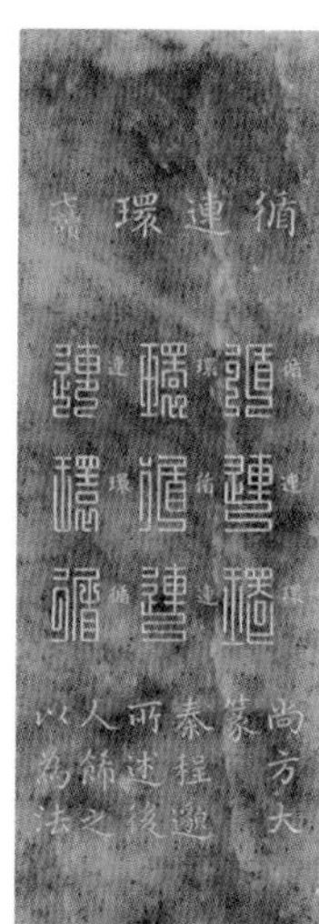

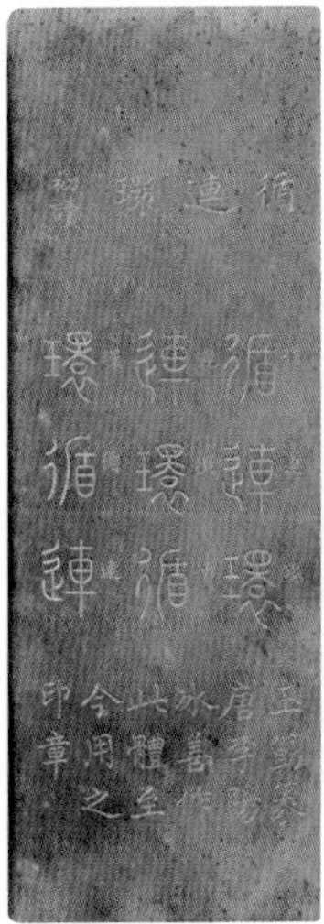

翡翠(ひすい)の本

上：翡翠で作られた中国の本（1743年）。回文の歴史が記されている。大英博物館のコレクションより。

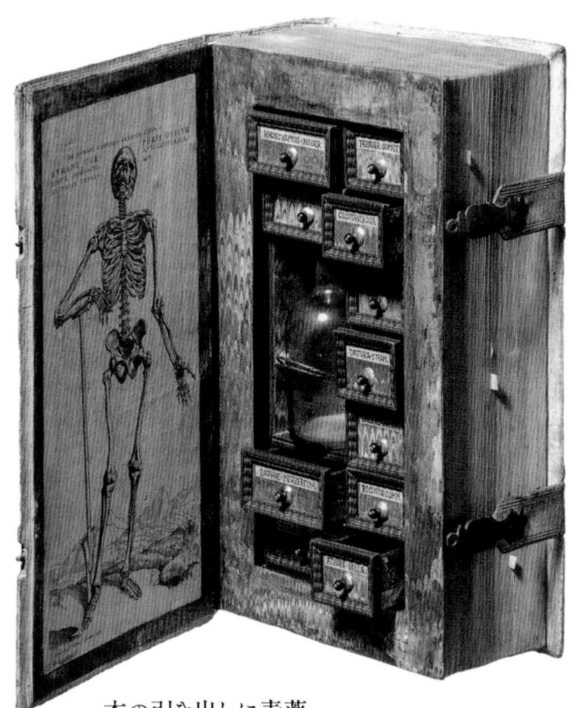

本の引き出しに毒薬

左：秘密の毒薬箱として使われた空洞本。2008年、ドイツの競売会社ヘルマン・ヒストリカによって売りに出された。この本は1600年頃の本を改造したもので、様々な毒草の名のラベルを貼った引き出しがついている。

持ち歩くトイレ

右：本好き旅行者のための、文字通りの「簡易トイレ本」。本に見せかけたオーク材の移動式便座で、金箔付きの子牛革の大きな表紙を開いて使用する。タイトルは『低地諸国の歴史』。1750年頃フランスで作られた。

色で意味を表す

上：中国四川省アルス族のシャパ文字で書かれた占星術の書。色によって意味が変わる。例えば「星と月」が黒で書かれた場合は「薄暗い」を意味し、白で書かれた場合は「光り輝く」を意味する。

木の本コレクション

17世紀になると、珍品を収集して陳列する「驚異の部屋」がはやり出す。すると、「木材標本室（キシリウム）」と呼ばれる、風変わりな「木の本」のコレクションが現れ始めた。木そのものを収集し、それらの木から本を作り、多様性を記録しようという科学的な目的があった。標本室に収められた本はすべて異なる木でできており、本の背には樹皮（コケの付いたままのものもあった）が使われ、本の中には木の葉、種子、枝、根の標本が収められた。そして、たいていは木の生態と一般的な利用法を詳細に記した解説が付けられていた。

地元の木々を収集した標本室は世界各地にあり、例えばイタリアのパドヴァ大学のサン・ヴィート・ディ・カドーレにある研究施設、オーストラリア国立大学、ドイツのホーエンハイム大学の木材図書館などが知られている。初めて作られた木材標本室は、ドイツの都市カッセルの自然史博物館にあるシルトバッハ木材図書館とされる。1771～1799年にカール・シルトバッハが作り上げたこの図書館には530冊の「木の本」が収められている。だが、最大の木材標本室は米国のサミュエル・ジェームズ・レコードのコレクションだ。その蔵書数はなんと9万8000点に及ぶ。こうした標本室はどこも独特のかび臭さが漂い、空調管理されていながらも、部屋に入ったとたんに鼻孔が刺激される。一度体験してみるといいが短時間で十分である（淀んでむっとする臭いはすぐにそれとわかるので）。

戦争の記録

木材標本室とはまったく趣の異なる素晴らしい「木の本」もある。米国スミソニアン博物館の膨大なコレクションの一つ、ソロモン・コンの日記だ。インディアナ州ウィナマクの宿屋の息子のコンは、1861年に南北戦争が勃発したとき24歳で、北軍側の第87インディアナ歩兵連隊に一兵卒として入隊した。1863年にテネシー州ナッシュヴィルでバイオリンを買い、以降どこへ行く

なめし革の絵文字

上：北米のアメリカ先住民、ヤンクトーナイ・ナコタ族の『ローン・ドッグによる部族の年代記』より。バイソンのなめし革に描かれた絵文字は、1833年のしし座流星群の大出現など、サウスダコタ州で1801～1876年に起きた特筆すべき出来事を記録している。

オーストリアの木材標本室

下：オーストリアのリリエンフェルト修道院にある18世紀の「木材標本室」。1冊1冊が異なる木材で作られており、本の中には樹皮、葉、種子などが収められている。

Purchased at Nashville Tenn.
May 1st 1863. Has been with
Co. B. 87th Ind. Vols., at the
following named places:
Triune, Salem,
Hoover's Gap, Fairfield, Manchester,
Elk River, Decherd,
Manchester, Cumberland Mountain,
Fort McCook, Raccoon Mountain,
Sand Mountain,
Chickamauga
Chattanooga,
Missionary Ridge, Rossville,
Ringgold
Tunnel Hill, Buzzard Roost
Dalton, Resaca,
Cassville
Kingston,
New Hope
Black-jack Hills
Marietta,
Kenesaw Moun
Jonesboro,
Chattahooche
Point
Rough and Rea
Decature, Oxford
Atlanta,
Kingston
Rome
Sandersville
Thomas Station
Sandtown
Louisville

バイオリンに書かれた戦時日記

左ページ：南北戦争の北軍兵士、ソロモン・コンのバイオリンに刻まれた戦時日記。

押し花を収めた本

右：1811年の植物標本集のページより。植物標本集は押し花のコレクションだ。この写真のような古書の場合、ときには絶滅した種を含んでいることもある。

にもそれを携行した。弾き方はわからずじまいだったものの、楽器の表面のいたるところに、第87歩兵連隊の兵士の様子や、参戦した30ほどの戦闘の記録を刻み込んでいった。1863年9月のチカマウガの戦いや1864年6月のケネソー山の戦いの記録もある。第87歩兵連隊は戦争終結までに283名もの兵を失ったが、コンとそのバイオリンは生き延び、現在、南北戦争における一兵卒の一風変わった記録として高く評価されている。

戦時日記といえば、もう一つ珍しいのが、ノルウェーの反ナチ活動家ペター・モーエンによる日記だ。大手の保険会社で保険計理人をしていたモーエンは、第二次世界大戦中にドイツがノルウェーに侵攻すると、地元の反ナチ運動に参加した。そこで地下新聞ロンドン・ニュースの編集者を務めるが、1944年2月にナチに捕らえられ、容赦ない尋問の末にオスロの刑務所の独房に収監された。モーエンは、紙もペンもない真っ暗な独房の中で、遮光カーテンから抜き取った金具をペンの代わりに、トイレットペーパーを紙の代わりにして、金具でトイレットペーパーに穴を開けるという変わった方法で日記をつけ始める。何回も看守に見つかって没収されるが、そのたびにまた一から書き始めた。まとまった量を書き終えると、モーエンはそれを丸めて通気口の中へ押し込んだ。そのときには、まさかその日記が発見され、まして出版されるとは思いもしなかっただろう。

同年9月、ドイツの囚人輸送船ヴェストハーレン号の上で、モーエンは数人の捕虜仲間に日記のことを話す。船はスウェーデンの沖合で機雷にぶつかって沈没し、モーエンは落命した。だが、生き残ったノルウェー人5名のうちの1名が祖国解放後にオスロに戻り、その通気口をこじ開けてトイレットペーパーを発見した。1949年に出版されたモーエンの日記は、本のカバーにこう記されている。「本書は、恐怖と孤独と差し迫る死のみが生み出すことのできる純粋さで書かれた、一人の男の、いやすべての人間の圧倒的な自己分析である」。その本は北欧でベス

The Standard.

No. 14,137 LONDON, WEDNESDAY, NOVEMBER 24, 1869. ONE PENNY.

新聞紙に書かれた探検記

左ページ：スコットランド人探検家デヴィッド・リヴィングストンが1871年に書いた野外日誌。1869年11月24日付のロンドンの日刊紙ザ・スタンダードの紙面を日誌代わりに使っている。ぎっしり書きこまれた日誌はインクが薄れ、長い間判読できなかったが、「デヴィッド・リヴィングストン・スペクトル画像解析プロジェクト」の最先端の研究によって内容が最近明らかになった。

トイレットペーパー本の隠し場所

上：捕虜ペター・モーエンがトイレットペーパーの日記を押し込んだ通気口。

トセラーとなり、1951年には米国で英語版が出版された*4。

壊す本、壊される本

実在する何かを壊すことを目的として作られた本もある。ウーヴァ・ヴァントレーの『闘争のための唱和集』で、明確に武器として使うことを目指した最初の本だ。1968年の西ドイツの学生運動に際して出版され、「携帯に便利な闘争用」と銘打ったポケット版（62mm×117mm）には、韻を踏んだシュプレヒコールやポスターのスローガンが載せられている。表紙は縁が刃のように鋭い金属でできており、おもて表紙の裏側には「自己防衛に最適」と書かれている。著者ヴァントレーはこう問いかける。「ペンは剣よりも強しと

*4 「トイレ本」といえば、ユーゴスラビアの政治家ミロヴァン・ジラス（1911〜1995年）も忘れてはならない。ジラスは、ヨシップ・ブロズ・チトー大統領に対する反共産主義的な批判で10年間投獄されたとき、獄中でジョン・ミルトンの『失楽園』をセルボ・クロアチア語に翻訳した。それはすべてトイレットペーパーに書かれた。

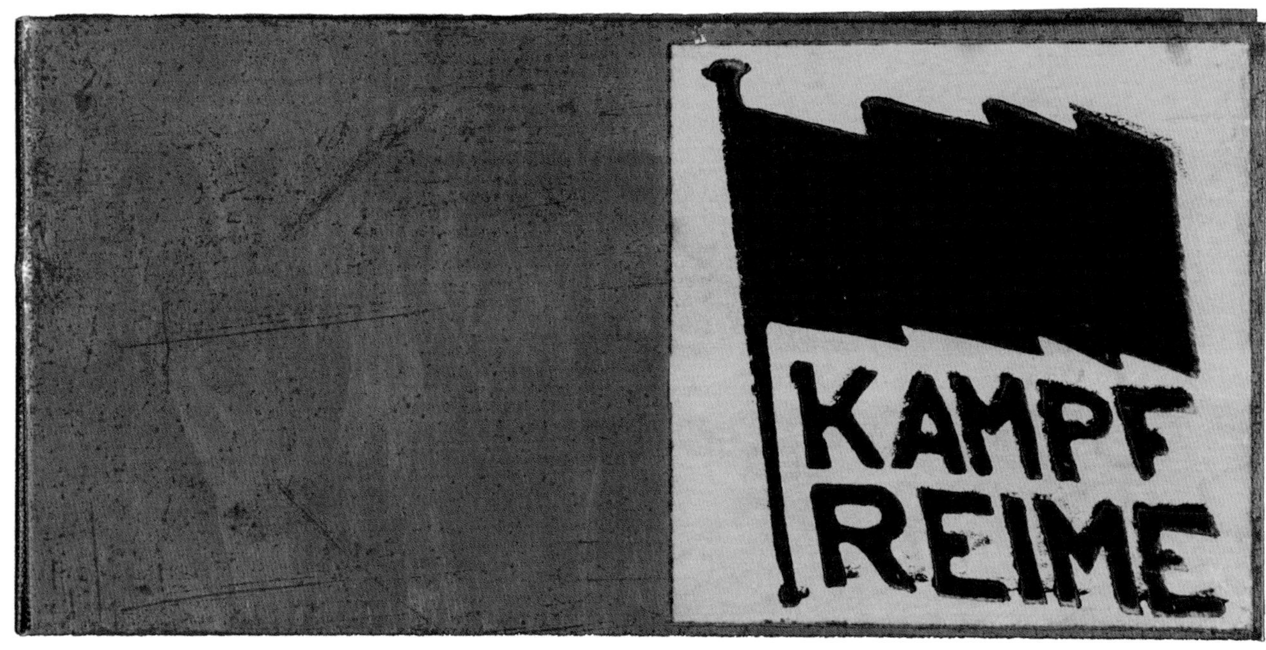

壊す目的の本

1968年に出版された『闘争のための唱和集』。本でもあり武器でもある。

言われる。とすれば、ペンの延長線上にある本も剣より強いはずだ。だがもし、本自体が剣だったら？」。刃のような金属製の表紙は、恐ろしい武器となるのは間違いないが、もう一つ、別の使い方もあった。それは、プロパガンダ・ポスターのたぐいをはがす役目だ（こうした破壊目的がゆえに、この本は1959年にギー・ドゥボール、アスガー・ヨルンら芸術家たちによって出版された『回想録』と同じ棚に並べられるだろう。『回想録』はブックカバーが目の粗い紙やすりでできており、書棚で隣り合った本を壊すように作られているという。著者によれば、「この本を持ったことがあるかどうかは、その手を見ればわかる」）。

こうした本とは対照的に、壊されるために作られた本もある。英国の自動車メーカー、ランドローバー社が2012年、ドバイの顧客に配布したサバイバルガイドだ。その小冊子には、車が故障した際に砂漠で生き残るための方法が書かれ、避難場所の設営方法、救難信号の送り方、火のおこし方、動物の狩り方、北極星から自分の位置を知る方法などが図付きで解説されている。金属製のバインダーは取り外して料理用の串に、本のパッケージに用いた反射材は救難信号を送るために使えるという。そしていざという時は、本を食べることを勧める。『ランドローバー社の食べられるサバイバル・ガイドブック』と銘打たれたこの本は、食べられる紙とインクでできていて、本を1冊食べるとチーズバーガー1個分の栄養が得られるそうだ。

本を食べると聞いて思い出すのが、2018年にミシガン大学が購入して話題になった本だ。ニューヨークの出版業者ベン・デンザーによる『アメリカンチーズ20枚』という本で、10冊出版された。明るい黄色の布装本には、個別包装された20枚のアメリカンチーズが入っていた。価格は1冊200ドル（約2万1000円）である。ちなみにクラフト社のアメリカンチーズ24枚入りは1箱約3ドル50セント（約370円）だ。ミシガン大学の司書で、自身は乳糖不耐症でチーズが苦手なジェイミー・ローシュ・ヴァンダー・ブロークはこ

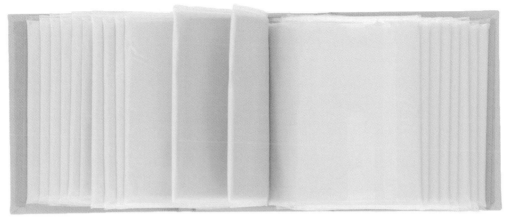

チーズを綴じた本

ベン・デンザーによる『アメリカンチーズ20枚』。文字通りチーズからなる本だ。

う書いている。「このチーズ本は多くの疑問を提起する。この本を作った者は著者といえるのか？ 本の主題は何か？ もし本自体がチーズなら、それはチーズについての本といえるのか？」

ミシガン大学の図書館員エミリー・アン・バックラーに本の状態を尋ねたところ、「今のところは大丈夫です」と請け合った。「ただ、どのくらい持つかはわかりません」。ところで、デンザーにはほかの作品もある。中華料理屋のフォーチュンクッキーに入ったおみくじを集めた『フォーチュンクッキーおみくじ200枚』、1ドル札200枚を製造番号順に並べた『整列した200ドル』、そのものずばりの『プラザホテルのナプキン30枚』、人工甘味料の小さな包みを集めて優美な装丁を施した『甘味料20パック』である。

人工甘味料のパッケージ

下：ベン・デンザーによる『甘味料20パック』。

Books Made of Flesh and Blood

血肉の書

生き物が素材の本

この地球上で走ったり、跳ねたり、這い回ったり、泳いだりする動物はみな、これまで本の装丁に使われてきた。アカエイ、サル、ダチョウ、サメ……。どの皮も本を覆ってきたのだ。シャグリーン革といえばサメ皮だが、オリエンタル・シャグリーンはたいていロバ皮のことである。装丁術への「こだわり」は、本のテーマにぴったりの素材を求める。例えば、大英博物館がただ1冊だけ所蔵する、オーストラリアに航海したフィリップ総督の『ボタニー湾への航海』(1789年)はカンガルー皮で装丁されている*1。英国の政治家チャールズ・ジェームズ・フォックスの『ジェームズ2世治世初期の歴史』(1808年)はキツネの皮の装丁で販売された。過去100年のオークションの記録には、ヒトラーの『我が闘争』はスカンクの皮、マルクスの『資本論』は大蛇の皮、メルヴィルの『白鯨』はクジラの皮、マーガレット・ミッチェルの『風と共に去りぬ』は南部連合の軍旗で装丁されている例がある。1800年代以降に出回るヘビ皮の本は、大物狙いのハンターたちが見栄をはって戦利品を見せびらかした結果だった。オリヴァー・ウェンデル・ホームズの『エルシー・ヴェナー:運命の恋』(1861年)は、人間とヘビの混血児が社会に受け入れられることを模索する物語で、少なくとも初版の1冊はニシキヘビの皮で装丁されていた。米国の探検家オーサ・ジョンソンは生き生きとした自伝『私は冒険と結婚した』(1940年)を著し、ゾウ皮で装丁された私家版を持っていた。1812年、初代ロクスバラ公爵ジョン・カーの蔵書が売りに出されたとき、18世紀の有名な事件を記したウサギ皮装の小冊子が先を争って買い求められた。その事件とは、イングランドのメアリー・トフトなる女性が何匹もの子ウサギを生んだとして騒ぎとなったものである(206ページ参照)。

毛皮で覆われた本

現在のオランダ西部にあった、ホラント州高等裁判所の「毛に覆われた登録簿」(1518〜1540年)。政府のどの仕事に誰を任命するかが記録されている。牝牛の分厚い毛皮が表紙に使われており、その変わった装丁のおかげで、本棚ですぐに見つけることができる。

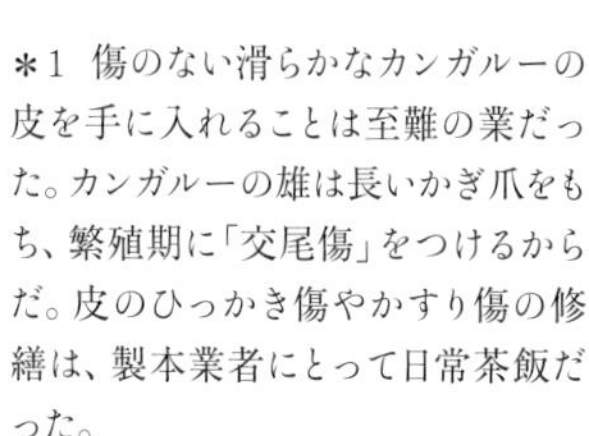

*1 傷のない滑らかなカンガルーの皮を手に入れることは至難の業だった。カンガルーの雄は長いかぎ爪をもち、繁殖期に「交尾傷」をつけるからだ。皮のひっかき傷やかすり傷の修繕は、製本業者にとって日常茶飯だった。

魚の皮のコーラン

左:イスラムの聖典コーラン(15世紀)。珍しい円形の本で、マグレブ書体で書かれている。西アフリカでこれを制作した者は、海岸で入手できる身近な素材を利用し、ページを魚の皮で作った。

宣教の友

下:1645年にヨーロッパで印刷され、米国で装丁されたヘブライ語の辞書。装丁には、米国東部の森林地帯のアメリカ先住民によって色塗られたカワウソの皮が使われた。この本は、伝説のキリスト教伝道師デヴィッド・ブレイナード(1718〜1747年)とともに馬に揺られていた。

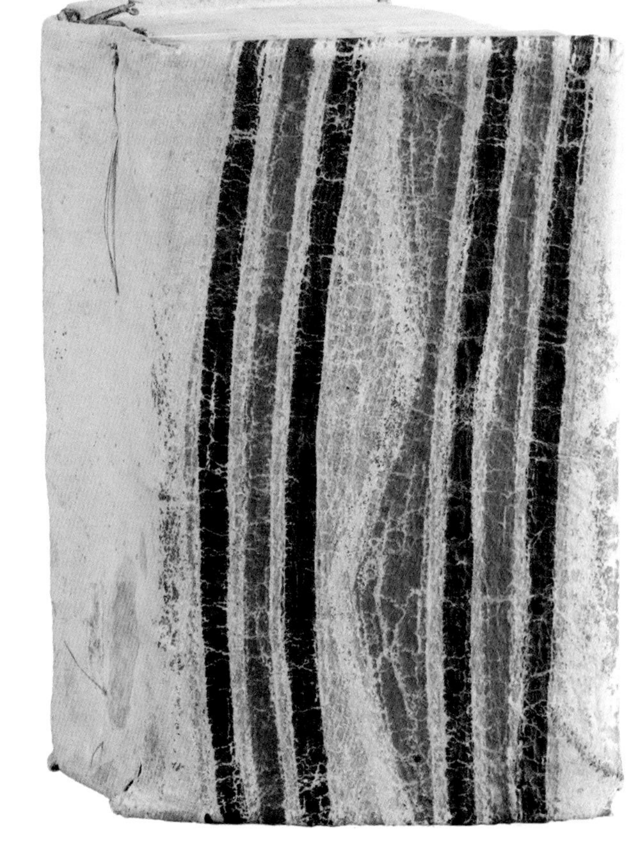

「紙」が登場する前

動物界から皮を頂戴していたのは装丁家だけではない。現在のような紙が登場するまでは、本のページも羊、子牛、山羊の皮から作られていた*2。なかでも最も高品質なのがベラムと呼ばれる獣皮紙で、若い子牛や子羊の柔らかい皮が使われた。

中世に聖書の写本を1冊作るには平均して50〜70頭の羊が必要で、書き写す作業には1年近くを費やした。英国史上最も壮麗な作品のひとつとされる『リンディスファーン福音書』は、司教イードフリスが700年頃に制作した装飾写本で、128頭分の子牛の皮が使われている。用意した皮は子牛400頭分ほどもあり、作業にはリスの毛の筆を使ったという。重さは8.7kgもある(ちなみに2013年にダラム大学で展示された際のパン

*2 1860年に木材パルプ紙が登場するまで、紙といえばコットン紙やリンネル紙のことを指しており、供給量は不安定だった。1825年のイングランドでは、機械化の影響で「紙」の5割が大量にかつ迅速に生産されるようになっていたが、あるとき端切れの在庫が不足した。混乱の中、肥料、牧草、マシュマロ、アザミ、絹、アスパラガス、さらにはスズメバチの巣に至るまで、様々なものが「紙」の製造に使われた。

5種類の動物

上と左：18世紀ネパールの伝統的なジャクリ（シャーマン）の祈禱書。悪霊を追い払う護身用の呪文が記されている。本の表面は、スイギュウ、鶏、犬、山羊、牝牛の5種類の動物から取った血や皮や肉片で覆われている。五感と5つの情念を象徴しているという。

フレットには「大人のアナグマと同じくらいの重さ」と紹介されている）。一方、英国の作家アイザック・ディズレーリの『文学的珍奇譚』（1791年）によれば、古代ペルシャの宗教家ゾロアスターが記したという何巻にもわたる『寓話集』なる書（『ガーサー』のことか）は、その紙のために1260頭もの家畜の皮が必要だったという。

どの動物の皮がどんな形で加工されたにせよ、次に紹介する陰惨な歴史と比べればたいしたことはない。それは「人皮装丁術（にんぴ）」、すなわち人の皮膚で本を装丁する技術である。

ヘビ皮をまとった名作

右ページ：ジョン・ミルトンの叙事詩『失楽園』と『復楽園』の美しい2冊セット（1760年）。ヘビ皮を使い、ロンドンの製本業者サンゴルスキー・アンド・サトクリフの手で素晴らしい装丁が施されている。

PARADISE
REGAIN'D.
MILTON.

SUSPICION · SLEEPS
AT · WISDOM'S · GATE · AND · TO · SIMPLICITY
RESIGNS · HER · CHARGE
AND · OFT · THOUGH · WISDOM · WAKE
OF MAN'S FIRST
DISOBEDIENCE
AND THE FRUIT
OF THAT FORBIDDEN TREE
WHOSE MORTAL TASTE
BROUGHT DEATH INTO
THE WORLD,
AND ALL OUR WOE,
WITH LOSS OF EDEN, TILL
ONE GREATER MAN
RESTORE US AND REGAIN
THE BLISSFUL SEAT,
SING HEAV'NLY MUSE
THAT ON THE SECRET TOP
OF OREB, OR OF SINAI
DIDST INSPIRE THAT
SHEPHERD, WHO FIRST
TAUGHT THE CHOSEN SEED
IN THE BEGINNING HOW
THE HEAV'NS AND EARTH
ROSE OUT OF CHAOS.

OROCHO

子牛革に施した色彩

上：7世紀の『リンディスファーン福音書』より。

「紙」の傷にいたずら書き

右：羊皮紙には傷がつきものだ。12世紀の写字者ほど退屈すれば、いたずら書きもやむを得まい。クレルボーの聖ベルナールが旧約聖書の雅歌に付けた注解書の写本より。

鳥の羽のコラージュ

左ページ：ミラノ公国の主任庭師ディオニシオ・ミナジョによる『羽毛の書』（1618年）。156点の絵のうち113点は、イタリアのロンバルディア地方の在来種の鳥を描いたものだ。すべてが鳥の羽のコラージュでできている。「なぜミナジョがこうした本を作ったのかは謎」とカナダのマギル大学図書館の目録作製者は書いている。

EVERUS
PINÆUS
STELÆDAMI
1663

人皮装丁本

おぞましい本はなぜ作られたのか

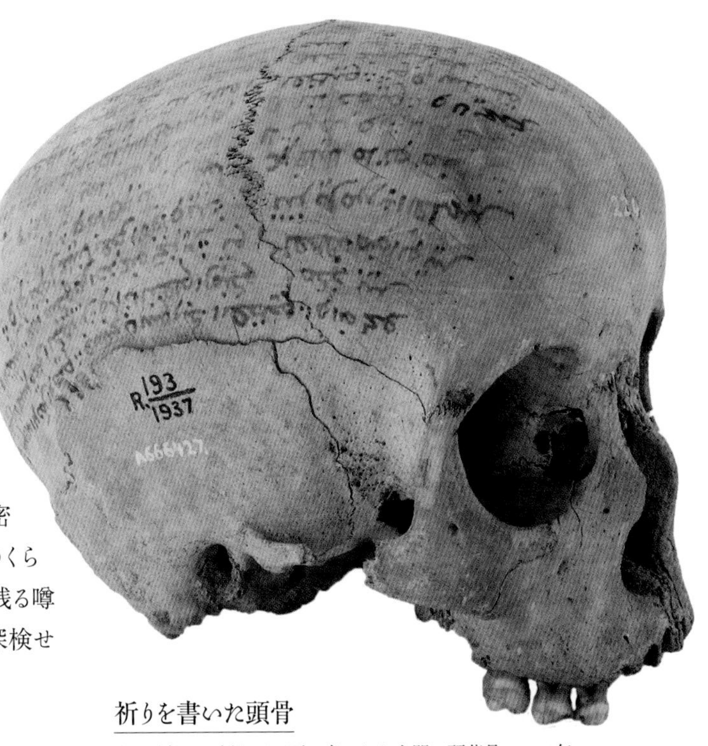

人が良書を「貪り読む」とはよく聞くが、過去には本が人を「貪り食う」こともあった。それらの奇書、すなわち人の皮膚で作られた本はわずかしか残されておらず、話題に上がることもない。そうした本を所有していることをしぶしぶ認める図書館や施設もあるが、猟奇趣味という批判を恐れて口を閉ざしているところも多い。この伝統的な秘密主義のため、人皮装丁本がいったいどのくらい存在するかを突き止めるには、歴史に残る噂や、ほら話や、血なまぐさい悪の世界を探検せざるを得ない。

祈りを書いた頭骨

上：死者への祈りが一面に書かれた人間の頭蓋骨。1895年、英国の軍人で作家のロバート・ベーデン・パウエルがアシャンティ（アフリカの現在のガーナ中南部）探検で発見した。

人間の皮をなめす

最初の素朴な疑問は「なぜ」である。そもそもなぜ人間の皮を使ったのか。現代の感覚では想像を絶するほど気味が悪いことだが、18～19世紀頃のヨーロッパや米国では、殺人犯の記録や医学書を人の皮で装丁することが特別な装飾として許容されていた。19世紀末頃になると、人皮装丁本にはロマンチックな雰囲気さえ漂うようになる。死すべき肉体が魂を宿しているように、皮膚片の内に素晴らしい作品を封じ込めようというのだ。もっとも、パーティーなどで見せびらかすのにもってこいの本だったという単純な理由もあったようだ。

作り方は動物の革と何ら変わらず、次の2つの方法があった。伝統的な方法は、皮膚を石灰水に漬け、肉や脂肪や毛を手作業で取り除いたのち、数日間漬けたままにする。その後、濃度を次第に高めたタンニン溶液にじっくりと漬け込む。もう一つの方法は何千年も実践されてきたもので、ただ尿の中に浸しておくだけである。尿のアンモニアで肉や脂肪や毛が分解されたのち、皮を伸ばしてよく乾かす（18世紀後半からは、革のつやをよくするために、犬やハトの糞を混ぜた水溶液が途中で加えられ、ヨーロッパ中の皮なめし工場の悪臭がさらにひどくなった）。

女性の皮膚で覆われた本

左ページ：人間の皮膚で装丁された本。医師セヴラン・ピノーによる『処女、妊娠、出産に関する論考』。オランダのアムステルダムで1663年に出版された。この本の所有者で医師のルドヴィク・ブーランはこう書いている。「このちょっとした興味深い本は、女性の皮膚の一部を使って独力で装丁し直されている」

人皮装丁本の歴史は少なくとも13世紀までさかのぼる。名も無い女性の皮膚で製本されたラテン語の聖書や、やはり人皮で装丁されたローマ教皇教書などが記録に残っている。ちなみに後者はナポレオン3世の時代にフランスのソルボンヌ図書館で見つかり、その後テュイルリ

皮をなめす職人

桶の中で裸足で皮をなめす職人。その後ろには、しわを伸ばした皮が乾かされている。コンラート・メンデルの『ニュルンベルク12人兄弟館の書』(1425年)より。

ー宮殿に移された(今日、どちらの本もフランス国立図書館が所蔵している)。

ハイヒールからズボンまで

人皮装丁本が多く制作されたのは17世紀末〜19世紀だった。英国ではヘンリー・ガーネット(1555年7月〜1606年5月3日)にまつわる話がある。イエズス会の神父だったガーネットは、のちにロンドンの火薬陰謀事件の首謀者となるロバート・ケーツビーの告解から、議会を爆破して国王ジェームズ1世と議員を殺害する陰謀を知った。事件は1605年に露見した。それまでガーネットは守秘義務を守って誰にも話さなかったが、その結果、ケーツビーの共謀者として1606年5月3日に絞首刑に処せられた。ことの顛末は、王室専属の印刷業者ロバート・バーカーが1606年にロンドンで出版した『最も残忍な反逆者たる故イエズス会士ガーネット並びにその共謀者に係る完全かつ真実の裁判記録』に記される。その装丁に使われたのがガーネット自身の皮膚だった。人皮装丁本を制作した初期の記録にはほかに、英国の医師で愛書家のアントニー・アスキュー(1722〜1774年)がいる。書誌学者トマス・フログナル・ディブディンによれば、アスキューは『解剖学に関する論文』を人皮で装丁させたという。

英国から海を越えた18世紀のヨーロッパ大陸では、フランスの医師たちが人間の皮膚の利用方法を楽しげに探り始めていた。フランス人植物学者ヴァルモン・ド・ボマールは、「スー氏は(おそらくかの高名なパリの外科医ジャン=ジョゼフ・スーのことだろう)王の珍品陳列室に人皮で作られたスリッパを寄贈した」と記している。オランダでは、植物学者ヘルマン・ブールハーフェ(1668〜1738年)が、医学の珍品コレクションに3人分の人間の皮膚、内臓で作られたワイシャツ、処刑された犯罪者の皮膚の女性用ハイヒールを陳列している。ハイヒールの甲の前部には飾りとして乳首が使われていたという。

とりわけ革命期のフランスは血なまぐさく、人皮を使った実験の噂が絶えなかった。例えば、ジャコバン党の指導者ルイ・アントワーヌ・レオン・ド・サン=ジュストの乗馬用ズボンは、窃盗で処刑された使用人の少女の皮膚で作られていたという[*3]。彼は飽きずにその話を繰り返しては、最後に自分の尻を叩いて上機嫌でこう叫んだ。「あいつはここにいるんだ。あの悪党はここにいるんだ!」。これは革命が狂暴を極め、約4万人が処刑され、国中が死体であふれかえった恐怖時代の話である。公安委員会はそうした「貴重な資源」を処理するため、パリ郊外のムードン城をもっぱら秘密の皮なめし工場として使うことを許可したと伝えられている(この許可と引き換えに公安委員には人皮製のブーツが贈られたという)。巷(ちまた)では人の皮で作られた装身具が大流行した。オルレアン公爵ルイ・フィリップ2世は、人皮製のズボンを履いてパレ・ロワイヤル(オルレアン公の所有で、共和派が集まっていた)の舞踏会に行き、共和主義者のジャン=ミシェル・ベセ将軍も人皮製ズボンを戦闘に履いていっては、ほかの将校たちにも勧めていた。

本も例外ではなく、この時期のフランス憲法の数巻が人皮で装丁されたことはよく知られている。英国の製本業者シリル・ダヴェンポートは『本:その歴史と発展』(1907年)で、1793年のフランス憲法の本を見たときの驚きを記している。ある革命家の皮膚で装丁されたその本は、パリのカルナヴァレ博物館の「バスティーユの部屋」に展示されていた。色は薄緑色で子牛革に似ていたが、ダヴェンポートによればどうやら「毛を完全に取り去ることは難しかった」ようだ。

事件簿を犯人の皮で

殺人で処刑されたジョン・ホーウッドの皮膚の装丁本。

殺人犯の皮膚

最も多く人皮装丁本に使われたのは、処刑された犯罪者の解剖遺体だった。解剖は科学の進展に不可欠だが、他方では死刑囚を死後も罰するという意味合いもあった。身の毛もよだつこの復讐方法は、血に飢えた当時の国民の嗜好にかなった。文明の象徴である本を犯罪者の皮膚で作ることは勧善懲悪であるとされたのだ(犯罪抑止力の点でもこれに勝る罰はなかった)。

英国では、1832年の解剖法により、認められれば誰の死体でも医学的に解剖できるようになったが、それ以前は、解剖学者が合法的にメスを入れられるのは「殺人犯の死体」だけだった。実際、それは1751年の悪質謀殺防止法で「殺人という恐ろしい罪を効果的に防ぐために、(略)さらなる恐怖と特別な不名誉の烙印を(殺人犯に)加えることが必要」と規定されていた。

ブリストルのジョン・ホーウッドの話はそうした時代の産物である。1821年、ホーウッドはイライザ・バルサム嬢に一方的に入れあげ、故意に殺害したとして罪に問われた。彼は、イライザがほかの男と歩いているのを見て立腹し、イライザめがけて小石を投げたところ、彼女のこめかみに当たり、バランスを崩したイライザが小川へ落ちた。ブリストル王立診療所で診察した主任外科医リチャード・スミスは、こめかみの傷が細菌感染を起こしているとして、古い治療法

*3 この話の別バージョンでは、使用人の少女はサン=ジュストに言い寄られたが相手にしなかったため処刑され、少女から作られたものはズボンではなくチョッキだったという。人皮装丁本の歴史と同様、こうした言い伝えの真実を見分けることは難しい。すべては闇の中である。いずれにせよ、サン=ジュストが愚か者であったことだけは間違いない。

である穿頭術を施した。脳の圧力を下げるために頭蓋骨に穴を開けたのである。イライザは4日後に亡くなった。死因はおそらく手術のせいと思われるが、「投石男」のホーウッドは逮捕され、外科医スミスの宣誓証言に基づいて殺人罪と認められ、絞首刑に処された。スミスはその遺体を解剖し、1828年6月、事件に関する本をホーウッドの皮膚で装丁させた。本の表紙にはラテン語で「ジョン・ホーウッドの本物の皮膚」と記されている。製作費は1.1ポンド(現在の価値でおよそ130ポンド/約2万円)だった。現在、その本はブリストル公文書館が所蔵しており、スミスの解剖台のそばに展示されている。解剖台はスミスの息子が寄付したもので、長年食器台として使われていたらしい。

死体泥棒の横行

外科医療の発達に伴い、19世紀に入る頃から解剖人気が急激に高まった。遺体の解剖を望む若い医学生が増え、やがて需要が供給を上回り、殺人犯の死体だけでは足りなくなった。その結果、墓から死体を掘り起こして解剖用に売る「死体泥棒」が横行する。死者の親族は、埋葬前は遺体を監視し、埋葬後は墓で寝ずの番をするはめになった。そうしないと、メスを持

死体泥棒の現場

盗んだ死体を大きなかごに入れる死体泥棒、それを阻止する夜警、そのすきに逃げ出す解剖医(1773年)。

って待ち構える外科医のところへと、愛する者が真夜中に忽然と姿を消してしまうからである。この時代に最も世間を騒がせたのがウィリアム・バークとウィリアム・ヘアだ。この2人組は、新鮮な解剖用死体を求めるエディンバラの外科医ロバート・ノックスの要望に応えるべく（そして彼らはそれで大儲けしたわけだが）、1828年に16人もの大量殺人を犯した。

バークとヘアの話は有名だが、1829年に絞首刑に処されたバークのその後はあまり知られていない（ちなみにヘアは、バークに不利な証言をして訴追を免れた。その後の消息は不明）。バークの遺体はエディンバラ大学のオールド・カレッジで衆人注視のもと解剖された。解剖したアレクサンダー・モンロー教授は羽ペンをバークの血に浸し、こう書き記した。「エディンバラで絞首刑にされたW・M・バークの血で書く。この血は彼の頭のものである」。バークのはがされた皮膚の一部は「エディンバラのとある解剖学教室の守衛」の財布となり、残りの大半は手帳（右の写真）に使われた。ほどなく手帳はオークションに出され、現在はエディンバラ王立外科医師会の本部である外科医会館に保管されている。表紙には「バークの皮膚製手帳」、裏表紙には「1829年1月28日処刑」という文字が型押しされており、携帯用の鉛筆までついている。

こうした犯罪者の皮膚による本の装丁は19世紀を通して続けられた。やはり絞首刑となったジェームズ・ジョンソンという男の皮膚はサミュエル・ジョンソンの『英語辞典』の1冊に使われた。1827年にイングランド東部のサフォークで起きた赤い納屋殺人事件でマリア・マーテンを殺して有罪となったウィリアム・コーダーの皮膚は、外科医ジョージ・クリードによってなめされ、その犯罪の報告書として使われた（なお、コーダーの骨格は標本にされ、ウエスト・サフォーク病院で補助教具となった）。ネズミ駆除業者で妻を毒殺したデヴォンの猫背男ジョージ・クドモアの皮膚は、テッグ社の1852年版『ジョン・ミルトン全詩集』を装丁する際に使われ、美しい白色に仕上げてある。

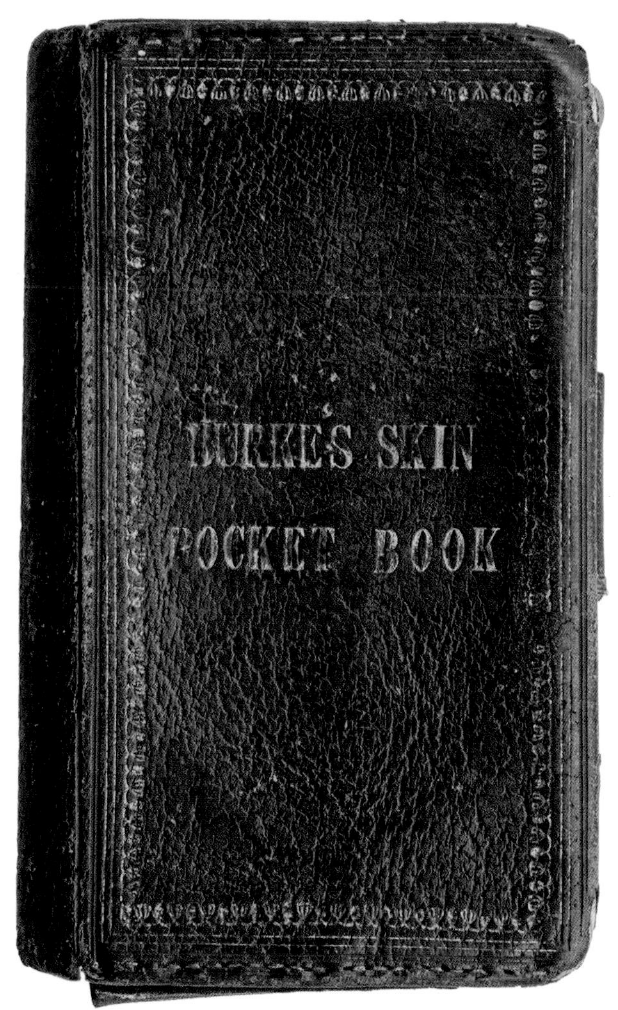

死体泥棒の革手帳

ウィリアム・バークの皮膚から作られた手帳。バークの遺体はエディンバラ大学のアレクサンダー・モンロー教授によって衆人注視のもと解剖された。

米国の人皮装丁本事情

米国では、ブラウン大学、ハーバード大学、フィラデルフィア医師協会の各図書館、さらにクリーブランド公共図書館などが人皮装丁本を所蔵している。米国最古の会員制私立図書館であるボストン・アセニアム図書館が所蔵する本は、とりわけ興味深い。『辻強盗ジョージ・ウォルトンことジェームズ・アレン自叙伝：マサチューセッツ州立刑務所所長に死の床で語った告白』（1837年）という本で、タイトルが金文字で型押しされ、表紙は灰色の鹿革に見えるが、実は著者アレンの皮膚で装丁されている。ジェームズ・アレン（1809〜1837年）は19世紀初頭に出没したマサチューセッツの悪名高い辻強盗で、皮肉にも「自分の皮膚の支配者（慣用句で「誰の指図も受けない」の意）」と公言していた。マサチューセッツ州立刑務所で自伝を口述した際、アレンはある被害者への称賛を語った。初めてアレンに抵抗し、アレンが逮捕されるきっかけを作った人物である。1833年、アレンはセーレム有料道路上で、スプリングフィールドから来たジョン・フェノー・ジュニアに銃を突きつけ、停止するように命じた。フェノーが抵抗したため撃ったところ、サスペンダーの留め金で銃弾が跳ね返り、フェノーは命拾いした。

1837年、自叙伝のうち2部を自分の皮膚で装丁してほしいと言い残してアレンは病死する。1冊は刑務所の医師に、もう1冊は賛辞とともにフェノーに渡してほしいとのことだった（皮膚で本を作ることを思いついたのは、人皮装丁本の歴史を知っていたからではなく、以前靴屋で働いていたかららしい）。彼の死後、その願いは叶えられた。製本業者はなめしたアレンの皮膚を灰色に染め、金箔を加え、完成した40ページの本をフェノーに送った。フェノーの驚愕は想像に難くない。その後、その本はフェノーの娘を通じてボストン・アセニアム図書館に寄付された。

フィラデルフィア医師協会のムター博物館は人皮装丁本を5冊所有しており、世界最大のコレクションを誇る。そのうち3冊は外科医で愛書家のジョン・ストックトン・ハフによる装丁本で、1868年にフィラデルフィア総合病院で亡くなったメアリー・リンチという28歳の女性患者の太ももの皮膚が使われたとされる。この女性は、ハフが命名した寄生虫性の「旋毛虫症」と診断された初めての患者だった。ハフは、その素材を「比較的安価で丈夫で耐水性に優れて」おり、豚皮と遜色ないと言い、女性の健康に関する3冊の医学書を装丁するのに使用した。

人皮装丁術はヴィクトリア朝時代（1837〜1901年）の終わり頃まで盛んに行われた。当時の変わりダネには、解剖学者で巨人症の専門家チャールズ・ハンバードの装丁本がある。それは、17

人間の魂の本には人間の皮で

上：引き取り手のない遺体の皮膚で装丁されたアルセーヌ・ウーセの『魂の運命』（56ページ参照）。

人間とは

右ページ：『生と死の対比』。別名『男性に関するエッセイ』（1770年頃）。

The WAGES of SIN is DEATH. Rom VI.23.
Man that is born of a Woman, is of
few days, and full of trouble,
He cometh forth like a flower, and is
cut down he fleeth alſo as a ſhadow, and
continueth not. Job XIV, 1, 2.
All fleſh is as graſs, and all the glory
of Man, as the flower of graſs. I Peter I, 24.
They ſpend their days in wealth, and
in a moment go down to the grave. Job XXI, 13.
This their way is their folly ——
When he dieth, he ſhall carry nothing away,
his glory ſhall not deſcend after him. Psa. XLIX,
Verily every Man at his beſt ſtate (18, 17.
is altogether vanity. Psalm XXXIX, 5.
The lofty looks of Man ſhall be humbled. Isa.h II,
It is appointed unto Men once to die, but (11.
after this the Judgment. Heb. IX, 27.
Here in the rich, the honour'd, fam'd and great,
See the falſe ſcale of happineſs complete.
Pope.
HERE LIES THE GREAT. .. Falſe Marble! Where!
Nothing but poor and ſordid Duſt lies Here.
Cowley.
REMEMBER DEATH
PEDIGREE
RAMBLER

型押しされた出自

左と上:『ギリシャ語から翻訳した外科治療』(1544年)を1863年に装丁し直した本。本の見返しの外葉に金文字入りの小さな長方形の枠がつけられており、そこにはラテン語でこう型押しされている。「本書は女性の皮膚で装丁されている」

世紀の『下垂体の解剖学』という脳下垂体の本で、身長2m60cmもあるリングリングブラザーズ・サーカスの巨人パーキーの皮膚でハンバードが装丁し直したものである。

思い出を残すために

とはいえ、ほかの作品も見ると、この時代の人皮装丁本がよりロマンチックな意味をもつものへと変化していることがわかる。例えば、ハーバード大学ホートン図書館の有名なコレクションの一つで、フランスの詩人アルセーヌ・ウーセの『魂の運命』がそれだ(54ページ写真参照)。人間の精神を探求する1880年代の随想録だが、現在は失われてしまった本のメモ書きには、「フランスの精神病院で脳卒中のため突然死した、引き取り手のない女性患者の遺体の背中」の皮膚を使って装丁されたとあった。この本は、ウーセがストラスブール在住の医師であり蔵書家の友人ルドヴィク・ブーラン(1839〜1932年)に贈呈した本だった。そのブーランこそが女性の遺体から皮膚をはぎ取った張本人で、本には「本書は人間の皮膚で装丁されており、優美さを保つためにいかなる装飾も施されていない」というブーランの書き込みがある。

2014年、科学者と図書館員をメンバーとする米国の研究チーム「人皮装丁本プロジェクト」は、素材中のたんぱく質を同定するペプチド・マス・フィンガープリント法と、生物種で異なるアミノ酸配列を解析する液体クロマトグラフィー質量分析法を用いて、『魂の運命』の装丁の素材を調べた。その結果、実際に人の皮膚だと確認された。ほかにも研究チームは、この解析法で数多くの本の出自を明らかにしている。ハーバードの別の2冊は、長らく人の皮だと思われてきたものが実は羊の皮であると判明した。研究チームの一員で、調査結果を著書『隠されたコレクション』(2020年)にまとめたメーガン・ローゼンブルームにプロジェクトの進展について尋ねると、こんな答えが返ってきた。「分析したほぼすべての本に、何らかの驚きが隠されています。人皮製にしては大きすぎると思っていたら、実際に本物だったこともあります。それがこの分

人皮装丁手帳

左：この手帳に付随するラベルには、人の皮で装丁されているとある。アメリカ独立戦争時代（1775〜1783年）に作られ、ロンドンのウェルカム・コレクションで見られる。

析方法の素晴らしいところですね。今では、はっきりと事実がわかるのですから」。本書の執筆時点で、世界中の様々な施設が保有する人皮装丁本31冊が分析され、そのうち18冊が本物と判明している。

ロマンチックといえばもう一つ有名なのが、天文学者で作家のカミーユ・フラマリオンの本だ。フラマリオンはかつて、若く美しい伯爵夫人の肌を称賛したことがあった。その女性は彼の作品の大ファンで、結核で苦しむなか、次のような遺言を残した。自分が死んだら、フラマリオンがあれほどほめてくれた自分の肌をはがし、それを彼に送ってほしいと。さらにその皮膚で最新作を装丁してほしいとも。女性は1882年に亡くなり、望み通り、その皮膚はパリの高名な医師ラヴォーによってはがされ、医師自身の手でフラマリオンの元に届けられた。ラヴォーはフラマリオンに、「最高に魅力的な若い女性」の皮をはいだこと、その名前を明らかにすることは禁じられていること、そのひと巻きの皮膚は死の数分後にはがされたものであることを伝えた。フラマリオンは女性の願いを聞き入れ、1877年に出版した小説『天空の世界』の1冊を、その女性の皮膚で装丁してもらった。表紙には次のような言葉が記されている。「ここに匿名者の願いを忠実に叶える。人の皮膚を使い装丁す（女性）。1882年」

この話はやがて新聞で取り上げられ、フラマリオンは医学雑誌の編集者に宛てた手紙で、真実であることを認めている。「エンゲル社が素晴らしい装丁をしてくれました。本になったことで、その皮膚は永遠不滅のものとなりました。美しい体のこの断片だけは今も生き続けています。そしてそれは、敬意を表すべき完璧な保存状態で、今後何世紀も生き続けることができるのです」。今日、その本はフランスのジュヴィシー=シュル=オルジュ天文台の図書館で見ることができる。

1920年代半ばなって人皮装丁本はようやく終焉を迎える。今では身の毛がよだつものと忌み嫌われ、もはや当時を知る人もなく、製本者の思い出話でしかこうした本を知ることができなくなった。例えば、米国の装丁家で紙史研究の大家ダード・ハンターは自伝『紙と共に生きて』（1958年）で次のような思い出を語っている。亡き夫に捧げる大量の手紙を夫の皮膚で装丁してほしいと、ある若い未亡人から依頼された。その後、未亡人が再婚したことを知ったハンターは心配になった。再婚した夫が「第2巻」にならないかと。「1巻限りの限定版になることを願うばかりです」とハンターは締めくくっている。

血で書かれた書物

魂が込められたインク

「あらゆる書物の中で血で書かれたもののみを愛する」と、ドイツの哲学者フリードリヒ・ニーチェは自著『ツァラトゥストラはかく語りき』(1883～1891年)に書いている。「血で書けば、血は精神であるとわかるだろう」と。英国の詩人T・S・エリオットも血に同じ情熱を傾け、「文学の目的は血をインクに変えることだ」と記した。もちろんたとえ話なのだろうが、そうした考えを文字通り実践した人間はどのくらいいるのだろうか。

自らの血で写経

インクの歴史の中で血は深く根付いている。例えば紀元前4世紀のエジプトでは、呪文や護符をパピルスに記す際、特殊なインクを使うことで魔力を高めようとした。没薬(ミルラ)(植物から採れるゴム樹脂で、香料や薬にされた)を混ぜたインクもあれば、ヒヒの血を混ぜたものもあった。特に、ヒヒの姿をしたトート神に願う夢の呪文には、聖獣ヒヒの血が使われた。

中国には、仏教の経典を自らの血で書き上げるという長い伝統があった。記録に残る最古の例は、579年に南朝陳の皇族 叔陵(しゅくりょう)が自分の血で写経した『大般涅槃経(だいはつねはんぎょう)』といわれる。血は指先、舌根、心臓の上の胸を儀式にならって薄く切り裂いて採取された。また、血は魂を表すとされ、色が明るければ明るいほど、書写人の心は清らかであると考えられた。「血書」と呼ばれるその慣習は、自らの信心を証明し、死後に身内に功徳が施されることを願う、禁欲的な自己犠牲の一つとされた。中国の仏教僧、智旭(ちぎょく)(1599～1655年)は平信徒の血書の序文にこんな言葉を寄せている。「血で書くことは正法(しょうぼう)に対する敬意の表れである。それはまた、正法によって仏陀へ捧げ物をする意味もある」。また、1629年に菩薩戒を受けたときには次のような誓いを血で記している。「菩薩の教えの信奉者である私こと智旭は、舌を突いて穴を開け、自らの血で大乗仏教の経典と戒律を書き上げることを誓う」。ほかにも智旭は、自らの血で母親に手紙を書き送っている。一方、1578年、放浪僧の憨山徳清(かんざんとくせい)(1546～1623年)は、苦行と称し、自らの血で朱墨を作り、『華厳経』を書き上げている。「これにより、あの世では般若(知恵)の業に結び付けられるであろう。この世では親の御恩に報いることになるであろう」

現存する最古の血の経典は、1900年に中国西部の敦煌(とんこう)近郊の小窟で発見された。そこに収められていたのは、4世紀末から11世紀初期にかけて制作された4万点もの仏典だった。砂漠の乾いた空気に守られ、保存状態が素晴らしかった。その中に、血で書かれたことを明記している巻物が数点あった。なかでも『金剛般若経』は最も壮麗で、今日では大英図書館のコレクションで見ることができる。これは868年に制作され、出版年が明示された完全な印刷本としては現存するもので最古だ。『金剛般若経』を初めて大英博物館の目録に載せたライオネル・ジャイルズ博士は、巻物の記述から「83歳の老人が自らの手を突き刺して血を採取し、天祐3年丙寅2月2日にこの書を書き上げた」ことが判明したと述べている。

ほとんどの血書は、墨と混ぜるためすぐに血とはわからないのだが、60～61ページの写真のように目を引くものもある。敦煌で見つかった経典をもう一つ見てみよう。『無量寿経』のチベット語写本で、無量光仏である阿弥陀如来へ捧げられた書だ。この墨跡からは高濃度の鉄分が検出され、ところどころ書くそばから乾いていっ

キリストの血

左ページ:イングランドの信仰書(1480年頃～1490年頃)。大英図書館のコレクションにあるこの書には、驚くべき一続きの10ページがある。キリストの傷から流れ出る血を思わせる色彩が施されているのだ。何ページかは敬虔な読者の度重なるキスにより色あせている。

たと思われる凝固痕があることから、これは血だと言える。当時、鉄分を含む没食子インク（鉄の塩と植物のタンニン酸から作られた紫黒色や黒褐色のインク）も広く普及していたが（なかでもレオナルド・ダ・ヴィンチが好んで使った）、その可能性は低いだろう。没食子インクは時間の経過とともに黒くなるのに対し、この書には隠し切れない赤い色合いが残されているからだ。

血書を実践する者は敬われることもあったが、罰当たりとされたり、極端な行動に走った者は恐れられたりした。貫休（832〜912年）は仲間の僧についてこう記している。「7本の巻物を完成させるために10本の指の血をすべて使い切った」。定蘭（?〜852年）という僧は、「自分の血で経典をすべて書き写すため、自らを突き刺し、両腕にやけどを負い、ついには耳を切り落とし、目玉をえぐりだして野の鳥や獣に与えた」という。こうした行為はある意味、経典そのものの教えに助長されたと言えなくもない。憨山徳清が写

血の写経

チベットの『無量寿経』の写経。9世紀もしくはそれ以前に血で書かれたとされる。

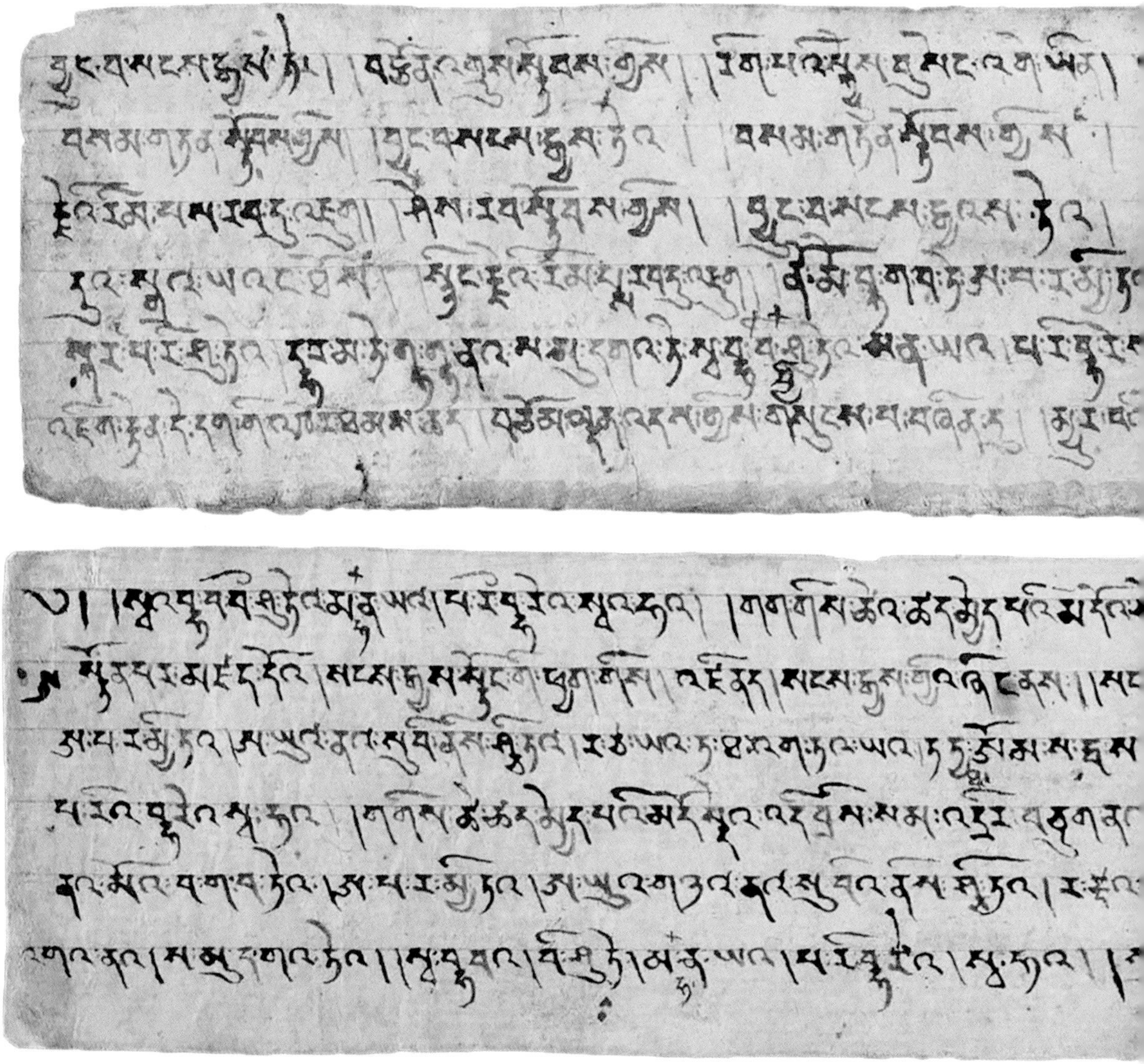

経した『華厳経』には、毘盧遮那仏が「自分の皮をはいで紙となし、骨を折って筆となし、血を刺出して墨となした」と記されている。

孤島で得たペンギンの血

ヨーロッパの人皮装丁本と同様、中国の血書の伝統も、驚くことに20世紀初頭まで続いた。西洋には古代から続く血書の伝統はなかったが、血で書かれた世にも珍しい本が19世紀に劇的な状況で制作されている。

1821年7月22日、東インド会社のチャーター船ブレンデン・ホール号（450トン）は、霧の中、南大西洋のトリニスタン・ダ・クーニャ諸島から20マイル（約30km）南の海域で座礁した。船が右舷側に傾いていくなか、船長は乗客たちと別れの握手を交わし始めた。だが天気が回復すると近くに岩山を発見し、にわか作りの筏でその岩山を目指した。軍人のゴーンビー氏は、命惜しさに妻子を押しのけて我先にと筏に飛び移ったという。２名を除く乗組員と乗客全員、そして船長アレクサンダー・グレッグはやがて岩山への上陸に成功した。そこは人を寄せ付けないよ

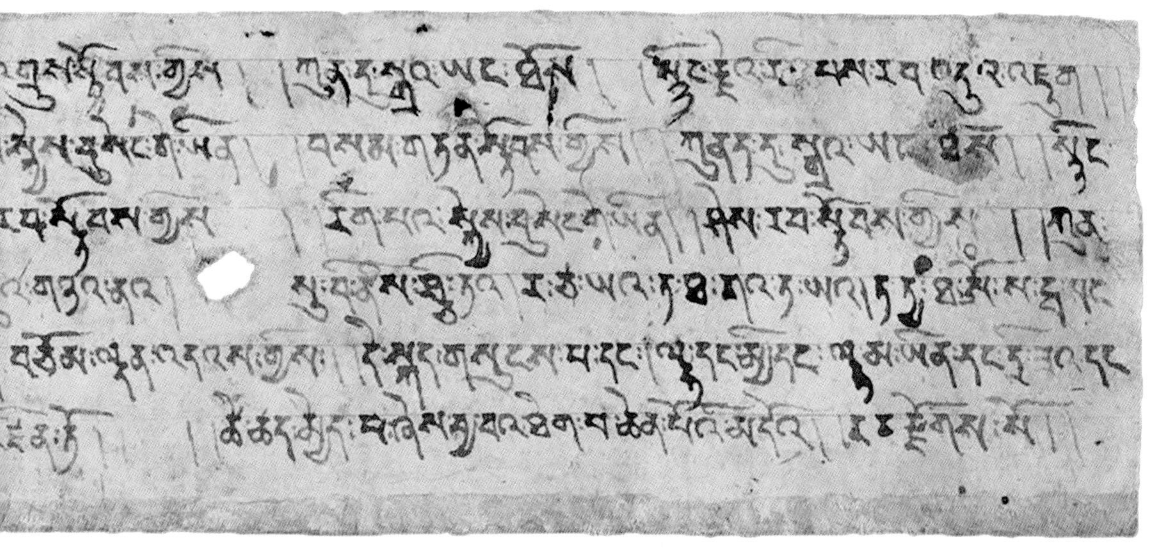

うな無人島で、イナクセシブル(近寄りがたい)島という名前通りの島であった。

グレッグ船長は上陸までの詳細や、上陸後に生存者が経験した厳しい試練を日誌に書き残す。それはすべてペンギンの血を使って書かれた。島にはタイムズ紙が一束、書き物机、ペンなどが無傷で流れ着いたものの、インクはなかった。そこで即席のインクを使ったというわけだ。日誌をもとに1847年に出版されたその記録『ブレンデン・ホール号の運命』には、「無人島にてペンギンの血で記した日誌から」というサブタイトルがつけられている。本の口絵には「食料を求めてゾウアザラシ狩りをする一行」が描かれている。トリニスタン・ダ・クーニャ諸島の住人に救助されるまでの4カ月間、82人の遭難者はこうした動物の肝臓や脳を食べて生き延びたという。

サダム・フセインの血

血書は身近にもある。1977年に出版されたマーベル社の40ページからなる漫画本がその例だ。ロックバンドのキッスが架空の冒険に出かける漫画だが、その印刷にはバンドメンバーの血を入れたインクが使われていた。公証人の立会いの下、ガラス瓶に血を採り、メンバーの手で赤インクの入った容器に血が混ぜられたという。表紙の触れ込みには「キッスの本物の血で印刷」とある。

あらゆる血書の中でも奇異の最たる本が作られたのは最近のことだ。1997年の60歳の誕生日、イラクの独裁者サダム・フセインは、アラビア書道の巨匠アッバス・シャキール・ジョディ・アル=バグダディに、自身の血を使ってコーランを書くよう依頼した。完成した2000年9月、フセインはイラクの国営メディアを通じてこう語った。「私の人生は常に危険と隣り合わせだった。かなりの血を失っていてもおかしくない。だが、わずかな血を流すだけで済んだ。その感謝の気持ちから、神の言葉を私の血で書くよう依頼したのだ」

LITH. OF G. SNYDER 122 FULTON ST. N.Y.
The foraging Party,
attacking the Sea Elephant.

血のサバイバル日記

『ブレンデン・ホール号の運命』(1847年)の口絵。この本の基になった日誌はペンギンの血で書かれた。

ジョディによると、フセインは暗殺未遂で傷を負った息子ウダイが入院していたイブン・シーナ病院にジョディを呼び出し、協力を求めたという。2年間で24〜27リットルほどのフセインの血が採取されて化学薬品と混ぜられ、コーランの6000を超える節を書き上げるのに十分な量のインクが作られたという。当時、米国血液センター協会の幹部だったチェルソ・ビアンコは取材にこう答えている。「もしその話が正しいとすると、信じられない採血量ですね。フセインは間違いなく貧血になったことでしょう」

世にも美しいコーランの血書は、フセインが一大事業としてバグダッドに建設したウンム・アルマリク・モスク(「全戦闘の母」モスク)で公開され

血のコーラン

サダム・フセインの「コーランの血書」。バクダッドにある「全戦闘の母」モスクことウンム・アルマリク・モスクで公開されたときの写真（2003年3月11日）。

た。第1次湾岸戦争の記念としてスカッドミサイルに似せた形の塔（ミナレット）が建てられているモスクである。コーランの血書を少しの時間目にしたというオーストラリア人ジャーナリストのポール・マクゴフはこう書いている。「血文字は高さ2cmほどあり、ページを縁取る幅広の飾りは目が眩むほど見事だった――青の濃淡、散りばめられた赤やピンク、うねるきりりとした黒」。バクダッドの陥落後、数多くのフセインの銅像が壊されたように、旧体制の遺産は「記憶の破壊（ダムナティオ・メモリアエ）（古代ローマで特定の人物の存在を否定するため、関係する記録を徹底的に破壊した行為に由来する言葉）」の一環で取り壊された。コーランの血書についても苦しい選択を迫られたが、結局、その扱い方が決まるまで学芸員らによって倉庫に急遽保管されることになった。というのも、血書のような形でコーランを模写することは禁忌である一方、どのような製法であろうとも、コーランを破壊することもまた考えられないからだ。本書執筆時点でもそのジレンマは未解決のままである。2010年、イラクの首相報道官アリ・アル=ムサウィは、「サダムの残忍さの証拠」としてコーランの血書を保存すべきだと提案した。だが、その書は今も人目につかないよう保管庫に隠されたままだ。保管庫にアクセスするには3つの鍵が必要で、それぞれの鍵は異なる政府職員が所持している。この途方もない本の扱いについてはまだ誰も名案が浮かんでいない[*4]。

＊4　フランスに住む16歳の少年アドリアン・ロカテリは時代の一歩先を行っている。2018年、聖書とコーランを体内に取り込んだ初の人間になったのだ。聖典の文章をDNAに変換して人工的に高分子を作り、聖書を左の太腿に、コーランを右の太腿に注射した。聖書のほうは軽い炎症を起こしたという。ロカテリはその試みを「宗教と科学の調和」と呼んだが、米国カリフォルニア大学ロサンゼルス校の生化学者スリラム・コースリは、その実験に自身の論文が引用されたことを「残念」と評し、「2018年が早く終わってくれるとよいのだが」と付け加えた。

Cryptic Books

暗号の書

暗号を使って伝えたかったことは何か

16世紀ヨーロッパでは、レモン汁を「不可視インク」として使い、加熱して可視化する方法が伝統的に知られていた。イスラム世界ではレモン汁の代わりに樹液が用いられたという。「秘密博士」の愛称をもつ博識なイタリア人学者ジャンバッティスタ・デッラ・ポルタ（1535〜1615年）は、スペインの異端審問で投獄された友人に密かにメッセージを送るため、レモン汁とは異なる方法を編み出した。牢獄に持ち込まれる物は看守の手で徹底的に調べ上げられるが、卵だけは例外であることに気付く。そこでデッラ・ポルタは、卵を割らずに白身に文字を書く方法を考えた。まず約30ccのミョウバン（媒染剤や皮なめしに使われる無色の化合物）にほんの少しの酢を混ぜ合わせて混合液を作る。次にその液で殻の上に文字を書くと、殻の無数の小さな穴から液体が卵白へと浸み込む。最後に、卵をゆでると液体が化学反応を起こし、殻をむいたゆで卵の表面にメッセージが現れる仕組みだ。

卵の暗号を考えた博物学者

下左：ジャンバッティスタ・デッラ・ポルタの肖像。その著書『観相術』（1586年）より。

暗号解読術の本

下右：暗号を用いたボルベル（紙の回転円盤）。デッラ・ポルタの著書『秘密文書』（1563年）より。目に見えない暗号文を卵に書く方法や、重ねたトランプの側面にメッセージを隠す方法などを解説している。

mimi numinum niuium
minimi munium nimium
uini muniminum imminui
uiui minimum uolunt

暗号のような書体

上：アルファベット書体の一つ、12世紀以降の中世ヨーロッパで使われた「ブラックレター」がいかに判読不能かを示すため、戯れに考え出されたラテン語の文（14世紀）。だいたいの意味は次の通りだ。「雪の神々の最も小さな道化師たちはその一生において葡萄酒を守る重大な義務を軽減されることを少しも望まない」

文字を隠す方法

メッセージの存在自体を隠そうとするこうした秘密文書は「ステガノグラフィー」と呼ばれる。その歴史はデッラ・ポルタの卵文字より何世紀も古い。帝政ローマの博物学者プリニウスは、1世紀にトウダイグサ属の植物の「乳」を不可視インクとして使用する方法を記している。多くの動植物の抽出液と同様、「乳」で書いた文字も加熱すると炭素が焦げて見えるようになる（この理論でいくと、いざとなれば尿も不可視インクとして使えるわけだ）。1641年に暗号解読の書を記したジョン・ウィルキンズ司教は、タマネギのしぼり汁、ミョウバン、塩化アンモニウムを不可視インクとして用いることを勧めている。ただし、文字を光らせるため「ツチボタルの蒸留汁」を加えることを忘れずにという。古代中国では、暗記できない伝言は絹に書いて丸め、その上に蠟を塗って持ち運んだ。使者はこれを隠し持ち、多くは体内に取り込んだ。飲み込むか、「下」から入れたのである。

古代の秘密文書について、古代ギリシャの歴史家ヘロドトスの書をひもといてみよう。その著書『歴史』から2つの例を学ぶことができる。まずはミレトスの僭王ヒスティアイオスの例だ。紀元前499年、ヒスティアイオスはペルシャ王ダレイオス1世に謀反を起こすため、祖国ミレトスのアリスタゴラスに伝言を送った。その際、最も信頼していた奴隷の頭を剃って、その頭皮に伝言を入れ墨し、髪が伸びるのを待って「人間伝言板」を遣わしたという。もう一つの例は、スパルタの前王デマラトスのとった秘密の技法で、それこそがペルシャによるギリシャ征服を未遂に終わらせることに貢献したとされる。デマラトスは亡命してペルシャのスーサに住んでいた。あ

大昔のモバイル・タブレット

下：ビザンツ帝国領時代のエジプトの蠟板（500～700年頃）。ペルシャの侵略計画を祖国ギリシャに警告したデマラトスの蠟板もこんな感じだったのだろう。木板のくぼみ部分を蠟で満たし、木製の尖筆で書かれた。

言葉と絵と数で表した十字架

上：フランク人ベネディクト会士ラバヌス・マウルス（780年頃〜856年）の図形詩。格子状に文字を並べて書かれている。『聖十字架の礼賛』より。

スキュタレー暗号

右ページ：スパルタで使われた暗号用の棒「スキュタレー」。写真はラテン語版の複製。羊皮紙のリボンに文字を書いて棒に巻き付けた。古代ギリシャ人、なかでもトロイア人は、軍事遠征中にスキュタレーで安全にメッセージを伝えた。

るときペルシャが軍勢を集め、祖国侵略を計画していると耳にした。どうすれば祖国に急を知らせることができるか思案した末、次の方法を思いつく。「折り畳み式の木製の蠟板から蠟をそぎ落とし、木の部分にペルシャ王クセルクセスの陰謀を書く。そして再び蠟を塗ってその伝言を隠す」。一見何も書かれていないような蠟板は、道々の警備から疑われなかったという。蠟の下にデマラトスの伝言を発見したギリシャ人は、強大な艦隊を組むことができ、紀元前480年9月23日、アテネ近郊のサラミス湾でペルシャ艦隊を撃退した。

文字や単語を置き換える

個々の暗号書を紹介する前に、「コード」と「サイファー」の違いを明確にしておこう。コードとは、単語またはフレーズをほかの単語やフレーズに置き換えたもので、サイファーとは個々の文字をほかの文字に置き換えたものをいう（両者とも数字や記号に置き換えることもある）。サイファーの暗号文は、一見するとまるで宇宙人の言葉のようだ。こうした2種類の暗号で作られた政治的もしくは個人的な秘密を伝える暗号文は、文字を隠すステガノグラフィーと同様、その歴史は2000年以上前にさかのぼる。

こうした置き換え式の「換字式暗号」に言及した最古の書物は、意外にも、4〜5世紀に成立した古代インドの『カーマスートラ』だ。元となった写本は紀元前4世紀までさかのぼるとされる。婦女が習得するべき技芸として、料理などの家事をはじめ、裁縫、大工仕事、ゲーム、魔術などがリストとして挙げられており、その45番目に「言葉の形を変えて話す法」とある。そして、それは恋愛関係を秘密にしておくことに役立つという。

古代ローマの英雄ユリウス・カエサルは換字式暗号を好んで用いた。のちの歴史家スエトニウスはこう書いている。「カエサルは秘密裏に伝えるべきことがあれば暗号で書いた。アルファベットの文字の順番を入れ替えたので、解読不能になった」。カエサルの『ガリア戦記』には、紀元前58〜51年のガリア遠征中に、包囲されたキケロに伝言を届けるという劇的な場面がある。悲惨な状況に置かれたキケロが降伏するか否かを思案していたところ、敵が読めないギリシャ文字で書かれた手紙を革紐で結び付けた槍が、彼のいる防塁の中に投げ込まれた。不幸にも槍は塔の高所に突き刺さり、誰の目に留まることもなく2日が過ぎた。3日目にして仲間の一人が気付き、キケロの元へ届けられると、キケロは再び士気を高めたという。

この種の自己流暗号文は、とりわけ日記で今日まで長く使われてきた。英国で最も有名なのが、サミュエル・ピープス（1633〜1703年）の日記だ（今日では当時の世相を知る重要な資料である）。1660〜1669年に書かれたこの日記は、1626年

1659
1660.

に速記者トーマス・シェルトンが考案したまるで暗号のような速記記号が用いられていた。ピープスの日記は1825年に初めて出版されたが、公表されたのは元の日記の半分程度だった。理由の一つは、解読者が暗号文を解く鍵を発見できなかったからで、3年がかりで苦労して解読に取り組み、完成しようというときにその鍵が発見された。ピープスの書棚の日記が置かれた段から数段上にあったという。もう一つの理由は、彼の性生活が赤裸々に書かれており、学者たちに下劣な作品とされたからだった。削除のない完全版が世に出たのは1970年になってからだった（ここに日記の抜粋を載せてもいいが、率直に言ってご想像の通りである）。1893〜1899年版を編集にしたヘンリー・B・ホイートリーは、「とても活字にはできないくだり」を削除したことについて、序文にこう書いている。「読者の皆様には編集者の判断をどうか信頼していただきたい」*1

中世ヨーロッパで、古典やイスラム世界の文献から暗号技術を再発見して発展させたのは、王族や騎士ではなく、修道院で写本の制作に携わる修道士だった。アングロサクソン族はなぞかけ文学で知られるが、そうしたなぞかけ人気の高まりに刺激され、修道士たちは写本の奥付（本の末尾にあり、たいていは印刷者の名とともに著者の情報が書かれている）に自身の暗号を載せた。誰によってどのように作られたかを記録するためである。また、聖書そのものに暗号が含まれていることも、修道士の暗号への関心を高めた理由だろう。

「アトバシュ暗号」とは、アルファベットを逆に置き換えて暗号化する換字式暗号のことで、もとはヘブライ文字を暗号化するために作られたものだ。例えば、ヘブライ語の最初の文字アレフは最後の文字タウに、2番目の文字ベートは後ろから2番目の文字シンに置き換えられる（アトバシュという名はこれら4つの頭文字から生まれた）。この方法で旧約聖書「エレミヤ書」第25章26節の記述「最後にシェシャクの王が飲む」を解読すると、シェシャクはバビロン（バベル）に置き換えられる。こうした聖書の暗号は、おそらく神秘性を高めるために考案されたのだろう。いずれにせよ、中世の修道士たちは古い暗号術を再発見し、発展させることで、暗号への興味を高めていき、やがてそれが西洋での暗号人気へとつながっていった。

こうした流れを見ると、ヨーロッパ最初の暗号に関する書物が修道士の作だったことに不思議はない。フランシスコ会修道士ロジャー・ベーコン（1219年頃〜1292年頃）は著書『技術の隠れた有用性と魔術の無用性に関する書簡』で、「パリのウィリアム」に宛ててこう書いている。「一般大衆から隠しもせずに秘密を書く者は愚かだ」。そして、黒魔術を退け、錬金術の手順を示しながら、メッセージを隠す7つの方法を概説している。14世紀には、魔術師、錬金術師、作家の間でも謎解きが流行した。イングランドの詩人ジェフリー・チョーサー（1343年頃〜1400年）は、科学書『惑星の赤道儀』（1952年に発見されたばかりで、その著者については論争がある）の中で、文字ではなく記号を使った単純な換字式暗号で数節を書いている。

赤裸々な日記

左ページ：サミュエル・ピープスの日記の最初のページ。暗号のような速記記号で書かれている。

*1 2016年、アンネ・フランクの日記に、秘密のページが2枚見つかった。暗号文ではなく、のり付けされた茶色の紙の下に隠されていただけのものだ。オランダの研究者らがデジタル画像解析を行ったところ、「だめになってしまったこのページに『下品なジョーク』を書こうと思います」とあった。「ある男にとても醜い妻がいた。夫は妻と関係を持ちたくなかった。ある晩帰宅すると、友人が妻とベッドで寝ていた。夫が言うには、『好きこのんでうちのやつと寝るとは。俺は義務で寝ているのに！』」。続いてアンネは売春について書く。「あの手の女たちは道で男に声をかけ、そのままどこかへ一緒に行く。パリにはそのための大きな家があるそうです」。そしてこう付け加えた。「パパもそこに行ったことがあるらしいのです」

魅惑のヴォイニッチ手稿

ここまでは既によく知られた暗号術を見てきた。しかし中世の最も有名な暗号書は、唯一無二の言語で書かれており、今日に至るまでその内容は著者以外に知る者がいない。その手稿が発見されたのは1912年。発見者は稀覯本を扱うポーランド人古書商ウィルフリッド・ヴォイニッチで、イタリアのイエズス会修道院ヴィラ・モンドラゴーネで山積みにされた写本の中に埋もれていたところを見つけたという。見たこともない言葉、この世のものとは思えない植物や裸で水浴びをする女性を描いた奇妙な挿絵。たちまち魅了されたヴォイニッチは、ほかの29冊の本とともに購入した（ところで、ヴォイニッチは30年あ

ヴォイニッチ手稿

上：手の込んだ折り込み式の図。ヴォイニッチ手稿の未解読の暗号書より。
右ページと次ページ見開き：ヴォイニッチ手稿のページより。

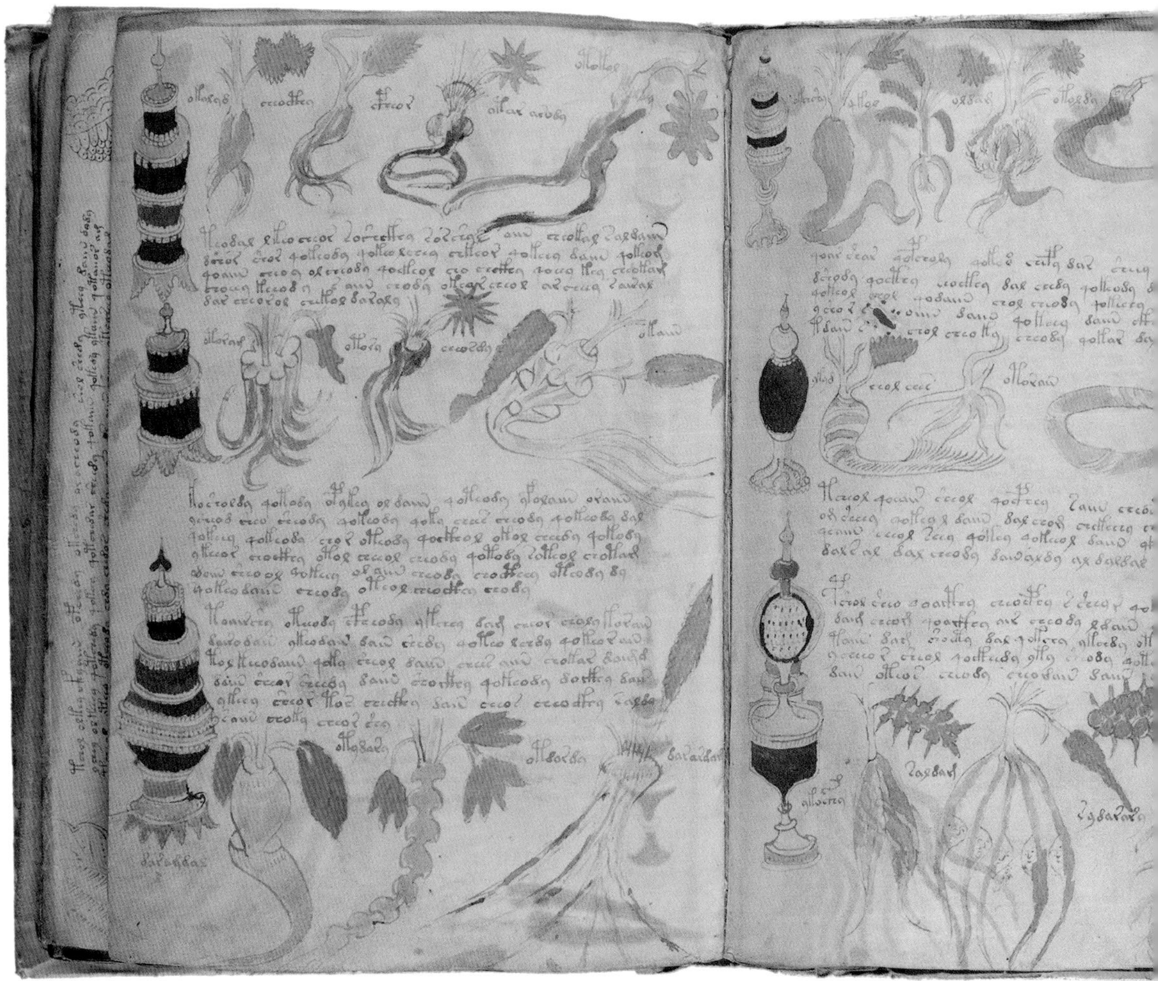

まりで3800冊を超える本を大英博物館に売っている。どれもこれも変わった本ばかりで、博物館には「ヴォイニッチ」なる書棚が作られていた)。

のちに「ヴォイニッチ手稿(ヴォイニッチ写本とも)」と呼ばれる暗号書は世界中の注目を集め、人々は解読に熱中した。プロ・アマ問わず、多くの暗号解読者(第一次、第二次世界大戦で活躍した米英の暗号解読者もいた)が解読に挑戦してきたが、今のところまだ誰も成功していない。おそらく、言語として完璧で自然であることと、複雑な暗号体系の両方の特徴を備えているせいだろう。文字の形はよく知られた速記記号と似通っている。同時期のルネサンスの多表式暗号(入れ替える文字を文書全体で変えていく暗号)とは構造を異にするが、独特の構造を持っていることがわかっている。この暗号書の尽きせぬ魅力は、何といっても、すぐに解読できそうに見えるところにある。十分な忍耐力と正しいアプローチがあれば、言語学者であれ素人であれ、誰もがその謎を解くことができると思わせるのだ。

もっともそれは、この暗号書が手の込んだでっち上げの作品でないことを前提としている。実際、その可能性も否定できず、手稿の言語については長い間様々な説がまことしやかに唱えられてきた。7世紀のウェールズ語もしくは古期コーンウォール語、初期ドイツ語、中国の清(しん)朝(1636〜1912年)の満州語、いや、ロジャー・ベーコンによって暗号化されたヘブライ語で、その

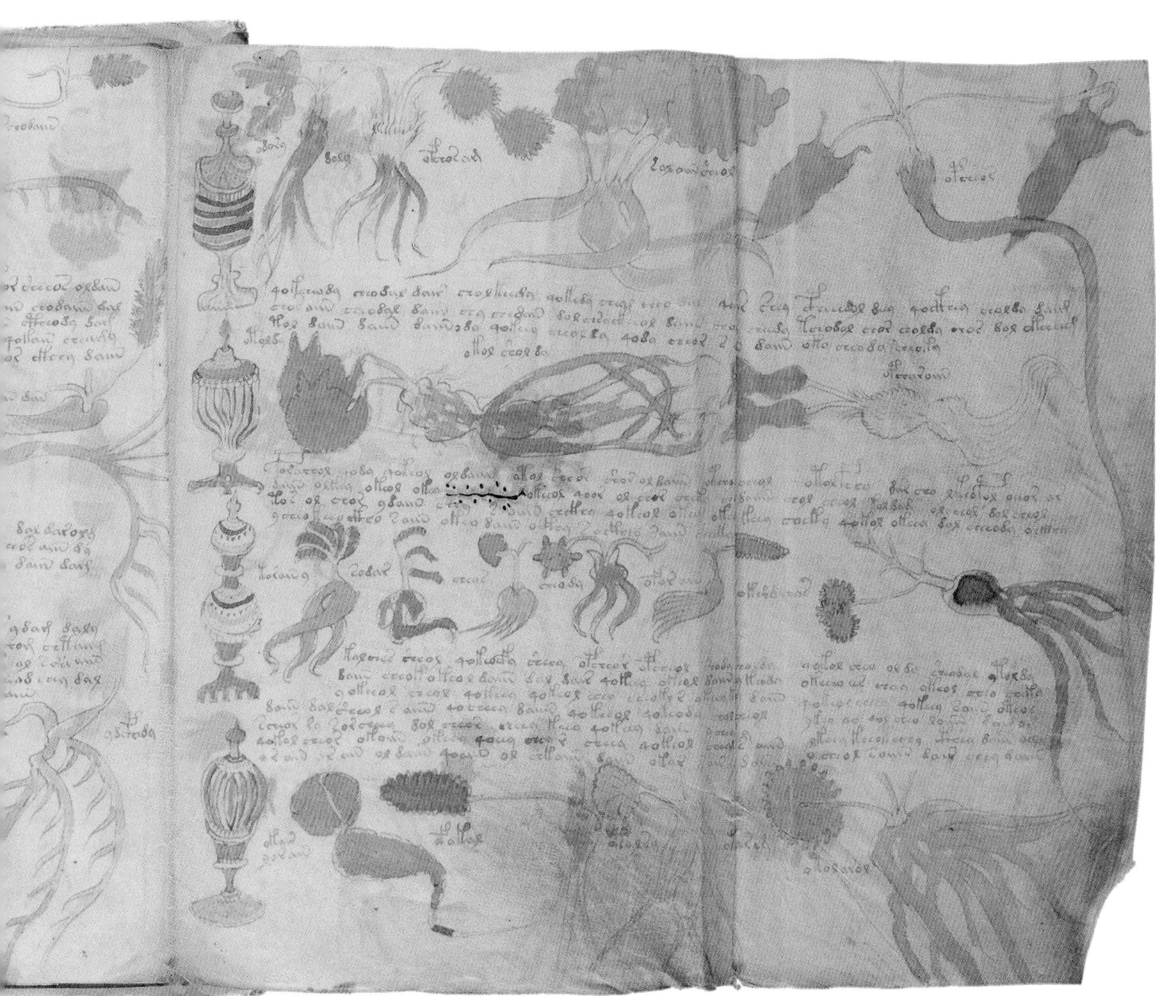

内容は音波でDNAを作り出す宇宙人の未来科学だとする説まである。そのほか、博物学者でスペイン王室の侍医だったフランシスコ・エルナンデス・デ・トレド(1514〜1587年)がアステカのナワトル語で記したとする説、神秘哲学者ジョン・ディーの『エノク書』に書かれているエデンの園に自生しているような未知の植物に関連づけて、天使の言葉とする説もある。本の内容についても、料理本、日記、望遠鏡を用いた銀河観測の手引書(その著者は例のロジャー・ベーコンだという)、フランシス・ベーコンのナンセンスな芝居の小道具、レオナルド・ダ・ヴィンチの初期の作品、異言(キリスト教において、宗教的恍惚状態のときに発せられた意味不明の言葉)の記録書、アウトサイダー・アートなど諸説入り乱れている。ちなみに、この手稿を発見したヴォイニッチ自身は、プロの目利きとしての自信から「ロジャー・ベーコンの手稿」と断言し、ジョン・ディーによって神聖ローマ皇帝ルドルフ2世(1552〜1612年)に売られたものだと信じ込んでいた。

この書について現時点ではっきりしている事実は何だろうか。2009年に行われた炭素年代測定法で、手稿のページに使われているベラムは95パーセントの確率で1404〜1438年に作られたことがわかった。ただ、書かれた文章が当時のものか、証明する手立てはない。右利きの著者による滑らかな筆致は、1400〜1500年頃のイタリアで見られた初期ルネサンス様式の

外交秘密文書

上：目に見えない「隠顕インク」で書かれた機密書簡。1807年9月19日、パリのチャールズ・マクマホン大佐が英国外務大臣ジョージ・カニングに送ったもの。フランスがポルトガルに侵攻する、ほんの2カ月前に書かれたもので、「最高機密」との印がある。隠顕インクは19世紀後半にかけて機密情報を送るために使われた。

国王の暗号機

下：フランスのアンリ2世の紋章付きの、本の形をした暗号機（1550年頃）。大きさは25×11cm。フランスの国立ルネサンス美術館のコレクション。事前に決められた鍵に基づいて文字を数字に変換する暗号方式が使われているが、パターン認識が脆弱で、この方式は早々に廃れた。

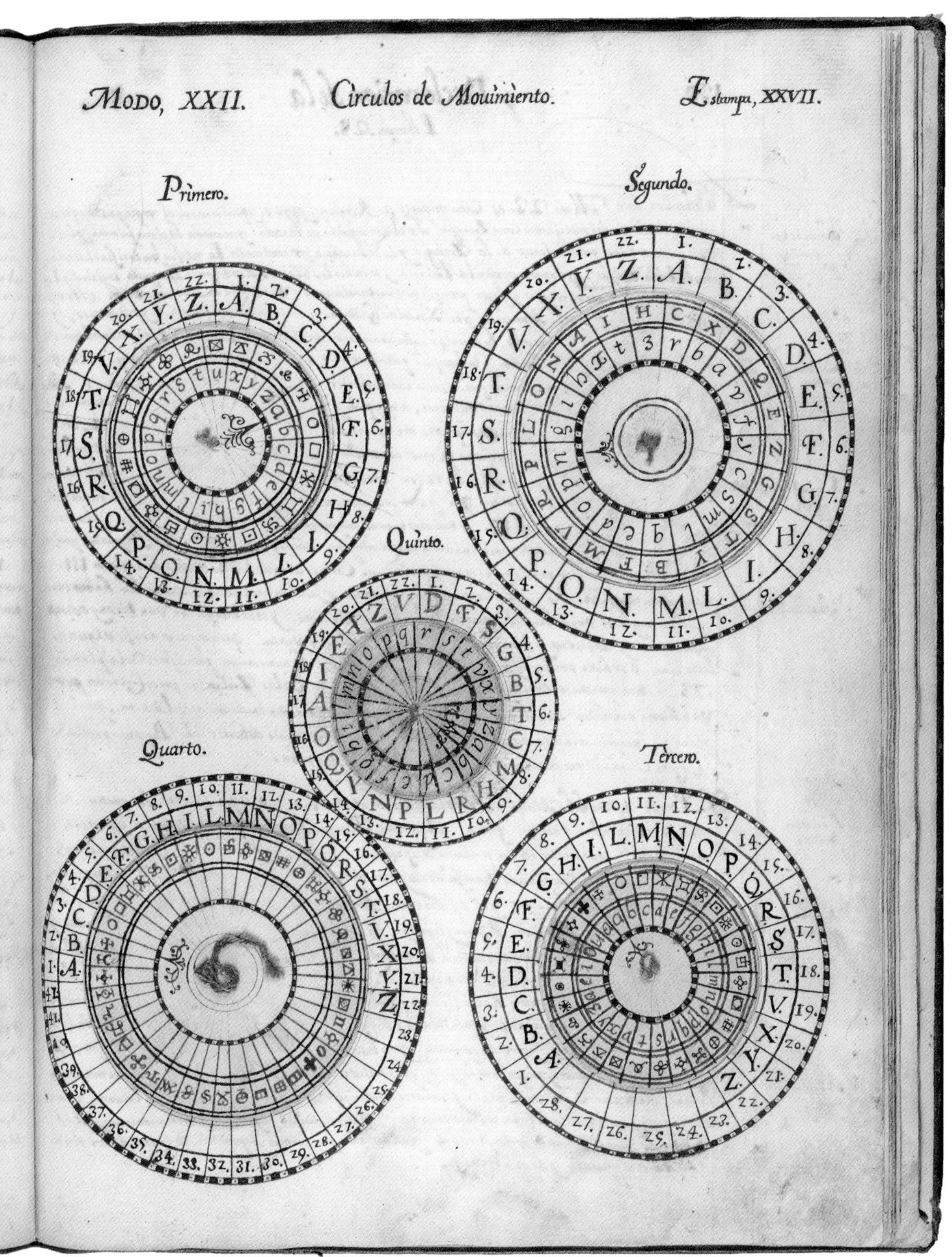

スペインの暗号書

暗号文に関するスペインの手引書（1600年頃）。ナヴァラ副王マルティン・デ・コルドヴァに仕える暗号学者の書とされる。

A Sir L_e Dund

W consider w have ready done for my hoof, and t
it may never again hap in r way ist my emissarys as
erly not forb enting r late mis tune, re itulate
r ser s would endless — In the y 6 grasped t oppor
tunity get by the of thou s of ilys — In Ger y w
Commis ry the y sent thou s the for w of
since com cing Baro have n no less assiduous in ing
my dom by Ncouraging ner of wickedness, by gaming false
swea serve r & my ends, for which ser s may asure
rself of ing made a of my dom and my priv coun-
sellor for ever

am rs &c

The

ように見える。十二宮図の余白に記された綴りは、ヴォイニッチ手稿が一時期南西フランスにあったことを示し、2名の所有者（もしくは読者）の書き込みは、その筆跡から1500年以前に書かれたと判明している。やっかいなことに、ページの並び順が現在のものとは違っていたようで、紙葉や折丁に書かれたページ番号はどうやら後から書き加えられたものらしい。その後、ヴォイニッチ手稿は古書店主ハンス・P・クラウスの手に渡ったのち、1969年にイエール大学のバイネキ稀覯本・手稿図書館に寄付された。今日、司書たちは、閲覧を希望する世界中の暗号ファンからの絶え間ない問い合わせに根気強く付き合っている。毎年のように解読に成功したというニュースが流れるが、どれも正解だったためしがない。もし本当にこの手稿が語るべきことを秘めているとしても、その秘密を知るのは当の手稿のみである。たとえそれが宇宙人や、天使や、そのほかの何かであっても。

オカルトや秘密結社

文章に記号を混ぜる暗号は、オカルトの世界で何世紀にもわたって見られた。「異言」の文学バージョンともいえるこうした文書は、たいていはヴォイニッチ手稿ほど解読が難しくない。17世紀の興味深い例は、珍しいことに修道士ではなく修道女によって書かれた。イタリアのパルマ・ディ・モンテキアーロ修道院の修道女マリア・クロシフィッサ・デッラ・コンチェツィオーネ（本名イザベッラ・トマジ）は、叫んだり気絶したりしている間に謎めいた文書を書いたとされる。自分を悪の遣いにしようと目論む魔王ベルゼブブが悪霊たちを大量に送り込み、自分に暗号のような文字を書かせたのだという。マリアはさらに2つのメッセージを書かされそうになったので抵抗すると、今度は悪霊たちにインクで顔を汚され、インク壺で殴るぞと脅された。「お願いだからそのことは聞かないで。そのことはけっして話せません」と、仲間の修道女たちに話したという。

唯一残っている1676年8月11日付のメッセージは何世紀も解読が試みられてきた。転機は2017年のこと。シチリア島にあるルドゥム科学センターの研究者たちが、ダークウェブで入手した特殊な暗号解読ソフトに古代ギリシャ語、アラビア語、ルーン文字、ラテン語を用いて解読したところ、はたして悪魔的な内容が現れた。そこでは、神、イエス、聖霊を「重荷」と表現し、「神は人間を自由にできると思っている。誰の役にも立たない制度で」とあざ笑う。さらに「神とゾロアスターは人間によって創られた」と暴露する。

異様さの点で肩を並べるのが「コピエール暗号」である。2011年に解読されたこの暗号書には、およそ想像しうるどんな秘密よりも突飛な秘密が書かれていた。儀式と称し、互いの眉毛を抜き合うドイツ人眼科医の秘密結社の存在である。約7万5000の暗号文字からなる手書き文書は105ページに及び、260年以上、誰も解読できなかった。だが2011年、米国人研究者ケビン・ナイト、スウェーデン人研究者ベアータ・メジェシ、クリスティアーヌ・シェーファーの3人が、コンピューターを用いて最初の1万語の解読に成功した。暗号は同音異字で書かれ、文字とスペースをローマ字、ギリシャ文字、記号、アクセント記号に置き換える複雑な暗号だった。1970年代にベルリン・ドイツ科学アカデミーは作成時期を1760〜1780年としたが、今回の解読チームは、より早い1730年代にドイツの町ヴォルフェンビュッテルの「高度に啓蒙化された眼科医組合」（通称「眼科医組合」）という秘密結社によって作られたとした。結社に集う眼科医にとって、目を扱うことは「仕事」であると同時に「知恵の象徴」だった。

コピエール暗号の最初の16ページは入会儀

悪魔からの書簡

左ページ：L□e Dund□□卿に宛てた悪魔からの書簡。象形文字風である。銅版画家ジョン・ケイによる『肖像とカリカチュア銅版画集』（1837〜1838年）の銅版画から。

上:「コピエール暗号」の16〜17ページ。

礼に割かれている。まず、入会希望者は白紙を読むよう指示される。読めないと答えると眼鏡を差し出され、再度挑戦するよう命じられる。やはり読めないと言うと、布で目を洗ったのち、「手術」を受けさせられる。眉毛を１本抜かれるのだ。この暗号書から、組織を率いていたのはフリードリヒ・アウグスト・フォン・フェルトハイム伯爵で、会員はフリーメーソンであったこともわかっている。フリーメーソンといえば、1738年に出された教皇の反フリーメーソン勅令に反発して秘密結社化した組織だ＊2。

宝探しの暗号書

こういった特異な暗号書は、軍事通信やオカルト以外では宝探しの分野に多い。まず紹介したいのが「ビール文書」だ。もし解読に成功す

＊2　大英図書館には、フリーメーソンと同じくらい謎めいた女性の秘密結社「処女の結束と献身のための組合」に関する唯一の資料がある。80ページからなる会則は暗号で書かれ、これまた暗号で *Ebpob es byo Utlub, Umgjoml Nyflobjof* というタイトルがつけられ、1835年にロンドンで出版された。1869年4月、ロンドンの夕刊紙ペル・メル・ガゼットの記者はこの本についてこう記している。「なんとも説明しがたい謎の本である。悪ふざけで作ったにしては印刷に金をかけすぎている。それにしても、女の秘密結社なるものが我々の社会で繁栄できるだろうか。その本全体が狂人の妄言を詳細に書き綴っただけのものにすぎないのだろう。しかもその狂人は、女たちが秘密を守れるという愚かな考えにとりつかれている」

暗号の魔術書

その形から「三角の書」と呼ばれるサン・ジェルマン伯爵の作品（1750年頃）。暗号で書かれたフランスの魔術書で、寿命を延ばす秘密が誇らしげに語られている。サン・ジェルマン伯爵は、冒険家であり錬金術師でもあった風変わりな謎の人物だが、長寿の秘訣を発見したといい、18世紀ヨーロッパの上流階級を熱狂させた。本人いわく、すでに何千年も生きており、イエスが水を葡萄酒に変えたとされるカナの婚礼にも参加したという。オックスフォード伯爵ホレス・ウォルポールはサン・ジェルマンについてこう書いている。「歌が好きで、バイオリンも上手、作曲までする。だが頭がいかれている」

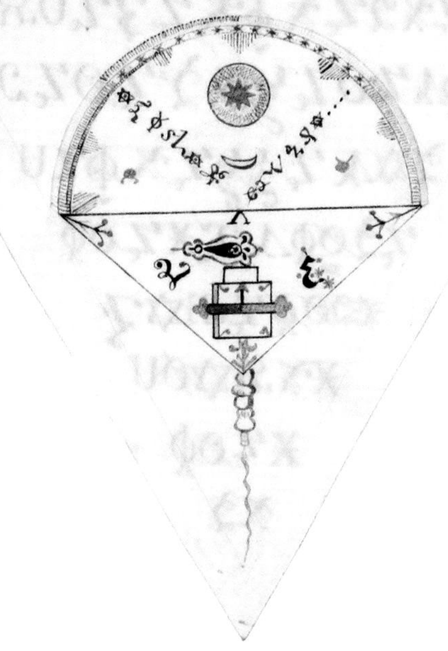

謎の暗号解析機

「サイファー・ホイール」と呼ばれる暗号解析機。変わり者の米国人医師オービル・ウォード・オーウェン（1854〜1924年）が発明したもの。長さ300mのキャンバス地にシェークスピア作品のページを貼り付け、巨大な2つのシリンダーの間を回転させて、隠されたメッセージを入念に調べ上げた。その結果、シェークスピアの正体がなんとフランシス・ベーコンだとわかったという。

れば、4300万ドル（約46億円）相当のお宝を手にすることができるかもしれない。1885年、ある小冊子が出版された。そこには1820年代にトーマス・J・ビールなる人物が、米国ヴァージニア州ベッドフォード郡のどこかに金銀財宝を埋めたと書いてあった。ビールがその宝を手に入れたのは1800年代初頭のことだという。ヴァージニア州から30人の男たちを引き連れて宝探しをしていたビールは、バイソンを狩りながら西部の平原を進み、サンタフェの町に到着し、そこから一行は進路を北に変えた。以下、ビールのメモから引用する。「我々は小さな渓谷で野営したが、夕食の支度をしていたとき、仲間の一人が岩の割れ目に金（きん）のようなものを発見した。ほかの者も間違いなく金だという。その場が興奮の渦に包まれたことはいうまでもない」

その後一行は1年半も採掘を続け、約3トンの貴金属を掘り出した。お宝は船でヴァージニア州まで運ばれ、安全のために地中に埋められたという。ビールは「隠し場所」、「財宝の中身」、「財宝の所有者と親族のリスト」の3つを暗号化し、それぞれ別の紙に書き記した。隠し場所はヴァージニア州ベッドフォード郡モントベールだと考えられている。ビールは3枚の暗号文を入れた箱を地元の宿屋の主人ロバート・モリスに託したまま消息を絶つ。23年後、モリスはビールとの約束を破ってついに箱を開け、自ら解読に挑んだが果たせなかった。次に文書はモリスの友人の手に渡り、20年かけて解読に取り組んで何とか2番目の紙の解読に成功した。暗号を解く鍵はアメリカ独立宣言にあった。解読された内容は次の通りだ。

「ビューフォーズから4マイル(約6.5km)ほどのベッドフォード郡で地下6フィート(約2m)ほどの穴を掘り以下のものを埋めた。その所有者は同封の3枚目の紙に記す。

最初の埋蔵物は1014ポンド(約460kg)の金と3812ポンド(約1730kg)の銀で、埋めたのは1819年11月。次の埋蔵物は1821年12月に埋めたもので、1907ポンドの金(約865kg)と1288ポンド(約584kg)の銀、さらに輸送費節約のためにセントルイスで銀と交換した1万3000ドル相当の宝石。

上記の金銀財宝は、鉄の容器に入れたうえ、しっかり鉄のふたをしてある。穴は大まかに石で補強してあり、容器は頑丈な石の上に置き、さらに石で覆い隠した。1枚目の紙に穴の正確な場所を記したので難なく見つけられるだろう」

1880年代になって、匿名のその「友人」は、3枚の暗号文を小冊子にして売りに出したという のがいきさつだ。

ほかの2枚の暗号文(83ページ参照)を解読し

タバコ紙に書かれた国策批判

手巻タバコ用の巻紙に印刷された暗号文。1792年、英国ケニントンの宿屋ホーンズ・インの床板の下から発見された。目を凝らして眺めていると、その一見無意味な文字の集まりがこう見えてくる。「王の政策が私の権利を乱用し、日々の楽しみに税を課されるなかで、どう生きるべきか悩んでいる」

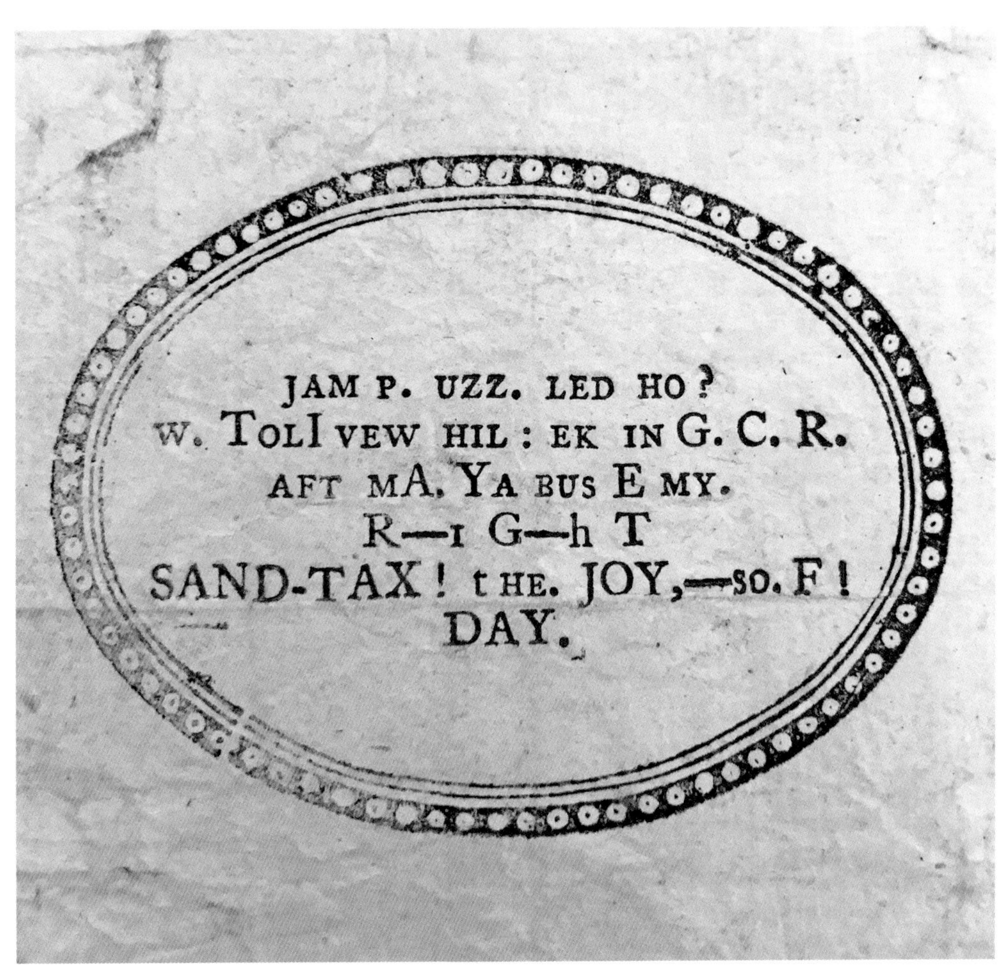

た人がいないことから、そもそも作り話ではないかという疑いがもたれている。ビール暗号の唯一の情報源である問題の小冊子を「友人」に代わって1885年に出版した、ジェームズ・B・ウォードのでっち上げではないかというものだ。米国の懐疑論者ジョー・ニッケルは、明らかに時代にそぐわない言葉が本文中に使われていると指摘する。例えば「逃げ出す(stampede)」という英語は後の時代の言葉だという(それに、3枚目の暗号文は、採掘した30人の親戚縁者を記載するにはあまりに短すぎる)。それでも、お宝を探しにベッドフォード郡を訪れる人は今でも後を絶たない。1世紀以上探されていてもなお見落とされた手がかりへの期待を捨て切れないのだ。

現代のお宝暗号騒動

一方、大西洋を挟んだ英国にも、国中の人々を宝探しへ駆り立てた暗号書があった。キット・ウィリアムズという美術家が1979年に出版した絵本『仮面舞踏会』である。ルビー、真珠、月長石で飾られた18カラットの金のウサギの首飾り(5000ポンド相当、現在の価値で約2万5000ポンド/約350万円)を秘密の場所に埋め、証人としてテレビ司会者バンバー・ガスコインが立会ったという触れ込みだった。本の内容紹介には「宝のありかの手がかりは、本の中のなぞなぞ、判じ絵、挿絵のどこかに隠されています」とあり、「10歳の子どももオックスフォードの先生も謎解きなら互角」と書かれている。

絵本は一大センセーションを巻き起こし、初版は2日で売り切れた。世界中のマスメディアの注目を集め、ついには100万部を超える大ベストセラーとなった。お宝ハンターは英国中の公園や個人の庭を掘りまくった。特に被害を受けたのがグロスターシャーにある「ヘアーズフィールド・ビーコン」という名前の場所で、「ここにウサギ(ヘアー)は埋められていません」という看板を、著者の負担で立てたほどだった。

亡き妻への暗号メッセージ

左:カナダ人医師サミュエル・ビーンが、最初の2人の妻ヘンリエッタとスザンナを悼んで立てた「ビーン墓碑」(1860年代)。オンタリオ州ウェズリー・タウンシップのクロスヒル近郊のラッシーズ共同墓地内にある。この碑文の文字列は暗号で、上から7列目の左から7番目の文字からスタートし、反時計回りに渦を巻くようにジグザグに読み進める。すると次の文章が現れる。「2人の妻を悼みて。医師ビーンの最初の妻ヘンリエッタ、1865年9月27日、23歳2カ月17日で死去。2番目の妻スザンナ、1867年4月27日、26歳10カ月15日で死去。これ以上ないほど素晴らしい妻たち。彼女たちは神からの贈り物だが、今は天国にいる。神よ、私ことサミュエル・ビーンが天国で妻たちに会えるようお助けあれ」

71, 194, 38, 1701, 89, 76, 11, 83, 1629, 48, 94, 63, 132, 16, 111, 95, 84, 341,
975, 14, 40, 04, 27, 81, 139, 213, 03, 90, 1120, 8, 15, 3, 120, 2018, 40, 74,
758, 485, 604, 230, 436, 664, 582, 150, 251, 284, 308, 231, 124, 211, 486,
225, 401, 370, 11, 101, 305, 139, 189, 17, 33, 88, 208, 193, 145, 1, 94, 73,
416, 918, 263, 28, 500, 538, 356, 117, 136, 219, 27, 176, 130, 10, 460, 25,
485, 18, 436, 65, 84, 200, 283, 118, 320, 138, 36, 416, 280, 15, 71, 224, 961,
44, 16, 401, 39, 88, 61, 304, 12, 21, 24, 283, 134, 92, 63, 246, 486, 682, 7,
219, 184, 360, 780, 18, 64, 463, 474, 131, 160, 79, 73, 440, 95, 18, 64, 581,
34, 69, 128, 367, 460, 17, 81, 12, 103, 820, 62, 116, 97, 103, 862, 70, 60,
1317, 471, 540, 208, 121, 890, 346, 36, 150, 59, 568, 614, 13, 120, 63, 219,
812, 2160, 1780, 99, 35, 18, 21, 136, 872, 15, 28, 170, 88, 4, 30, 44, 112, 18,
147, 436, 195, 320, 37, 122, 113, 6, 140, 8, 120, 305, 42, 58, 461, 44, 106,
301, 13, 408, 680, 93, 86, 116, 530, 82, 568, 9, 102, 38, 416, 89, 71, 216,
728, 965, 818, 2, 38, 121, 195, 14, 326, 148, 234, 18, 55, 131, 234, 361, 824,
5, 81, 623, 48, 961, 19, 26, 33, 10, 1101, 365, 92, 88, 181, 275, 346, 201,
206, 86, 36, 219, 324, 829, 840, 64, 326, 19, 48, 122, 85, 216, 284, 919, 861,
326, 985, 233, 64, 68, 232, 431, 960, 50, 29, 81, 216, 321, 603, 14, 612, 81,
360, 36, 51, 62, 194, 78, 60, 200, 314, 676, 112, 4, 28, 18, 61, 136, 247, 819,
921, 1060, 464, 895, 10, 6, 66, 119, 38, 41, 49, 602, 423, 962, 302, 294, 875,
78, 14, 23, 111, 109, 62, 31, 501, 823, 216, 280, 34, 24, 150, 1000, 162, 286,
19, 21, 17, 340, 19, 242, 31, 86, 52, 88, 16, 80, 121, 67, 95, 122, 216, 548, 96,
11, 201, 77, 364, 218, 65, 667, 890, 236, 154, 211, 10, 98, 34, 119, 56, 216,
119, 71, 218, 1164, 1496, 1817, 51, 39, 210, 36, 3, 19, 540, 232, 22, 141, 617,
84, 290, 80, 46, 207, 411, 150, 29, 38, 46, 172, 85, 194, 39, 261, 543, 897,
624, 18, 212, 416, 127, 931, 19, 4, 63, 96, 12, 101, 418, 16, 140, 230, 460,
538, 19, 27, 88, 612, 1431, 90, 716, 275, 74, 83, 11, 426, 89, 72, 84, 1300,
1706, 814, 221, 132, 40, 102, 34, 868, 975, 1101, 84, 16, 79, 23, 16, 81, 122,
324, 403, 912, 227, 936, 447, 55, 86, 34, 43, 212, 107, 96, 314, 264, 1065,
323, 428, 601, 203, 124, 95, 216, 814, 2906, 654, 820, 2, 301, 112, 176,
213, 71, 87, 96, 202, 35, 10, 2, 41, 17, 84, 221, 736, 820, 214, 11, 60, 760

115, 73, 24, 807, 37, 52, 49, 17, 31, 62, 647, 22, 7, 15, 140, 47, 29, 107, 79,
84, 56, 239, 10, 26, 811, 5, 196, 308, 85, 52, 160, 136, 59, 211, 36, 9, 46,
316, 554, 122, 106, 95, 53, 58, 2, 42, 7, 35, 122, 53, 31, 82, 77, 250, 196, 56,
96, 118, 71, 140, 287, 28, 353, 37, 1005, 65, 147, 807, 24, 3, 8, 12, 47, 43,
59, 807, 45, 316, 101, 41, 78, 154, 1005, 122, 138, 191, 16, 77, 49, 102, 57,
72, 34, 73, 85, 35, 371, 59, 196, 81, 92, 191, 106, 273, 60, 394, 620, 270,
220, 106, 388, 287, 63, 3, 6, 191, 122, 43, 234, 400, 106, 290, 314, 47, 48,
81, 96, 26, 115, 92, 158, 191, 110, 77, 85, 197, 46, 10, 113, 140, 353, 48,
120, 106, 2, 607, 61, 420, 811, 29, 125, 14, 20, 37, 105, 28, 248, 16, 159,
7, 35, 19, 301, 125, 110, 486, 287, 98, 117, 511, 62, 51, 220, 37, 113, 140,
807, 138, 540, 8, 44, 287, 388, 117, 18, 79, 344, 34, 20, 59, 511, 548, 107,
603, 220, 7, 66, 154, 41, 20, 50, 6, 575, 122, 154, 248, 110, 61, 52, 33, 30,
5, 38, 8, 14, 84, 57, 540, 217, 115, 71, 29, 84, 63, 43, 131, 29, 138, 47, 73,
239, 540, 52, 53, 79, 118, 51, 44, 63, 196, 12, 239, 112, 3, 49, 79, 353, 105,
56, 371, 557, 211, 505, 125, 360, 133, 143, 101, 15, 284, 540, 252, 14, 205,
140, 344, 26, 811, 138, 115, 48, 73, 34, 205, 316, 607, 63, 220, 7, 52, 150,
44, 52, 16, 40, 37, 158, 807, 37, 121, 12, 95, 10, 15, 35, 12, 131, 62, 115,
102, 807, 49, 53, 135, 138, 30, 31, 62, 67, 41, 85, 63, 10, 106, 807, 138, 8,
113, 20, 32, 33, 37, 353, 287, 140, 47, 85, 50, 37, 49, 47, 64, 6, 7, 71, 33, 4,
43, 47, 63, 1, 27, 600, 208, 230, 15, 191, 246, 85, 94, 511, 2, 270, 20, 39, 7,
33, 44, 22, 40, 7, 10, 3, 811, 106, 44, 486, 230, 353, 211, 200, 31, 10, 38,
140, 297, 61, 603, 320, 302, 666, 287, 2, 44, 33, 32, 511, 548, 10, 6, 250,
557, 246, 53, 37, 52, 83, 47, 320, 38, 33, 807, 7, 44, 30, 31, 250, 10, 15, 35,
106, 160, 113, 31, 102, 406, 230, 540, 320, 29, 66, 33, 101, 807, 138, 301,
316, 353, 320, 220, 37, 52, 28, 540, 320, 33, 8, 48, 107, 50, 811, 7, 2, 113,
73, 16, 125, 11, 110, 67, 102, 807, 33, 59, 81, 158, 38, 43, 581, 138, 19, 85,
400, 38, 43, 77, 14, 27, 8, 47, 138, 63, 140, 44, 35, 22, 177, 106, 250, 314,
217, 2, 10, 7, 1005, 4, 20, 25, 44, 48, 7, 26, 46, 110, 230, 807, 191, 34, 112,
147, 44, 110, 121, 125, 96, 41, 51, 50, 140, 56, 47, 152, 540, 63, 807, 28, 42,
250, 138, 582, 98, 643, 32, 107, 140, 112, 26, 85, 138, 540, 53, 20, 125, 371,
38, 36, 10, 52, 118, 136, 102, 420, 150, 112, 71, 14, 20, 7, 24, 18, 12, 807,
37, 67, 110, 62, 33, 21, 95, 220, 511, 102, 811, 30, 83, 84, 305, 620, 15, 2,
10, 8, 220, 106, 353, 105, 106, 60, 275, 72, 8, 50, 205, 185, 112, 125, 540,
65, 106, 807, 138, 96, 110, 16, 73, 33, 807, 150, 409, 400, 50, 154, 285, 96,
106, 316, 270, 205, 101, 811, 400, 8, 44, 37, 52, 40, 241, 34, 205, 38, 16, 46,
47, 85, 24, 44, 15, 64, 73, 138, 807, 85, 78, 110, 33, 420, 505, 53, 37, 38, 22,
31, 10, 110, 106, 101, 140, 15, 38, 3, 5, 44, 7, 98, 287, 135, 150, 96, 33, 84,
125, 807, 191, 96, 511, 118, 40, 370, 643, 466, 106, 41, 107, 603, 220, 275,
30, 150, 105, 49, 53, 287, 250, 208, 134, 7, 53, 12, 47, 85, 63, 138, 110, 21,
112, 140, 485, 486, 505, 14, 73, 84, 575, 1005, 150, 200, 16, 42, 5, 4, 25,
42, 8, 16, 811, 125, 160, 32, 205, 603, 807, 81, 96, 405, 41, 600, 136, 14, 20,
28, 26, 353, 302, 246, 8, 131, 160, 140, 84, 440, 42, 16, 811, 40, 67, 101,
102, 194, 138, 205, 51, 63, 241, 540, 122, 8, 10, 63, 140, 47, 48, 140, 288

317, 8, 92, 73, 112, 89, 67, 318, 28, 96,107, 41, 631, 78, 146, 397, 118, 98,
114, 246, 348, 116, 74, 88, 12, 65, 32, 14, 81, 19, 76, 121, 216, 85, 33, 66,
15, 108, 68, 77, 43, 24, 122, 96, 117, 36, 211, 301, 15, 44, 11, 46, 89, 18,
136, 68, 317, 28, 90, 82, 304, 71, 43, 221, 198, 176, 310, 319, 81, 99, 264,
380, 56, 37, 319, 2, 44, 53, 28, 44, 75, 98, 102, 37, 85, 107, 117, 64, 88, 136,
48, 151, 99, 175, 89, 315, 326, 78, 96, 214, 218, 311, 43, 89, 51, 90, 75,
128, 96, 33, 28, 103, 84, 65, 26, 41, 246, 84, 270, 98, 116, 32, 59, 74, 66,
69, 240, 15, 8, 121, 20, 77, 89, 31, 11, 106, 81, 191, 224, 328, 18, 75, 52,
82, 117, 201, 39, 23, 217, 27, 21, 84, 35, 54, 109, 128, 49, 77, 88, 1, 81, 217,
64, 55, 83, 116, 251, 269, 311, 96, 54, 32, 120, 18, 132, 102, 219, 211, 84,
150, 219, 275, 312, 64, 10, 106, 87, 75, 47, 21, 29, 37, 81, 44, 18, 126, 115,
132, 160, 181, 203, 76, 81, 299, 314, 337, 351, 96, 11, 28, 97, 318, 238, 106,
24, 93, 3, 19, 17, 26, 60, 73, 88, 14, 126, 138, 234, 286, 297, 321, 365, 264,
19, 22, 84, 56, 107, 98, 123, 111, 214, 136, 7, 33, 45, 40, 13, 28, 46, 42, 107,
196, 227, 344, 198, 203, 247, 116, 19, 8, 212, 230, 31, 6, 328, 65, 48, 52, 59,
41, 122, 33, 117, 11, 18, 25, 71, 36, 45, 83, 76, 89, 92, 31, 65, 70, 83, 96,
27, 33, 44, 50, 61, 24, 112, 136, 149, 176, 180, 194, 143, 171, 205, 296, 87,
12, 44, 51, 89, 98, 34, 41, 208, 173, 66, 9, 35, 16, 95, 8, 113, 175, 90, 56,
203, 19, 177, 183, 206, 157, 200, 218, 260, 291, 305, 618, 951, 320, 18, 124,
78, 65, 19, 32, 124, 48, 53, 57, 84, 96, 207, 244, 66, 82, 119, 71, 11, 86, 77,
213, 54, 82, 316, 245, 303, 86, 97, 106, 212, 18, 37, 15, 81, 89, 16, 7, 81, 39,
96, 14, 43, 216, 118, 29, 55, 109, 136, 172, 213, 64, 8, 227, 304, 611, 221,
364, 819, 375, 128, 296, 1, 18, 53, 76, 10, 15, 23, 19, 71, 84, 120, 134, 66,
73, 89, 96, 230, 48, 77, 26, 101, 127, 936, 218, 439, 178, 171, 61, 226, 313,
215, 102, 18, 167, 262, 114, 218, 66, 59, 48, 27, 19, 13, 82, 48, 162, 119,
34, 127, 139, 34, 128, 129, 74, 63, 120, 11, 54, 61, 73, 92, 180, 66, 75, 101,
124, 265, 89, 96, 126, 274, 896, 917, 434, 461, 235, 890, 312, 413, 328, 381,
96, 105, 217, 66, 118, 22, 77, 64, 42, 12, 7, 55, 24, 83, 67, 97, 109, 121, 135,
181, 203, 219, 228, 256, 21, 34, 77, 319, 374, 382, 675, 684, 717, 864, 203,
4, 18, 92, 16, 63, 82, 22, 46, 55, 69, 74, 112, 134, 186, 175, 119, 213, 416,
312, 343, 264, 119, 186, 218, 343, 417, 845, 951, 124, 209, 49, 617, 856, 924,
936, 72, 19, 28, 11, 35, 42, 40, 66, 85, 94, 112, 65, 82, 115, 119, 236, 244,
186, 172, 112, 85, 6, 56, 38, 44, 85, 72, 32, 47, 63, 96, 124, 217, 314, 319,
221, 644, 817, 821, 934, 922, 416, 975, 10, 22, 18, 46, 137, 181, 101, 39, 86,
103, 116, 138, 164, 212, 218, 296, 815, 380, 412, 460, 495, 675, 820, 952

ビールの宝探し暗号

上と右：ビールの3枚の暗号文。米国ヴァージニア州ベッドフォード郡に莫大な財宝が埋められているという。2枚目はアメリカ独立宣言を鍵として解読された。

3年間は暗号を解いた人は現れず、1982年になって、ついにウィリアムズのもとに一目で正解だとわかる答えが送られてきた。ところで、ウィリアムズが考えた解読法をここで示そう。絵本に描かれた動物の目と足から外枠へ線を引き、その枠内にある文字を見つけ出す。この作業を繰り返すと、最終的に「アンプトヒルの近く」という言葉が現れる。不思議なことに、正解者であるケン・トーマスなる人物はその方法で謎を解き明かしたのではなく、まぐれで答えを見つけ出し、お宝を手に入れたのだった。

この話には後日談がある。1988年12月11日、英国の日曜紙サンデー・タイムズは記事で、宝探しの勝者が「仮面」を被っていたと糾弾した。ケン・トーマスは偽名で、本名はデュガルド・トンプソンといい、当時の仕事仲間の交際相手が、かつて著者と同棲していたベロニカ・ロバートソンだった。ベロニカは同棲時代にだいたいの隠し場所をウィリアムズから聞き出していた。こう

宝探しの仕掛け人

著者キット・ウィリアムズ（左）と暗号入りの宝探し絵本『仮面舞踏会』（1980年）。

した不正が暴露されたにも関わらず、ウサギの首飾りはケン・トーマスことデュガルド・トンプソンによってサザビーズで競売にかけられ、中東の収集家に3万1900ポンド（現在の価値で8万4830ポンド／約1200万円）で落札された。

世間の注目を嫌というほど浴びたウィリアムズは事実上隠遁者のようになってしまった。だが、同様の手法でひと儲けを狙う輩は引きもきらない。そして、それは死を招くこともある。2010年、元米国空軍パイロットで美術商のフォレスト・フェンは、『自叙伝：追跡のスリル』を出版する際、200万ドル（約2億1千万円）相当の宝箱を秘密の場所に埋め、その手がかりは本の中に隠されていると宣伝した。宝箱の中身は、ルビーやサファイアを200個も埋め込んだブレスレット、ジャガーの爪を模した金細工、200年前の水晶のネックレス、中国の年代物の翡翠彫刻などだという。しかも翡翠の彫刻は「見ただけで涙が出る」ほどのものだと。隠し場所は「（米国ニューメキシコ州）サンタフェから北の山」のどこかということで、ニューメキシコ、コロラド、ワイオミング、モンタナ州にわたるロッキー山脈のあちこちで宝探しブームが巻き起こった。宝探しの最中に、コロラドの牧師を含む４人が命を落とし、怪我人も続出した。関係当局からの強い中止要請にもかかわらず、富豪の美術商はその申し出を拒んだ。記者の取材にフェンはこう答えている。「もちろん痛ましいことですよ。ただ、普段だって車に乗るたびに身を危険にさらしているじゃありませんか」。埋蔵物は危険な場所や行くには困難な場所にはないと強調し、宝探しのおかげでみな外へ出て自然を楽しむようになったと誇らしげに語る。「ソファーに座ってテレビを見たり小さな機器をいじったり。先の読める便利な暮らしにみんなあきあきしているんですよ」

本の側面に隠された絵

本の側面に施された小口絵の例。小口絵は、ページの小口側（本の背表紙の反対側）の縁に描かれた絵で、本が閉じられているときは見えず、本全体のページを少し曲げて斜めにずらすと現れる。17世紀後半にロンドンとエディンバラで作られ始め、18世紀に普及した。

恋人たちの暗号

暗号で書かれたハガキ。ハッカーでITセキュリティーの専門家、ドイツのトビアス・シュローデルが、集めた235点の中から選りすぐりを提供してくれた。暗号で書かれた葉書きは、密かに恋愛を楽しみたい若い恋人たちの間で19～20世紀初頭に流行し、たいていは簡単な換字式暗号が使われた。内容は無邪気なものからきわどいものまである。1881年のハガキ番号3（左下）は、「なんだかムラムラしている」という品のない書き出しで始まっている。

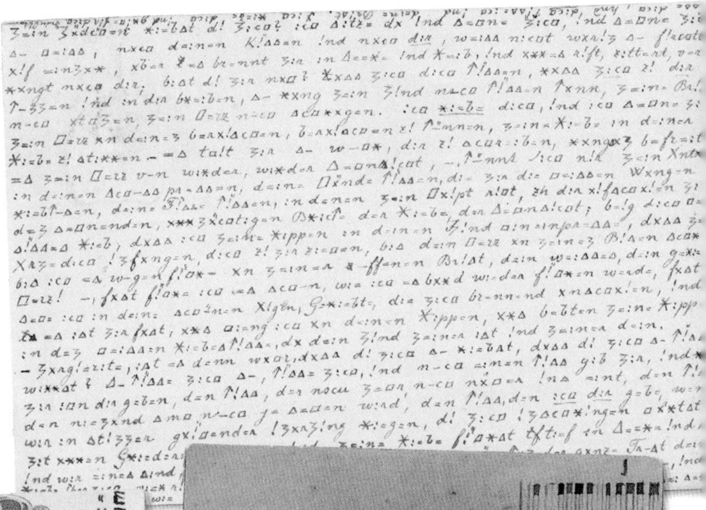

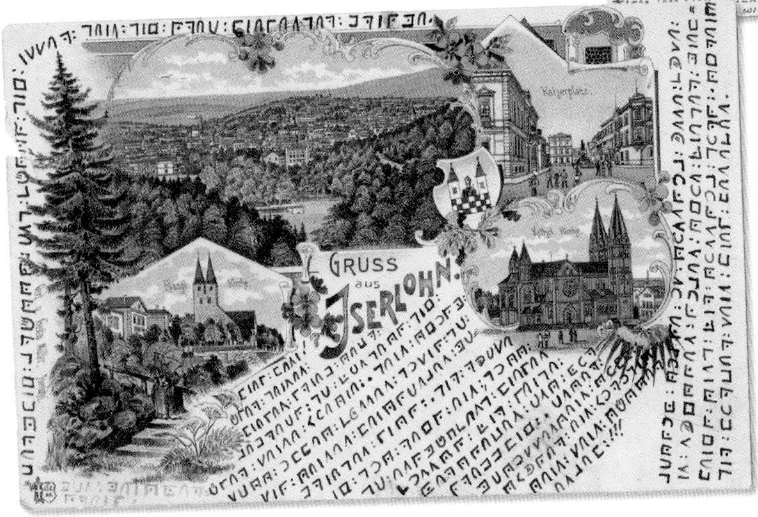

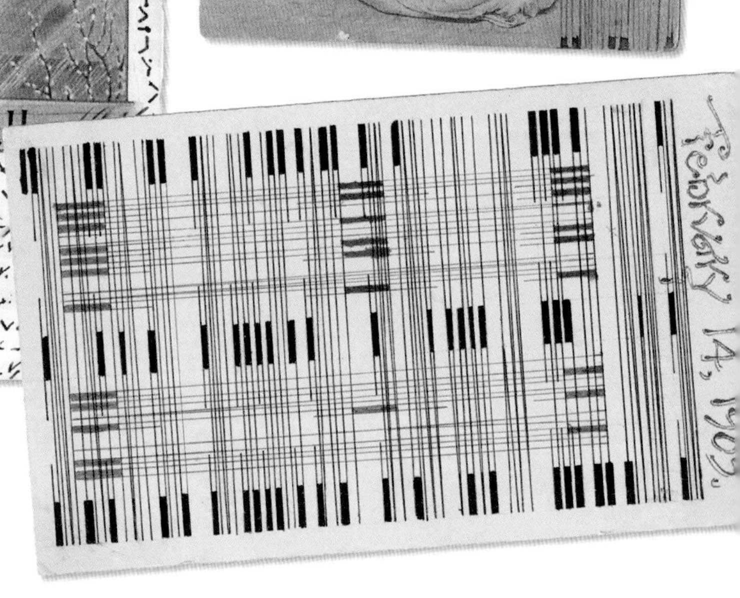

Der
hol' die
Ansichtskarten!

Herrn
Dr. med. Th. Seegers
Michelstadt
i/Odenwald

Gruss aus
Bodenwerder
den 7/12 02

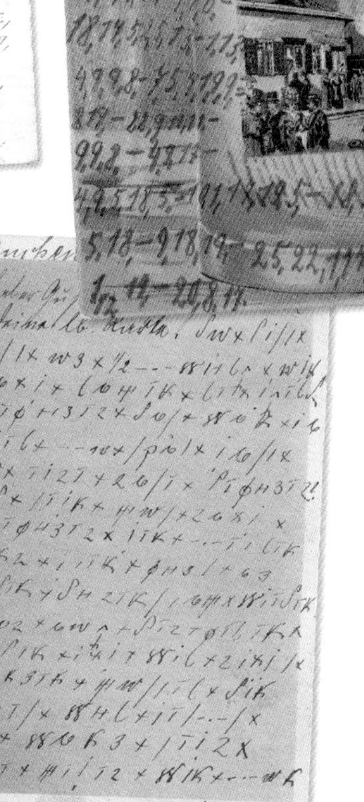
München, Frauenkirche

Literary Hoaxes

偽りの書

人はなぜ欺くために本を書くのか

だます目的で書かれた本を手にするのはどこかスリルがある。風刺、復讐、売名、ただの金もうけ（いずれわかるが、これらが最もありふれた動機）のいずれにせよ、偽書は普通の嘘とは異なる。本は目に見える実体があるのだ。触ることも、においをかぐことも、不実なページをパラパラとめくり、人を欺くために注意深く練り上げられた一節を、嘘と知りつつ味わうこともできる。著者に目配せしながら、読者もその冗談に乗るのだ。

誰かをだますための本

偽書は古代から存在した。その好例がストア派哲学者で「火花」の愛称もあるヘラクレアのディオニュシオス（紀元前330年頃～250年頃）の本である。彼は、恩師ポントスのヘラクレイデス（その恩師はでっぷりとした体形からアテナイ人に「ポンプス（高慢ちきの意味）」とあだ名されていた）に対する悪ふざけを思いつき、『パルテノパイオス』という悲劇を書いた。それを著名な悲劇作家ソフォクレスの作と偽って恩師に見せたところ、恩師はまんまとだまされ、ソフォクレスを論じる際に『パルテノパイオス』の一節を引用した。ディオニュシオスは嬉々として、その本は自分が書いたと告白する。

だが師ヘラクレイデスは信じようとしない。ディオニュシオスは、親友の名「パンカラス」が文章に隠されていることを明かすが、ヘラクレイデスはそれでも納得せず、ただの偶然だと主張する。そこでディオニュシオスは別に仕掛けておいた言葉も打ち明けた。それは「年寄りの猿は簡単には捕まらない。捕まったのはしばらくしてから」と、さらに決定的な証拠「ヘラクレイデスは文学を知らない恥知らず」という文であった。

それから2000年以上の時を経て、復讐のため同様の手口を使った作家がいた。2005年、文芸評論家のA・N・ウィルソンは、英国の桂冠詩人ジョン・ベッチェマンの伝記を出版した。本の目玉として、イヴ・デ・ハーベンという女性から自分のもとに送られてきた「ベッチェマンの未公開ラブレター」を掲載し、その本は非常に

デヴィッド・ボウイも加担

『ナット・テイト：ある米国人芸術家（1928～1960年）』の表紙。架空の芸術家の偽の伝記で、ウィリアム・ボイドが美術界を騒がせようと執筆した。「共犯者」でミュージシャンのデヴィッド・ボウイが1998年に開催したパーティーで発売された。

プロフィールの嘘

ペットのビーバー「ジェリー・ロール」に餌を与えるグレイ・アウル。著名なアメリカ先住民の自然保護活動家で、カナダの大自然での暮らしを書いた本が何冊かある。死後、本名はアーチボルド・スタンズフェルド・ビラニー（1888～1938年）で、冒険心から16歳で家出しカナダに渡った、生粋の英国人であるとわかった。

高い評価を受けた。ところが出版後、そのラブレターは捏造だと判明する。実はウィルソンは、1988年に美術史家で評論家のベヴィス・ヒリアーが書いたベッチェマンの伝記を酷評していた。それを恨んだヒリアーは、復讐のために偽ラブレターを女性の名でウィルソンに送り付けたのだ。イヴ・デ・ハーベン（Eve de Harben）という名はアナグラム（単語や文字を入れ替える言葉遊び）で「やられたことがあるか（Ever been had?）」となり、さらに各行の最初の文字をつなげると「A・N・ウィルソンはくそ野郎」となるのだった。

ディオニュシオスから3世紀後、ギリシャの予言者アボノティコスのアレクサンドロス（105年頃～170年頃）の嘘も面白い。シリア生まれの作家ルキアノス（125年頃～180年以降）の著書によれば、アレクサンドロスは一組の板を用意し、黒海沿岸の故郷アボノティコスに治癒神が現れるという偽の予言を書いて、カルケドン（現在のトルコ、イスタンブールの対岸にあった町）のアスクレピオス神殿に埋めた。その板は発見されて「聖遺物」とされ、治癒神を祀（まつ）る新たな神殿を建てようと神秘主義者や巡礼者がアボノティコスに集まってきた。アレクサンドロスは頃合いを見計らい、預言者らしいローブをまとって皆の前に姿を現すと、地面のヘビ（飼い慣らされて彼が連れてきたヘビ）を指さしてこう宣言した。「アスクレピオス神がヘビとなって地上に戻られた。グリュコンと呼ばれることを望んでおられる」。建てられたグリュコン神の神託所はまたたく間に人気となった。それはアレクサンドロスが人々の未来を驚くほど正確に予言したからだったが、実は参拝者が書いて封印した願いごとをあらかじめ盗み見ていたのである。アレクサンドロスが生きたヘビを恐れずに素手で扱うことも人気の理由だったのだろう。ルキアノスによれば、そのヘビは頭が亜麻布で作られた人形で、「取り付けられた馬の毛を引っ張って口を開け閉めし、二又に裂けた黒い舌を出したり引っ込めたり」していたという。グリュコン神の神託所は、アレクサンドロスの死後も100年以上にわたって続いたことが考古学的な証拠からわかっている。

謎の「台湾人」の偽自伝

大成功した偽予言者アレクサンドロスと同様の嘘つきは後世にもいる。非の打ちどころのない捏造書『台湾の歴史地理に関する記述』(1704年、通称『台湾誌』)を書いたジョージ・サルマナザールだ。この本は詳細な「自伝」としても読めるが、金髪碧眼で白い肌をもつサルマナザールの正体はいまだわかっていない。18世紀初頭、ロンドンに現れたサルマナザールは、ヨーロッパ大陸に足を踏み入れた最初の台湾人だと自己紹介した。彼の半生と旅のほら話は出版界を大いに沸かせ、すぐに名士の仲間入りをした。人身御供、人食い、一夫多妻、幼児殺し、その他陰惨な風習を(しかも挿絵付きで)延々と詳細に語ったのだ。その著書によれば、台湾の人々は裸で暮らし、陰部を金や銀の皿状のもので隠している。一夫多妻が普通だが、妻が不倫をしたら夫には妻を食べる権利があり、それは常食であるヘビ肉からのいっときの解放なのだとか。殺人犯は逆さ吊りにされ、矢を浴びせられる。毎年恒例の生贄の儀式では1万8000人の少年の心臓が供され、網焼きにされる。少年たちの遺体は聖職者にふるまわれたという。

各地を講演して回ったサルマナザールは、食事の席で生肉をがつがつ食べてみせて同席者を喜ばせた。驚くほど頭の回転が速く、疑い深い者たちを煙に巻いた。なぜ肌が白いのかと聞かれれば、台湾人は光の届かない地下の家に住んでいるからだと答える。ハレー彗星で有名な天文学者エドモンド・ハレーは台湾が熱帯地域にあることを知っており、王立協会でサルマナザールをこう問い詰めた。「だが、かの国では太

偽預言者が利用した神

左上と左下:2世紀末のグリュコン像。古代のヘビの神だが偽預言者が操る人形にもなった。上の大理石の像は、ルーマニアのコンスタンツァ市にある旧パラス駅地下から発掘された。1994年、ルーマニア国民は発見を祝い、1万ルーマニア・レイの紙幣にグリュコン神を描いた(下)。

陽光は直接煙突の真下に注ぎ込むはずだが」。偽の台湾人は「ごもっとも」と認めたうえでこう反論した。「ただ、台湾の煙突は螺旋状になっているので太陽光が地下まで届かないのです」

彼の本はまったくの作り話で、新大陸のアステカやインカの遺跡を旅した同時代の旅行記や、ベルンハルドゥス・ヴァレニウスの『日本伝聞記』(1649年)などから拝借した寄せ集めにすぎなかった。それでも本は飛ぶように売れ、大ベストセラーとなった。翌年には懐疑派の疑念に答えて増補版まで出している。その詐欺の全容が明らかになるのはサルマナザールの死後のことで、1764年に出版された本物の自叙伝『ジョージ・サルマナザールとして知られた男＊＊＊＊の回想録』によってである。親交のあった詩人で批評家のサミュエル・ジョンソンは、かつて人に聞かれたことがある。「君は友人のサルマナザールをじかに問い詰めたことはないのか」と。するとジョンソンはこう答えた。「そんなことは主教の教えを疑うことと同じくらい考えられないね」＊1

稀代のペテン師

「ジョージ・サルマナザール」(1679〜1763年)。この偽台湾人の正体は今でもわかっていない。

風刺作家スウィフトの偽書

サルマナザールが英国各地を飛び回っていた同じ頃、『ガリヴァー旅行記』で知られる作家ジョナサン・スウィフト(悪名高い子ども食いを勧める風刺作品『穏健なる提案』はサルマナザールの食人話の影響とされる)は、ロンドンのいかさま占星術師ジョン・パートリッジとの力比べを大いに楽しんでいた。パートリッジの占星暦書『自由を得たマーリン』について、『英国人名事典』は「その言葉遣いはあいまいさの極み」と評している。だが、ホイッグ党(当時の英国の政党)寄りの彼の予言は「あいまい」ではなく、まさにそれがスウィフトを苛立たせ、一連の騒動のきっかけとなった。

1708年、偽占星術師パートリッジの暦書に対抗する暦書が市場に現れた。アイザック・ビッカースタッフなる人物による『1708年の予言』と題する小冊子で、今日蔵書家が競って探し求める作品でもある。あいまいな予言が並ぶ中に、パートリッジの死について具体的な予言が書かれていた。「我流に彼の運勢を占うと、来たる3月29日夜11時頃、ひどい熱病で間違いなく彼が死ぬ」。実は「ビッカースタッフ」はスウィフトの筆名であり、彼はその後、またもや同じ筆名で第2弾となる小冊子『ビッカースタッフ氏の予言成就：パートリッジ氏の死』を出版した。死の床でひれ伏すパートリッジのインタビュー記事を載せ、臨終の際に自分が詐欺師であることを認めたと書いた＊2。

誰もがその小冊子を信じ、パートリッジの妻

＊1 こうした地理にまつわる作り話については拙著『世界をまどわせた地図』(邦訳版は2017年)に詳しい。

偽台湾人が作った悪魔と文字

サルマナザールの『台湾誌』の図表2点。上は台湾の「悪魔像」、右ページはサルマナザールがでっち上げた「台湾語文字表」。

The Formosan Alphabet

Name	Power				Figure			Name
Am̃	A	a	ao					
Mem̃	M	m̃	m					
Neñ	N	ñ	n					
Taph	T	th	t					
Lam̃do	L	ll	l					
Sam̃do	S	ch	s					
Vomera	V	w	u					
Bagdo	B	b	b					
Hamno	H	kh	h					
Pedlo	P	pp	p					
Kaphi	K	k	ϰ					
Om̃da	O	o	ω					
Ilda	I	y	i					
Xatara	X	xh	x					
Dam	D	th	d					
Zamphi	Z	tſ	z					
Epſi	E	ε	η					
Fandem̃	F	ph	f					
Raw	R	rh	r					
Gomera	G	g	j					

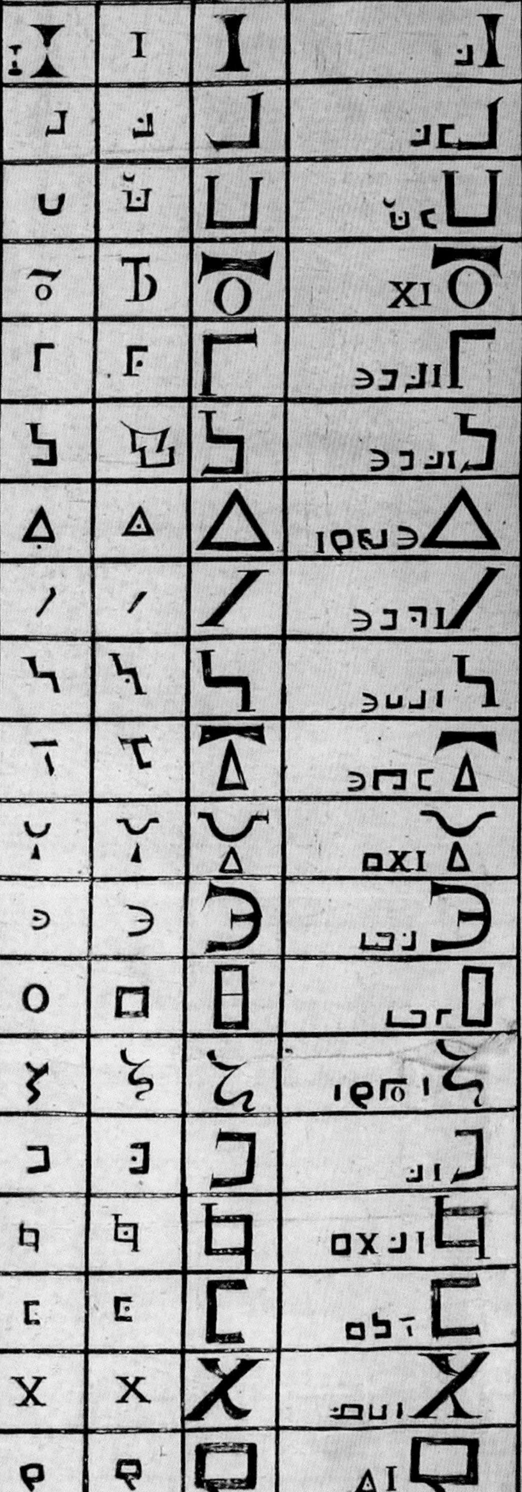

T. Sl[illegible] Sc.

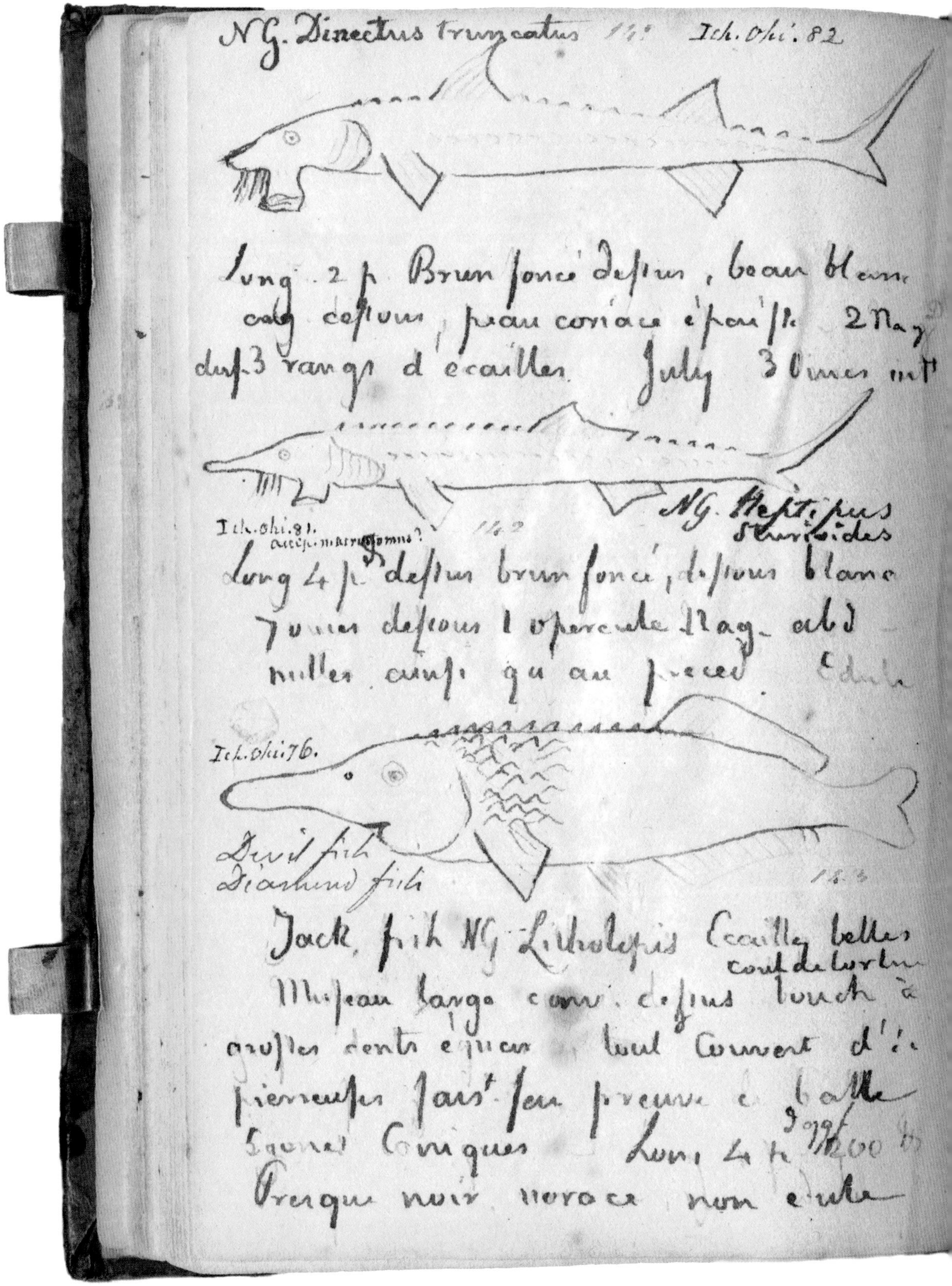

存在しない魚たち

1818年、フランス人コンスタンティン・サミュエル・ラフィネスクは自然誌家ジョン・ジェームズ・オーデュボンを訪ねた。ラフィネスクの言動が癪に障ったオーデュボンはからかい半分に、米国ケンタッキー州に生息する動物をでっち上げて紹介した。鵜呑みにしたラフィネスクの記録が『1818年のフィラデルフィアからケンタッキーに至るラフィネスクの野外日誌』に残っている。「フラットノーズ・ダブルフィン」、「ビッグマウス・チョウザメ」、「バッファロー・カープ・サッカー」、銃弾を通さない鱗をもつ「デビルジャック・ダイアモンドフィッシュ」などだ。

は道でお悔やみを言われ、聖職者が訪ねてきて葬儀の準備を申し出た。書籍組合はパートリッジを存命著者名簿から削除した（一方、恐ろしいほどの的中率により魔術の疑いがあるとして、スペイン異端審問所がビッカースタッフの小冊子を焚書に処したという噂も広がった）。自分の墓石までもが用意されつつあることを知ったパートリッジは、生きている証拠として、私的な小話を載せた小冊子を大急ぎで発行し、噂を打ち消そうとした。またもやすぐにスウィフトが『ビッカースタッフ氏の弁明』なる小冊子を出し、パートリッジを動揺させる。反論はなりすましが書いたものだと非難したのだ。スウィフトの偽書作戦があまりにもうまく運んだため、パートリッジが信頼を取り戻して再び出版業に携わるまでに6年の歳月を要したという。

偽の古書オークション

最高の偽書とは、ごく簡単な仕掛けが大混乱を引き起こすような書をいうのだろう。池に小石を投げ込んでできたさざ波が、津波に変わるのを見るような感覚だ。この意味で、「フォルツァス伯偽目録事件」は金字塔的な存在である。前代未聞の「事件」は1840年8月10日に起きた。その日、ヨーロッパ中の愛書家や稀覯本業者が、蔵書処分のオークションに参加するため、ベルギーのバンシュという田舎町に集結していた。オークションに出品される本は最近亡くなったフォルツァス伯爵ジャン・ネポムセン=オーギュスト・ピカールの素晴らしい蔵書の数々で、参加者の手には132部だけ刷られた『フォルツァス伯爵の貴重かつ厳選された蔵書目録』が握られていた。人々が熱気に包まれていたのは、目録に載っている52冊のすべてが、非常に価値のある未知の本だったからだ。目録の序文にはこうあった。「フォルツァス伯爵は書誌学者や目録製作者が知らない本のみを書棚に集めて

PREDICTIONS
FOR THE
YEAR 1708.

Wherein the Month and Day of the Month are ſet down, the Perſons named, and the great Actions and Events of next Year particularly related, as they will come to paſs.

Written to prevent the People of England from being further impos'd on by vulgar Almanack-makers.

By ISAAC BICKERSTAFF *Eſq;*

Sold by *John Morphew* near *Stationers-Hall.* MDCCVIII.

死の偽予言書

ジョン・パートリッジの死を予言した偽小冊子のタイトルページ。著者はジョナサン・スウィフトだった。

いた。仮にどこかの目録に載っていることがわかったら、どれほど高価な本であっても容赦なく棚から取り除いた」

17世紀オランダの印刷業者エルゼビア社による無名の本2冊、アーレンド・ド・カイゼルの誉れ高きオーデナールデ出版社による初期刊本、さらには『ネーデルラントの主要な家系における疑わしき私生児たち』という品に欠ける本、珍本の『低地国の偉大な王の快楽と不快』（1686年）などである。目録製作者によれば、最後の本は「悪趣味なユーモアによる誹謗中傷」のたぐいで、太陽王ルイ14世の痔ろうの症状を詳細に書き連ね、「太陽光に囲まれた扇の下で露わになった王の尻」の挿絵が、ルイ14世の銘「比

＊2 スウィフトはほかにも、フィズル・ランプ伯爵夫人、アンドリュー・トライプ、有名なレミュエル・ガリヴァーなどいくつかの筆名を持っていた。ただ、筆名の多さではダニエル・デフォー（ちなみに本名はダニエル・フォー）にかなわない。ベティ・ブルースキン、ボースン・トリンコロ、キドニー・フェイス伯爵、フォップリング・ティトルタトル卿など200もの筆名があったとされる。

捏造された盲目詩人

右:3世紀のスコットランドの盲目詩人オシアンを描いた絵(1810年)。オシアンは、アメリカ建国の父トーマス・ジェファーソンをして「史上最も偉大な詩人」と言わしめ、ナポレオン、ディドロ、ヴォルテールたちからも愛された詩人である。現在、オシアンとその叙事詩は18世紀のスコットランドの詩人ジェームズ・マクファーソンによる捏造とされている。

類なき者なり」というラテン語とともに添えられているという。田舎町へ急いで馬車を走らせた参加者には、事前に何冊かの取り置きを要求したベルギー王立図書館の館長ライフェンベルク男爵や、リーニュ公爵家令嬢からある本の入手を厳命された使いの者もいた。令嬢が恐れたのは、祖父リーニュ大公の恥ずべき寝室での手柄話が含まれるかもしれない回顧録である。

ところが、町に着いてすぐ買手たちは困惑した。オークション会場となるはずの公証人事務所が見つからないのだ。事務所があるという「教会通り」すら見当たらない。何より不思議だったのは、バンシュの住民がフォルツァス伯爵も蔵書もオークションも知らないことだった。皆が狐につままれているなか、オークションは中止になり、本は町の公立図書館が買い取るとの知らせが入る。このニュースは買手たちをさらに困惑させた。というのも、バンシュには公立図書館がなかったからだ。買手たちは説明を求めるが、やがて新たな事実が明らかになる。フォルツァス伯爵もその蔵書もオークションもすべて作り話で、目録は偽物だったというのだ。

それから16年後、ついに犯人が判明した。目録の印刷業者がやっと明かした犯人の名はレニエ=ユベール=ギスラン・シャロン、元軍人で愛書家の男だった。それを聞いて、当時の買い付け人の中に、困惑した参加者にまぎれてシャロンがいたことを思い出した者がいた。シャロンはこの騒動を心底楽しんでいたにちがいない。14ページの偽目録はその後何度も増刷され、今ではコレクターが追い求める逸品となっている。2018年7月のクリスティーズの競売で、初版

CATALOGUE
D'UNE TRÈS-RICHE MAIS PEU NOMBREUSE COLLECTION
DE LIVRES
PROVENANT DE LA BIBLIOTHÈQUE
de feu M.r le Comte J.-N.-A. DE FORTSAS,
dont la vente se fera à Binche, le 10 août 1840, à onze heures du matin, en l'étude et par le ministère de M.e MOURLON, Notaire, rue de l'Église, n.o 9.

MONS.
TYPOGRAPHIE D'EM. HOYOIS, LIBRAIRE.
Prix : 50 Centimes.

偽の蔵書目録『フォルツァス伯蔵書目録』

上:初版のタイトルページ(1840年)。

AVIS.

Le public est informé que la belle bibliothèque de M.r le Comte de Fortsas ne sera pas vendue aux enchères. Messieurs les Amateurs l'apprendront sans doute à regret, mais cette précieuse collection ne sera pas perdue pour le pays : elle a été acquise par la ville de Binche pour sa bibliothèque publique.

MONS, TYPOGRAPHIE D'EM. HOYOIS.

偽オークションの偽告知

左：フォルツァス伯爵の蔵書処分オークション前日に配布された告知。バンシュの町の公立図書館が蔵書をすべて購入したためオークションが中止されたことを伝えている。

は1万2000ポンド（約170万円）を少し下回る額で落札された＊3。

新聞社のいたずら

シャロンの悪ふざけは、おそらく同時代人の偽記事好きの影響もあるのだろう。今日、新聞記事の悪ふざけは4月1日のエイプリルフールだけと決まっているが、とりわけ19世紀の記者たちは、最高に面白い記事を退屈しのぎにでっち上げて紙面を埋めていた。1874年のニューヨークを舞台とした騒動はまさに偽記事の産物で、「偽の猛獣騒動」もしくは「セントラルパーク動物園脱走事件」といわれる。仕掛けたのはニューヨーク・ヘラルド紙。同年11月9日にこんな見出しが躍った。「恐ろしい災難――セントラパークから猛獣脱走／手足を食いちぎられた人々の悲惨な姿――衝撃的な安息日の死のカーニバル／猛獣逃走中――猛獣と市民の間で激闘が勃発」。目撃者の話によれば、セントラルパークから脱走した猛獣が49人を殺し、200人以上が重傷を負い、12頭の猛獣はまだ逃走中で、市内のどこかに潜んでいる。ディックス州知事は通りにいたベンガルトラを自ら銃殺した……。

実際に記事を読んだニューヨーク市長ウィリアム・フレデリック・ハブマイヤーは、鍵をかけた室内にこもるよう市民に指示した。武装した暴徒が猛獣を探して5番街やブロードウェイをうろつき、教会、事務所、デパートに乱入した。同僚の悪ふざけとは気付かずに、従軍記者で医師のジョージ・W・ホズマーはヘラルド紙のオフィスに駆けつけ、大きな回転式拳銃2丁を得意げに振り回し、「俺に任せろ！」と叫んだという。一方、ライバル紙ニューヨーク・タイムズの編集者ジョージ・F・ウィリアムズは警察本部へ直行し、ヘラルド紙にだけ特ダネを教えたことを猛烈に抗議した。この騒動の主犯で当時ヘラルド紙の編集者だったトーマス・コネリーは、1893年のハーパーズ・ウィークリー誌のインタビューでこう語っている。動物園のひどい環境に注目を集めるためにやったことで、「警鐘を鳴らすための他愛のない作り話」のつもりだったと。

嘆きが生んだ偽航海記

「ひどい」といえば、米国人作家ジョージ・シェパード・チャペルもまた嘆いていた。彼の場合、1921年当時人気の文学ジャンル「異国旅行記」の質の低さに対してである。ならばと自身で創作したのが、面白くも風変わりな冒険物『カワ号の航海：南洋放浪記』だった。「ウォルター・E・トラップロック」という筆名を用い、太平洋の発

＊3 フォルツァス伯偽目録事件はあらゆる点で興味深いが、私にとって驚きだったのは、1860年代に初めて出版された目録の英語版が、印刷業者で目録編纂者だった私の先祖ウィリアム・ブレーズ（1824～1890年）の手によるものだったことだ。

EXTRA! EXTRA!! EXTRA!!

ILLUSTRATING THE AWFUL CALAMITY

DESCRIBED IN THE

NEW YORK HERALD.

THE WILD ANIMALS BROKEN LOOSE FROM CENTRAL PARK!!

Terrible Scenes of Mutilation!!

SAVAGE BRUTES AT LARGE!!!

Chris. Anderson pokes his cane through the bars at the Rhinoceros, and thus originates the Awful Calamity

Drawn by curiosity at the origin of the cries many men and women rush to the window and struggle for a place

Our reporter gives the alarm.

Miller rushes into the Keeper's room and grasps a sixteen-shooter rifle

The Rhinoceros breaks open the cages and liberates his fellow captives

Seeing the Lion crouch, our reporter turns and runs

Frightful position of our Special Artist while sketching the events of the Awful Calamity

The Zebra madly kicks a number of daring boys who try to effect his capture.

The Elephant is lassoed by the leg

The Rhinoceros leaves the Park at the 8th Ave. entrance and in his mad career overturns a shanty on the rocks, which falls like a house of cards

The Rhinoceros ends his excursion by falling into a sewer excavation on the Boulevard

The Tammany Chief hits from the shoulder.—Morrissey fighting the Tiger.

Lester Wallack fires at the Tiger, while Ex-Mayor Oakey Hall stands an admiring spectator.

Two green Monkeys perched themselves on the Elephant's back for a very short time

A party of Swedish hunters, who arrived in the Thuringia undertook to kill the beast

An Italian stabs a citizen in a quarrel as to who should first ascend a tree. The citizen lies at the foot of the tree, while the ferocious Lions hold the Italian in suspense.

The Bengal Tiger counts his score of victims

The gallant Police dealing with the unheard-of danger

THE MORAL

新聞の悪ふざけ

「偽の猛獣騒動」を描いたハーパーズ・ウィークリー誌の当時のイラスト。

偽の航海記　偽旅行記『カワ号の航海』(1921年)の表紙。

偽の船長

『カワ号の航海』の著者「ウォルター・E・トラップロック」(本名ジョージ・シェパード・チャペル)。

見の旅を描いたこの本は、カワ号が(架空の)フィルバート諸島まで航海するまったくの作り話だが、当時は「実話」として世に出た。今日、探検史家によるこの本の評価は好意的である。著者のトラップロックはカワ号の船長で、過去に手掛けた作品として、ミュージカル『レ・ミゼラブル』の改作『ジャンピング・ジャン』や、『中流階級のためのカレー料理』、『ローラースケートで巡るロシア』などの独創的な本を挙げている。

トラップロックは上陸後すぐ、乗組員が発見したフィルバート諸島の住民や野生動物を記録し始める。人懐こいウーザヘビやその餌であるココナッツミルク、小さな船を引っ張る力をもつ巨大なカニ、そして何よりも特筆に値する「ファトゥ・リヴァ鳥」。なんとこの鳥は「四角い卵を産む」という(チャペルは写真まで掲載したが、どう見てもサイコロだ。次ページ写真参照)。さらに島で出会った住民、バーハーバー(「酔いつぶれない酒飲み」の意)、アブルーティ(「絶えず大きなおならをぶっ放す」の意)、ザンバオ・ザンビノ(「腰のくびれが自慢の若い男」の意)なども登場する。トラップロックは島の女性と結婚するが、「結婚の思い出」の章では新婚生活における最初の難関が描かれている。

> *結婚して1週間余りになるが、いまだに妻の名前がわからない。「キッピプトゥオナア」と歌うように妻がささやく。「タロ　イティティ　アア　モイエハ　エパー　リハハ?」と私は尋ねる。簡単に言うと「何だって?」と聞いたのだ。*

この本はよく売れ、その不真面目な調子と滑稽さにも関わらず、多くの人に実話として受け取められた。乗組員が現地で写したという写真はこの茶番の典型で、ちゃちなセットに偽物の背景幕を使っていることがすぐにわかる。ところが著者のトラップロックはナショナル ジオグラフィック誌から航海についての講演を依頼され、ワシントンDCにも赴いているのだ。

幻のロシア人文豪

「偽書コレクション」の書棚でカワ号の隣に置く本を選ぶなら、1918年にニューヨーク作家クラブが自費出版した本は外せないだろう。『フョードル・ウラジーミル・ラロビッチ:その生涯と作品を振り返って』という薄い本で、「偉大な米国・ロシア両国民の文学上の調和、親善を図る」ために書かれ、ロシア文学の創始者と崇められた「ラロビッチ」への賛辞が並んでいる。出版記念パーティーには300人以上が招かれ、同団体がその年に開いた最大規模の集まりとなった。主催者リチャードソン・ライトは「偉大なロシア

卵？ サイコロ？

「ファトゥ・リヴァ鳥の巣」とその「卵」。驚くほどサイコロに似ている。『カワ号の航海』より。

人に対する当然の敬意の表れ」と強調し、その場で会員たちの寄稿文が読み上げられた。なかでも、最年長会員タイタス・マンソン・コーン医学博士による「ラロビッチとの語らい」は最も心がこもっていた。

「そう、私は彼をよく知っている。50年という歳月を経てもなお、思い出のなんと鮮明なことか。彼の言葉だけでなく、会話中の声、微笑み、目の輝き、しぐさまでもが蘇ってくる」。博士は続けて、1860年代末のパリで何度も会ったと懐かしそうに語るのだった。どうやらコーン博士は、作家クラブの一部の会員がいたずらでこのロシア人作家を作り出したことに気付かなかったようだ。ライトはのちにこう説明している。「当時、博士は相当のご高齢でしたからね。それにしてもラロビッチがパリのアメリカ公使館を訪れたくだりは実に感動的でしたよ」

裁判にまで発展した偽詩集

これと似たようないたずらが、1943年に起きた、オーストラリアで最も有名な偽書騒動だ。ともに詩を愛するジェームズ・マコーレー中尉とハロルド・スチュワート下士官は、陸軍本部があるメルボルンのヴィクトリア兵舎で、今どきの詩などは意味と技巧が後退し、モダニズムの前衛詩などは「誰も詩のばかばかしさに気付かず、良し悪しを判断できていない」と嘆いていた。そこで2人はからかい半分に、自分たちで架空のモダニズム詩人を作ることを思いつき、シドニーのタヴァナーズ・ヒルにあるパルマー自動車修理工場で整備工をしながら詩を創作する「アー

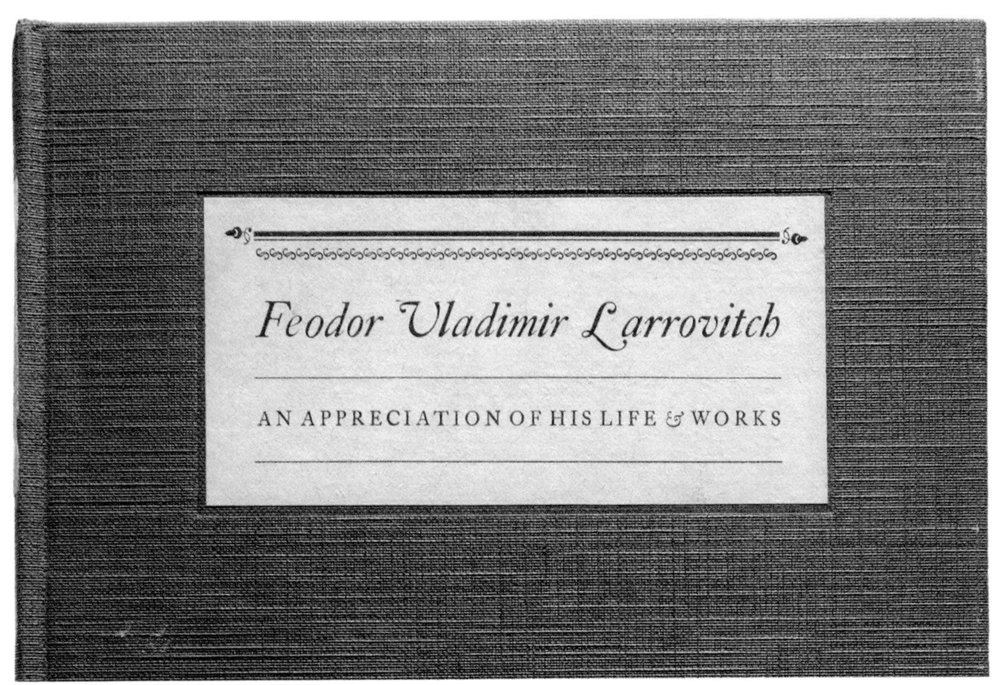

架空の文豪の伝記

架空の作家フョードル・ウラジーミル・ラロビッチの伝記（1918年）に貼られたラベル。

ネスト・レーラー・マリー（通称アーン・マリー）」という詩人を設定した。ある日の午後、手あたり次第に使えそうな資料（『リップマン押韻辞典』から、蚊が大量発生した沼地の排水に関する米国の報告書まで）を引っ張り出しては語句を拝借し、たった半日でマリーの詩集を作り上げた。

出来上がったひどい詩に満足した2人は、その中の2篇を前衛芸術運動の最前線にあるオーストラリアの文芸雑誌アングリー・ペンギンズに送った。同誌を立ち上げた編集者のマックス・ハリスはその詩に魅了され、1944年秋号をマリーに捧げ、その全16篇の詩を掲載した。ハリスは大きな反響を期待していたが、むしろ嘲笑され、自作自演まで疑われてしまった。困惑したハリスは私立探偵にマリーを探させるが、「存在しない」との報告を受ける。シドニーのザ・サン紙が事の経緯を記事にしたところ、マコーレーとスチュワートが得意顔で名乗り出て、すべてを白状したのだった。

だがこの話はそこで終わらなかった。その詩を出版したことでハリスが猥褻(わいせつ)罪に問われたのだ。何がどう猥褻なのか、州当局も正確に指摘できなかったが、検察側のフォーゲルサン刑事は「夜の詩」が猥褻であると証言した。「暗闇の中、懐中電灯を手にした何者かが公園の門をくぐっているように読め、反社会的な動機をもっていたと私には思われる。経験上、夜に公園を訪れる輩(やから)の目的は不道徳なものと決まっている」。さらに刑事は「パースペクティブ・ラブソング」という詩についても、「近親相姦的な」という言葉が猥褻に当たると主張した。ただ、「近親相姦的な」が詩の中で意味することはわからないと認めている。刑事は「女性の身体に関するあらゆる描写」にも嫌悪感を覚えると言った。

ハリスは熱心に「マリー」の詩を擁護したが、治安判事は「性的言及が過ぎる」として、6週間の服役に代えて5ポンドの罰金をハリスに言い渡した。フォーゲルサン刑事をそれほどまでに動揺させた「夜の詩」をここに紹介しよう。

揺れる懐中電灯から光の種がまき散らされる
傘の骨のように放射状に広がる暗闇の中
一匹のカエルがしゃがれ声で鳴く
裸で侵入してきた湖の妖精の上で
それが意味することは明らかだ
公園の門の上では
鉄の鳥たちが「だめだよ」とでも言いたげだけれど
錆びついたそのいまいましいくちばしで
睡蓮(すいれん)の間から
パシャッと水の音――暗闇の中に白い泡!
そして君は泣き崩れる
すべてを見抜く震える私の腕の上で

Angry Penguins

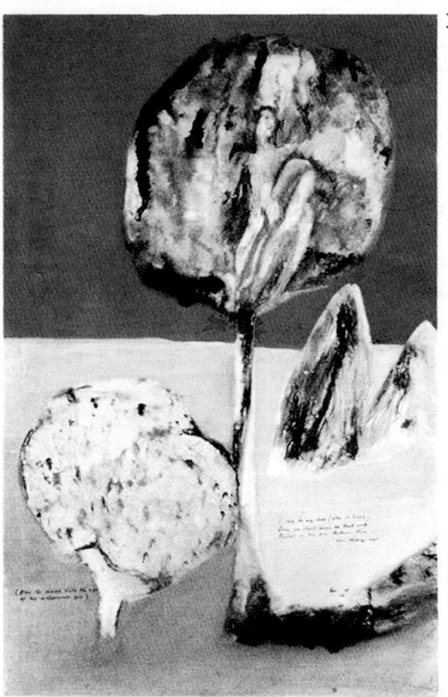

1944 Autumn Number to Commemorate the Australian Poet Ern Malley

"I said to my love (who is living) Dear we shall never be that verb Perched on the sole Arabian Tree"

"(Here the peacock blinks the eyes of his multipennate tail.)"

Painting by Sidney Nolan.

謎の詩人の詩集
文学雑誌アングリー・ペンギンズのアーン・マリー特集号。

ベストセラーのポルノ小説

この詩集より大衆受けした偽書に、米国の新聞記者マイク・マグレディの本がある。当時、ジャクリーン・スーザンの『人形の谷』やハロルド・ロビンズの『冒険者たち』などの低俗なポルノ小説が一世を風靡していた。その成功に触発されたマグレディは、試しに自分も書こうと思い立つ。1966年、同僚24人を誘い、徹底的に性描写にこだわった安っぽい三流ポルノ小説の執筆に取りかかった(その同僚にはピュリッツァー賞受賞者ジーン・ゴルツもいた)。『ジリアン夫人』とのちに呼ばれるその作品は、ジリアン・ブレークというラジオショーの女性司会者が、不倫夫への仕返しに、既婚男性と次々に関係をもつという設定になった。執筆にあたってマグレディは仲間にこう注文を付けた。「とにかく性描写にこだわってほしい。うまい文章は削るからそのつもりで……良文は朱筆で葬られるということだ」。本は2週間で完成し、献辞には「パパへ」と記され、「平凡な主婦」が書いた作品と偽ることにした。本の典型的な一節を挙げてみよう。「暗い部屋の中で、ジリアンはこれまでにない渇きを感じていた。突然、隣にマリオ・ヴェラがいることに気付いた。左肘でジリアンにそっと触れてきたのだ。こんな状況でなかったら、こんな事情でなかったら、ジリアンはさっと身を引いただろう。でも今は違う。彼女は引かなかった。マリオの肘が執拗にジリアンに触れてくる」

出版社はすぐに見つかった。発行を承諾したライル・スチュアートはその本が「いたずら」であることを見抜いたが、それでも売れると踏んだ。5万ドルという巨額の宣伝予算をつけ、本の表紙には裸の女性のきわどい写真を使うことにした。出版契約だけでもマグレディの目的は十分達せられたが、共同制作者たちは世間の反応に興味があった。驚くことに、出版からわずか1カ月で2万部が売れた。本の評価はまちまちだったが、ライバル紙ロングアイランド・プレスが次のように大げさに書き立てているのを見てマグレディらは喜んだ。「この扇情的な小説は、フィリップ・ロス『ポートノイの不満』やジャクリーン・

スーザン『人形の谷』といったポルノ小説が、まるで児童書『少女レベッカ』並みに清らかと思えるほど官能的だ」。この本の裏話が暴露されると、大衆の好奇心はさらに刺激され、真相発覚からたった1時間で9000部が売れた。最終的には10万部に達し、大手出版社デルが十数万ドルでその権利を買い取ることになった。50万ドルで後編を依頼する出版社まで現れ、事態を憂慮したマグレディはその申し出を断っている。多数の言語に翻訳され、20社以上から映画化の誘いがあった。本の成功に後ろめたさを感じたマグレディはこう語っている。「あまりに簡単だった。あまりにうまく行き過ぎた。アメリカよ、君はただ座っているだけの丸々と太った怠け者だ。道で偽物のネクタイをつかまされ、どのクルミの殻の下に豆が隠されているのか当てる遊びをまだ続けている。アメリカよ、私はときどき君が心配になる」

ハワード・ヒューズの伝記

だましの初心者が偽の自伝を書くなら、故人の伝記のほうが嘘がばれにくい。出版社に何十万ドルも払わせ、生きている人間の偽自伝を書くなんて、真に図々しくなければできないだろう。だが、作家クリフォード・アーヴィングはまさにそれをやってのけた。彼は、隠遁生活中の大富豪ハワード・ヒューズから自伝の代筆許可をもらったと嘘をつき、米国の大手出版社マグロ－ヒルに売り込んだ。その際、ヒューズの署名（ある雑誌記事から写し取ったもの）入りの偽造文書を見せ、ヒューズに何度も独占インタビューをしたとアピールしている。

10万ドルを提示したマグロ－ヒル社に対し、アーヴィングは自身が65万ドル、ヒューズが10万ドルで出版契約を結ぶことに成功した。アーヴィングのスイス人妻エディスは、チューリッヒの銀行に「ヘルガ・R・ヒューズ」という偽名で口座を開き、「H・R・ヒューズ」名義の小切手を預けた。1971年末、アーヴィングは出版社に原

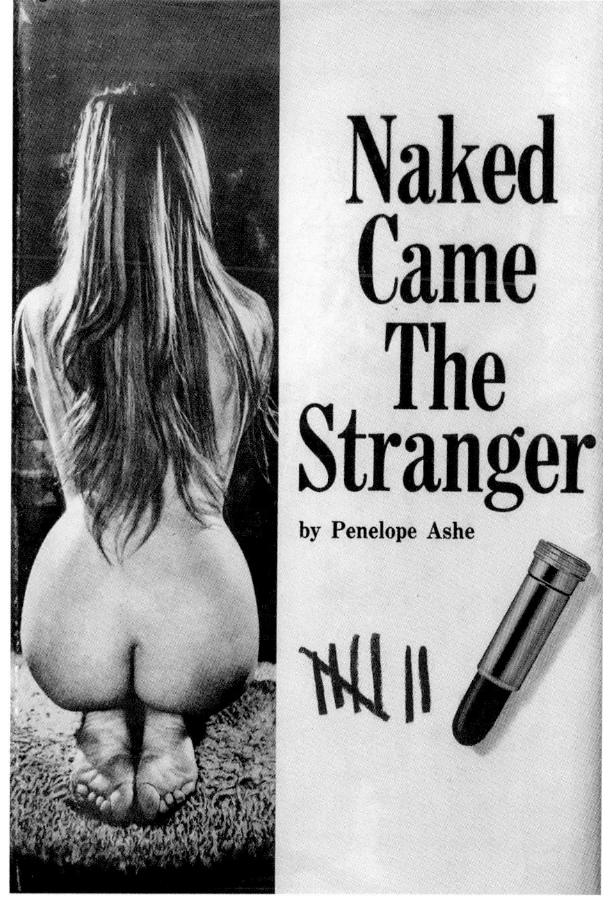

「主婦」が書いたポルノ小説

遊び心で作られた小説『ジリアン夫人』（1969年）の挑発的な表紙。

稿を送り、その際、専門家が鑑定ずみという「ヒューズの」手書きメモまで付けた。

一方、ヒューズを知る人々は、『ハワード・ヒューズ自伝』なる本は「本物に見せかけた偽物」と口をそろえて出版社に訴えた。アーヴィングは嘘発見器にかけられ、受け答えに矛盾があったにもかかわらず、なんとかそのテストに合格した（今にして思えば、アーヴィングの初期の作品『贋作』はその伏線だったのだろう）。すべては、隠遁しているヒューズが本のことを知るはずがない、心神喪失状態か神経症のヒューズが訴えるはずがないというアーヴィングの計算だった。残念ながら、その計算は外れた。1972年1月7日、電話による記者

20世紀を代表する大富豪

ボーイング社の新しい戦闘機の前に立つハワード・ヒューズ(1940年頃)。

会見で、ヒューズは一度もアーヴィングに会ったことはなく、いかなる許可も与えていないと断言する。アーヴィングは厚かましくも、電話の声はヒューズのなりすましだと反論するが、すべてはそこまでだった。ヒューズは出版社を訴え、スイスの銀行はアーヴィングの妻と手を切り、原稿料は返還され、夫婦は詐欺罪で収監された。

ヒトラーの偽日記

ドイツのコンラート・クーヤウは、最初からヒトラーの日記を大量にでっち上げるつもりはなく、単に求めに応じただけだった。

1980年代初頭、ドイツの週刊誌シュテルンの記者ゲルト・ハイデマンは、ナチス関連品コレクターの家で偶然1冊の日記を見つけて驚いた。それは1932〜1945年に書かれたヒトラー直筆の日記で、シュトゥットガルトの古物商から手に入れたものだった。第二次世界大戦末期、ベルリンの総統地下壕から機密文書を運び出した軍用機がドイツ東部で墜落し、たまたま発見した地元民に拾われた残骸物の中に、大きな箱に入ったこの日記があったらしい(軍用機が飛んだことは事実で、「セラリオ作戦」と呼ばれる)。

ハイデマンはその古物商を見つけ出した。男はクーヤウといい、偽の鑑定書付き偽造品を個人収集家に売りつけて生計を立てていた。それと知らずハイデマンは、200万マルクでヒトラーの残りの日記を売ってほしいと持ち掛けた。クーヤウは了承するが、ほかの日記など存在しない(その時点でクーヤウはまだ残りの偽日記を書いていなかった)と言えなかったクーヤウは、ハイデマンにこう告げた。兄(実際には駅夫だが、話の中では「陸軍大将」に昇進している)が1冊ずつ東独から密輸せねばならず、すべてを運び出すには時間がかかると。その間、ハイデマンは勤務先の雑誌社に日記の購入を打診し、自身にも多額の仲介料を支払うよう要求した。結局シュテルン誌は日記1冊につき20万マルクで同意するが、ハイデマンはクーヤウに、雑誌社の購入額は1冊8万5000マルクと嘘をつき、差額を着服した。クーヤウは年代物の紙とインクを使い、全60冊もの日記を巧みに作り上げ、最終的にシュテルン誌は総計930万ドイツマルク(約4億円)を支払った。

一方、シュテルン誌は海外メディアに対して連載権を売りに出し、英国の日曜紙サンデー・タイムズが興味を示した。だが、以前ムッソリーニの偽日記にだまされた同社は、オックスフォー

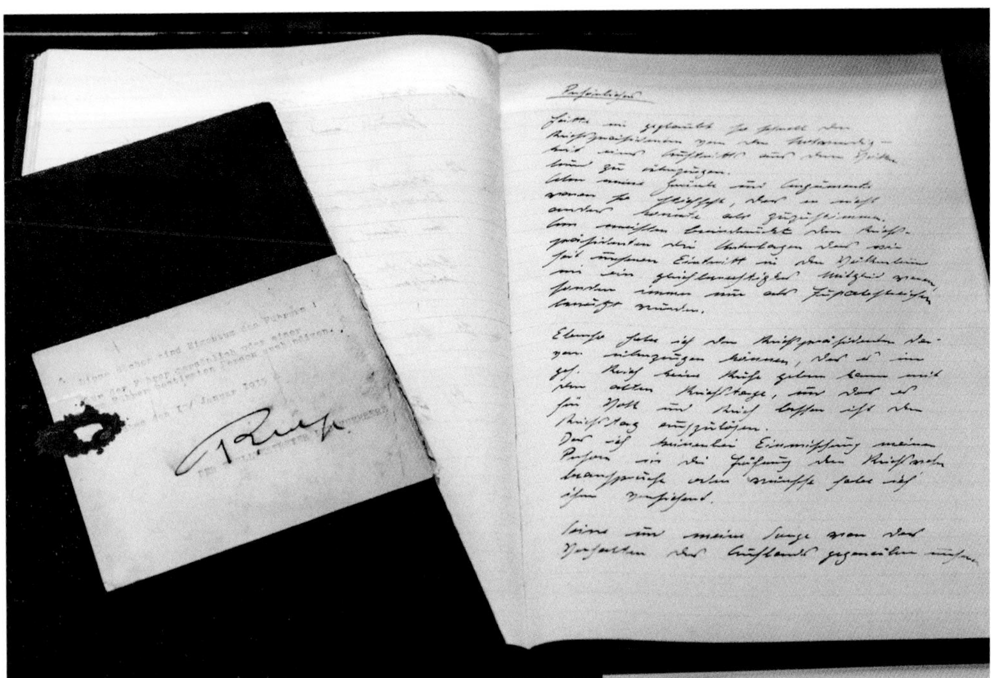

大量の偽日記

ヒトラーの偽日記の1冊。

ド大学の歴史学者ヒュー・トレヴァー=ローパーを派遣して日記を精査することにした。トレヴァー=ローパーは日記の膨大な量と詳細さに圧倒され、本物と断定する。喜び勇んだシュテルン誌は、さっそく世界のメディアに向けて記者会見を開いた。その場でトレヴァー=ローパーからお墨付きをもらうはずだったが、彼は考えが変わり、本物とは断言できないと述べた。困惑したシュテルン誌は、鑑定のため日記をすべてドイツ連邦公文書館へ送るが、そこで即座に偽物と判定されたのだった。ハイデマンとクーヤウは詐欺で投獄され、クーヤウはシュテルン誌が支払った本当の額を知ってハイデマンに不利な証言をした。

米国の筆跡鑑定家ケネス・W・レンデルは、その日記について「なりすましとしては下手だが、ごまかしとしては素晴らしい」と評している。クーヤウはものすごいスピードで大量の日記を書かざるを得ず、思いついたことを片っ端から書きつけていった。そのため、「英国人のせいで気が変になりそうだ」、「スターリンはいったいどうする気だろう」といった、およそヒトラーらしくない嘆きがあふれている。さらに自らのひどいおならと口臭に不平を漏らした場面もある。1938年12月の日記にはこう書いている。「もうすぐこの1年が終わる。はたして私はこの帝国の目標を成し遂げただろうか。もちろん、いくつかの些細なことは別としてだが！」。あるいはこんな私的なメモまである。「エヴァのためにオリンピックのチケットを手に入れなければならない」。なお、クーヤウは日記だけでなく、ヒトラーの自作オペラや『我が闘争』第3巻まで作り上げたそうだ。

ドイツの全国紙ディー・ツァイトの主筆ジョヴァンニ・ディ・ロレンツォは、のちに米国の週刊誌ザ・ニューヨーカーにこう語っている。「なぜこんなことが起きたのか人々は今でも知りたがっています。今もし、同僚が編集室に来て『ゲーリングの美術品コレクションの中からフリードリヒ2世の松葉杖を購入した』なんて話したら、頭は大丈夫かと聞いてしまうでしょうね」

Curious Collections

驚異の収集本

何を集めようと本の世界では自由

ジョンソン博士ことサミュエル・ジョンソンが『英語辞典』を出版したのは1755年。それから100年以上の時を経て、1879年3月、教師ジェームズ・マレーは英語辞書の決定版ともいえる『オックスフォード英語辞典』の編纂責任者となった。マレーはすぐに前途多難であることを思い知る。「写字室」と呼ぶトタン張りの離れで作業を開始し、言語学協会の集めた資料の一部に目を通すも、膨大な見出し語の一部を集めるだけでも数年がかりだと気付いたのだ。そこでマレーは広く力を借りることを思いつく。英米の書店や図書館を通し、定義と用例を記した言葉を一般市民から募ることにした。1880年までに250万もの用例カードが集まり、それ以降も続々と送られてきた。

美しすぎる生物図鑑

右ページ：ドイツの動物学者エルンスト・ヘッケルの『生物の驚異的な形』（1904年）。100点の図版と解説を載せた2巻本である。自然界の対称性と秩序への強い関心があふれている。

辞書や事典を作る

その中に、最多の何千もの用例を寄せてくれた面識のない人物がいた。ウィリアム・チェスター・マイナーと名乗り、ブロードムア刑事犯精神病院の医師だという。すべての時間を辞書編纂事業に捧げ、用例のために自身の膨大な蔵書を調べてくれるとのことだった。何年も文通するうち、マレーはマイナーと親しくなった。だが、マレーが面会を切り出すたび、マイナーはその誘いを断った。10年以上が過ぎたある日、ついにマイナーは折れる。1891年1月、汽車で英国バークシャー州クローソン村へと向かったマレーは、ブロードムア精神病院に着くや真実を知って驚いた。マイナー医師は、その病院の職員ではなく囚人だったのだ。

外科医のマイナーは米国の南北戦争で軍医をしていたが、のちに精神に変調をきたし、1年半ほど精神病院にいた。その後、療養を兼ねてロンドンに移住したが、1872年のある晩、道を歩く男性ジョージ・メレットを泥棒だと思い込んで射殺してしまう。マイナーはブロードムア刑事犯精神病院に収容されたが、危険性はないと判断され、比較的快適な独房を与えられて、合衆国陸軍の年金で本を購入しては読みふけっていた。意外にも、夫を殺された未亡人は、時折マイナーを訪ねては本を差し入れていたという。マレーの用例募集を知ったとき、マイナーは課題に没頭する時間だけはたっぷりとあった。完成した辞書はマイナーの用例であふれ、1899年にマレーは彼の莫大な貢献に賛辞を贈っている。「過去400年ほどの用例は、博士の送られたものだけで事足りるでしょう」

再び100年以上前に時を戻すと、『ブリタニカ百科事典』の創始者も、同様の達成困難な課題に突き当たっていた。しかも、マレーのような助けは得られそうになかった。最初の編集者のス

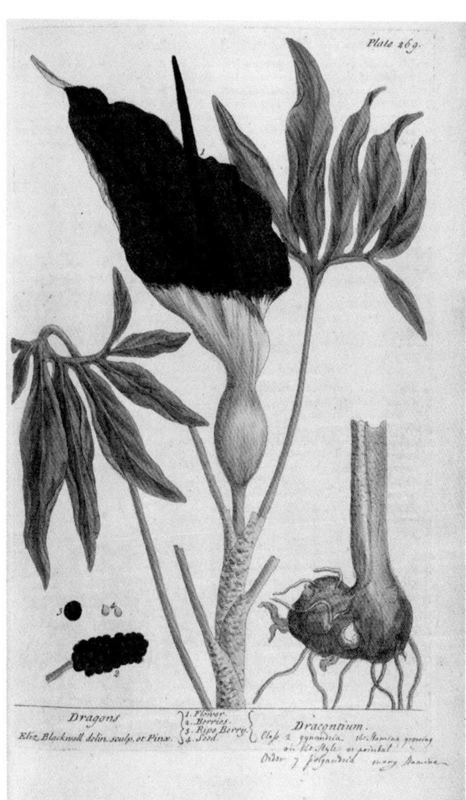

コットランド人ウィリアム・スメリー（1740〜1795年）は印刷業者であり、自然誌家、古物商でもあった。ともに編纂に携わった仲間には銅版画家のアンドリュー・ベルがいた。ベルは身長が137cmしかなく、鼻が異様に大きかった。鼻のことをからかわれると部屋を飛び出し、さらに大きな張り子の鼻をつけて戻り、笑いを取ったという逸話が残っている。『ブリタニカ百科事典』の

500枚のボタニカル・アート

左：夫への愛情から創作された壮麗な画集『新奇薬草図鑑』の図版269番、「ドラヌンクルス・ヴルガリス」。画家エリザベス・ブラックウェルが挿絵を描き、銅版画にし、手で彩色した。債務者監獄から夫アレクサンダーを救い出す費用を捻出するため1737〜1739年に出版された。

愛の詩集

下：『ハート・ブック』。1550年代、デンマーク=ノルウェー王クリスチャン3世の宮廷で作られた83篇の愛の詩集である。

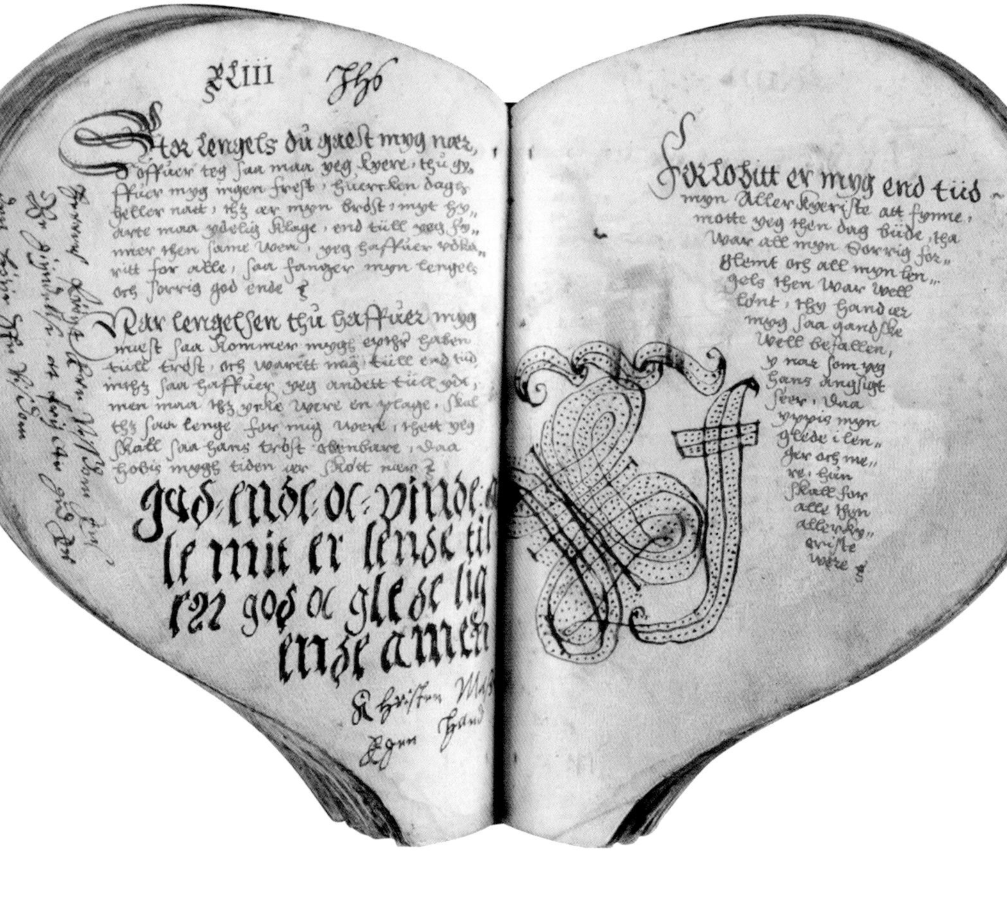

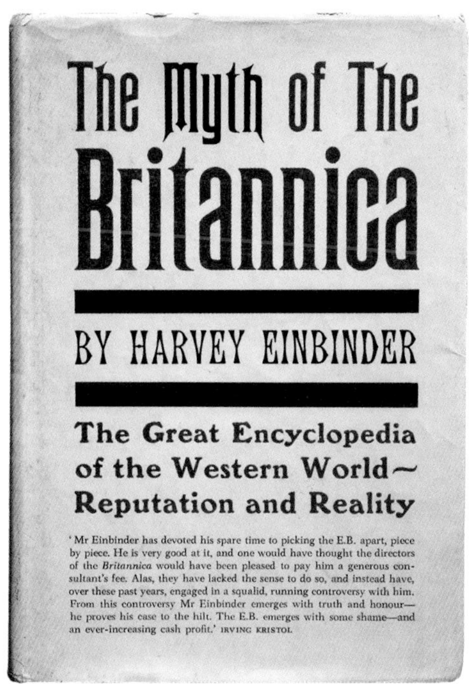

百科事典の誤り

左上：米国の物理学者ハーヴェイ・エインビンダーによる『ブリタニカの幻想』（1964年）。390ページにわたって『ブリタニカ百科事典』の誤りを指摘している。

初版は、1768〜1771年に週刊の分冊形式で全100号が出されたが、ひどい間違いやいい加減な憶測で書かれた記事が目についた。例えば、タバコの吸いすぎの影響については「脳を干上がらせ、ただの皮膜からなる小さな黒い塊に変えてしまう」、カリフォルニアは「西インド諸島の広大な地域で、おそらく島か半島」という調子だ。「女性」の説明は単に「ヒトの女版。ヒト属を参照」とある。版を重ねるにつれ、こうした不正確な記事は次第に影を潜めたが、それでも完璧さとは程遠かった（実際、この事典にはおかしな表現が多々見られた。一例として、1956年版では「ロックンロール」が「終わりなき野蛮状態」と定義されている）。

1950年代末、あまりの間違いの多さに辟易した米国の物理学者ハーヴェイ・エインビンダー博士（1926〜2013年）は、ブリタニカの徹底調査に乗り出す。5年を費やしてその誤りを集め、1964年に『ブリタニカの幻想』を出版した。390ページにわたり、ブリタニカの誤りについてこれでもかと書き連ねた怒りの書だった。サイエンス誌は、「あらゆる角度から徹底的に主題に襲い

150年以上にわたる辞書編纂

右上：『ラテン語辞典』を編纂するための資料庫。書架に並ぶ箱には総計1000万枚もの単語カードが入っている。この事業はドイツのミュンヘンを拠点とし、1000年以上にわたる用例を調べてラテン語の完全な辞書を作ろうというもの。1890年代に古典学者エドゥアルト・ウェルフリンが事業を始め、125年後の現在、研究者たちは「R」の項と格闘中だ。2050年までには最後の単語「エジプトのビール（zythum）」の編集を終えたいという。

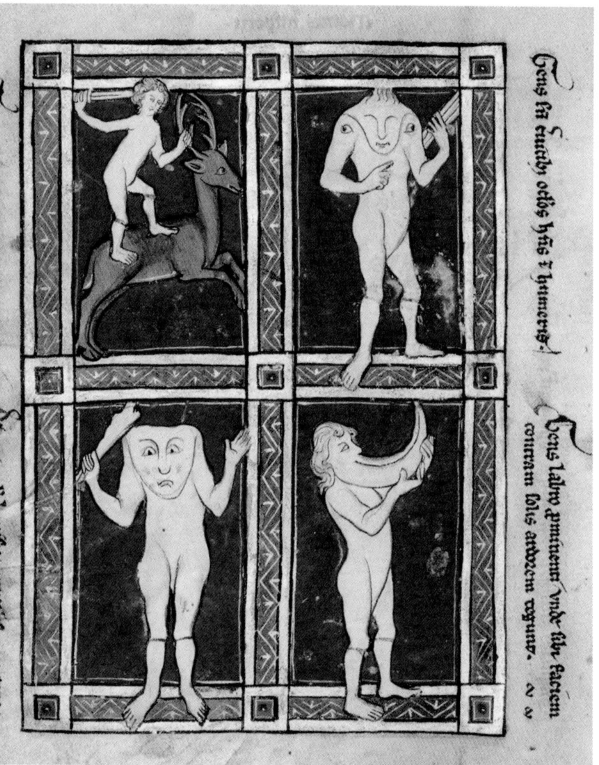

中世の百科事典

左上：フランコ・フレミッシュ派の無名画家による『鳥の特徴、修道院長と僧侶、羊飼い、動物寓話、驚異の世界、哲学の世界、魂において』より「世界の伝説上の種族」（1227年かそれ以降）。
右上：同じ画家の動物寓話集より「火を知らぬ男」、「ワニに乗る男」、「ケンタウロス」、「サテュロス」。

12世紀の動物の知識

右ページ：上の絵は、消化されまいとワニの腹から出てくるヒュドロス。下の絵は、戦いに使われた「戦象」。ギランドゥス・カンブレンシスの『アイルランド地誌』（1188年頃）に収められた12世紀の動物寓話集より。

掛かる、因習打破主義の救世主」とエインビンダーを褒めたたえた。「ブリタニカ百科事典の編集局は、事実確認の専門家として彼を雇ったらどうか」などという批評家も現れたが、いがみ合っている双方にとって現実的な選択ではなかったようだ。

プリニウスらの動物寓話集

記事の「事実確認（ファクトチェック）」は、現代の百科事典の祖とされる中世の動物寓話集の編者や読者にはもちろん不可能だった。裏を返せば、だからこそ空想がもたらす魅力的な世界が今日まで残されたのだろう。動物寓話集は世界の生き物の理解を目的とし、動物、植物、異境の人々のことを豊富な挿絵とともに詳しく述べた本で、12〜13世紀に高い人気を誇った。ただし依拠していた資料はというと、かなり空想的で信頼できない古代の作家たち（プリニウス、アリストテレス、ヘロドトスなど）を紹介した、セビリアの聖イシドルス（560年頃〜636年）による『語源論』などの初期の百科事典だった（この本は絶大な影響力を誇っていた）。個々の動物の説明は、その動物の習性に関連する道徳的な教訓で締めくくられる。例えば、ペリカンは自分の胸を引き裂いて流した血で死んだひな鳥を蘇らせると信じられ、キリストの生ける象徴とされた。

Est animal in nilo flumine qd dicit ydrus in aqua ydri
uiuens. Greci enim ydros aquam uocant. Inde di

Est animal quod dicitur elephans in quo non est con
cupiscentia coitus. Elephantem greci a magnitudine

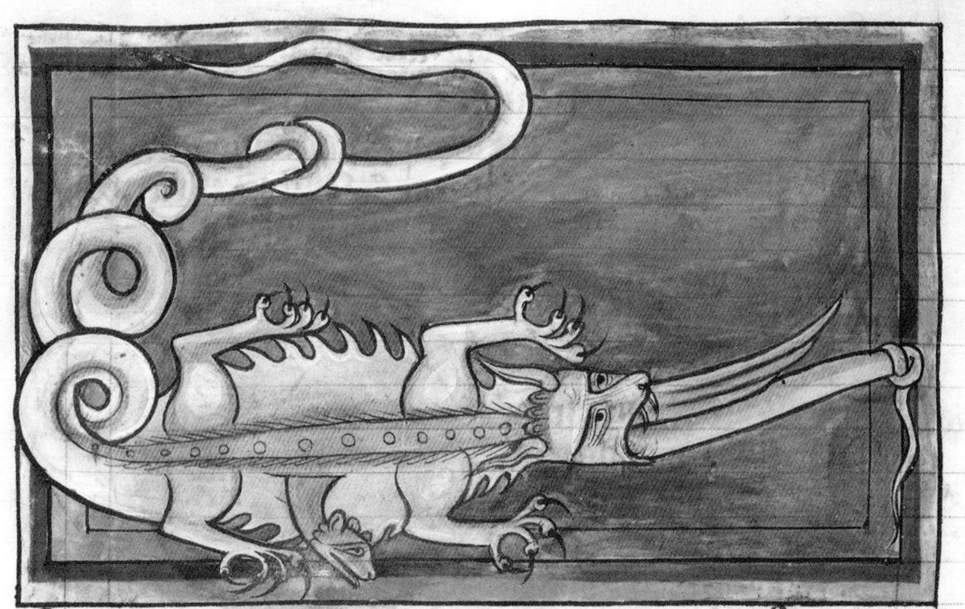

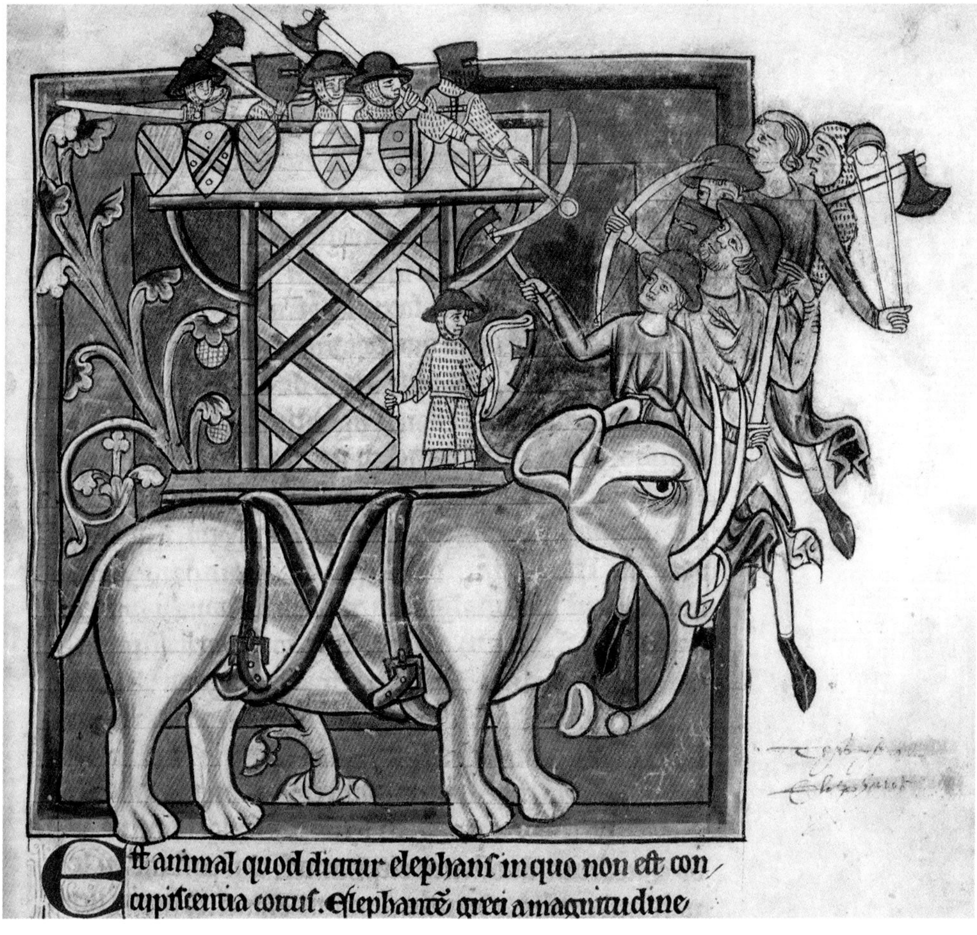

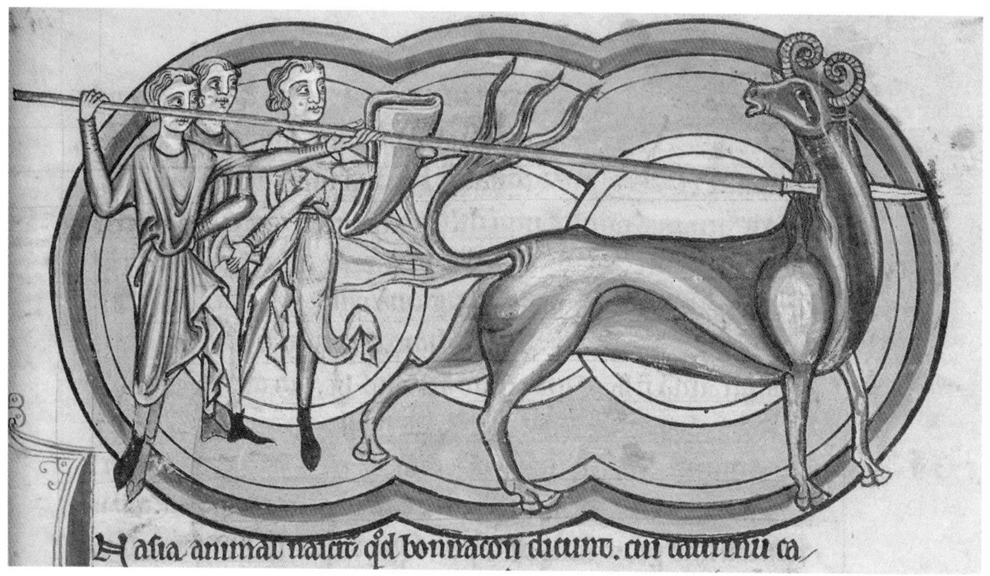

灼熱の糞攻撃

空想上の動物ボナコン。気の毒にも狩人2人が燃え立つような糞を浴びせられている。

カモやガンは木から生まれ、ワニはヒュドロスを貪り食い、不死鳥は火の中から現れるとされ、グリュプス、バシリスク、ドラゴン、様々な角のユニコーンなどが生物学的に詳しく解説されている。プリニウスの「ゾウとドラゴン（大蛇）の闘い」も目にする機会が多い。その闘いで流れ出た血が混じり合い、顔料の原料となる赤い鉱物「辰砂」ができたという。プリニウスのボナコンもおなじみだ。パエオニア王国（現在のマケドニア）に棲むという雄牛のようなこの生き物は、身を守る際、後方へ曲がった角は役に立たず、代わりに尻を使うという。灼熱の糞をまき散らし、触れるものすべてを焼き尽くすのだ（ちなみに英語の慣用句「舌でなめて形をつくる」は「一人前にする」という意味で、これもプリニウスの「クマの子は形のない白い肉の塊で生まれ、それを母グマがなめ続けてクマの形にする」という話からきている）。

こうした俗信を笑うのは簡単だが、誤った観察や文化が伝播する過程で歪められた突飛な話にも真実が潜んでいることがある。とはいえ、プリニウス自身は他人の俗信を思う存分あざ笑い、著書『博物誌』で、狼男を恐れるギリシャ人のことを「ギリシャ人の妄信もここまでくると驚きだ」と書いている。その一方で、ネズミの糞を頭に塗り付けるとはげが治るなどと同書で述べているのだが。動物寓話集に登場する俗説は、その後何世紀も広く信じられ続けた。レオナルド・ダ・ヴィンチ（1452〜1519年）も、古代の架空話を引いて自身の寓話集を書き、例えば「ワニの涙」という慣用句の基になった話を取り上げている。「ワニは人を襲い、顎ですぐさま噛み殺す。そして殺された者のために涙を流し、悲しみを誘うように嘆く。悼み終えると、無慈悲にもその遺体をがつがつと食べ始める。それはまさに、嬉しいときに悲しいふりをする偽善者そのものである。残忍な心のうちでは終始歓喜しつつ、見せかけの涙を流すだけなのだ」

近世の動物寓話集の好例としては、英国の牧師エドワード・トプセルによる挿絵満載の2冊、『四足獣誌』（1607年）と『蛇誌』（1608年）がある。彼は「本書の獣については、私の個人的見解ではなく、過去の様々な言説による」と読者に断ったうえで、世界の動物について、古代から引き継いだありとあらゆる迷信を繰り返すのだ。トプセルが描いた自然界は戯画的だ。イタチは耳から子を産み、タビネズミは雲の中で草を食べ、ゾウは太陽と月を崇拝していてマンドレイクという植物を食べて妊娠する。ヒキガエルの頭には石があり、取り出すと解毒剤になる。サルはカタツムリを怖がる。そしてこうした実在する動物たちの横に、空想上の動物たちがずらりと並ぶ。例えばペルシャのマンティコラはこう説明されている。「上下に三列に並んだ歯をもち(中略)顔と耳は人間のようで、目は灰色、体は赤く、尾はサソリ、小さなトランペットか笛のような声を出す」

俗説を検証するも

このような古い迷信、言い伝え、民間伝承などをまとめ上げ、冷徹な科学的考察でそれらを一掃しようとした最初の人物が、英国の著述家サー・トマス・ブラウン(1605〜1682年)だ。著作は科学、医学、宗教さらには魔術めいたものまで多岐にわたり、『オックスフォード英語辞典』は彼の作品から4156例も引用している。単語や語句を数多く作ったことでも知られ、耳慣れた英語も多い。彼の造語700語ほどの中から例を挙げてみよう。両生類、近似の、二足動物、因果関係、共存、昏睡、中断、エレベーター、卵胞、幻覚、移民、参加している、反芻している、選択、超越的な、波動、まだら、ガラス質の……。

なかでも最も有名な造語は電気(electricity)で、俗信を集めた百科全書的な本『伝染性謬見(びゅうけん)』(1646年)に登場する。この本で彼は「執拗なまでに古典に向き合った」うえで、いくぶんユーモアを交えながら、様々な俗信一つ一つに反論を試みる。彼が考察した俗信は、例えば「ダイヤモンドは山羊の血で軟らかくなったり壊れたりする」、「マンドレイクの根は引き抜かれる際に叫び声を上げる」、「ゾウには関節がない」、「白鳥は死に臨んで歌う」、「クジャクの肉は死後も腐らない」、「コウノトリは共和国や自由な国にのみ生息する」、「ビーバーは狩人から逃げるとき自分の睾丸(こうがん)を噛み切って捨てる」などだ。

ブラウンは例えば、サイやイッカクなどユニコーンのような生物が自然界に存在すると認めたうえで、大きな角が一般に描かれる角度で突き出ているなら、ユニコーンは草を食べることができず、間違いなく餓死するだろうと結論を下す。

伝説上の怪物マンティコラ

ペルシャのマンティコラ。エドワード・トプセルの『四足獣誌』(1607年)より。

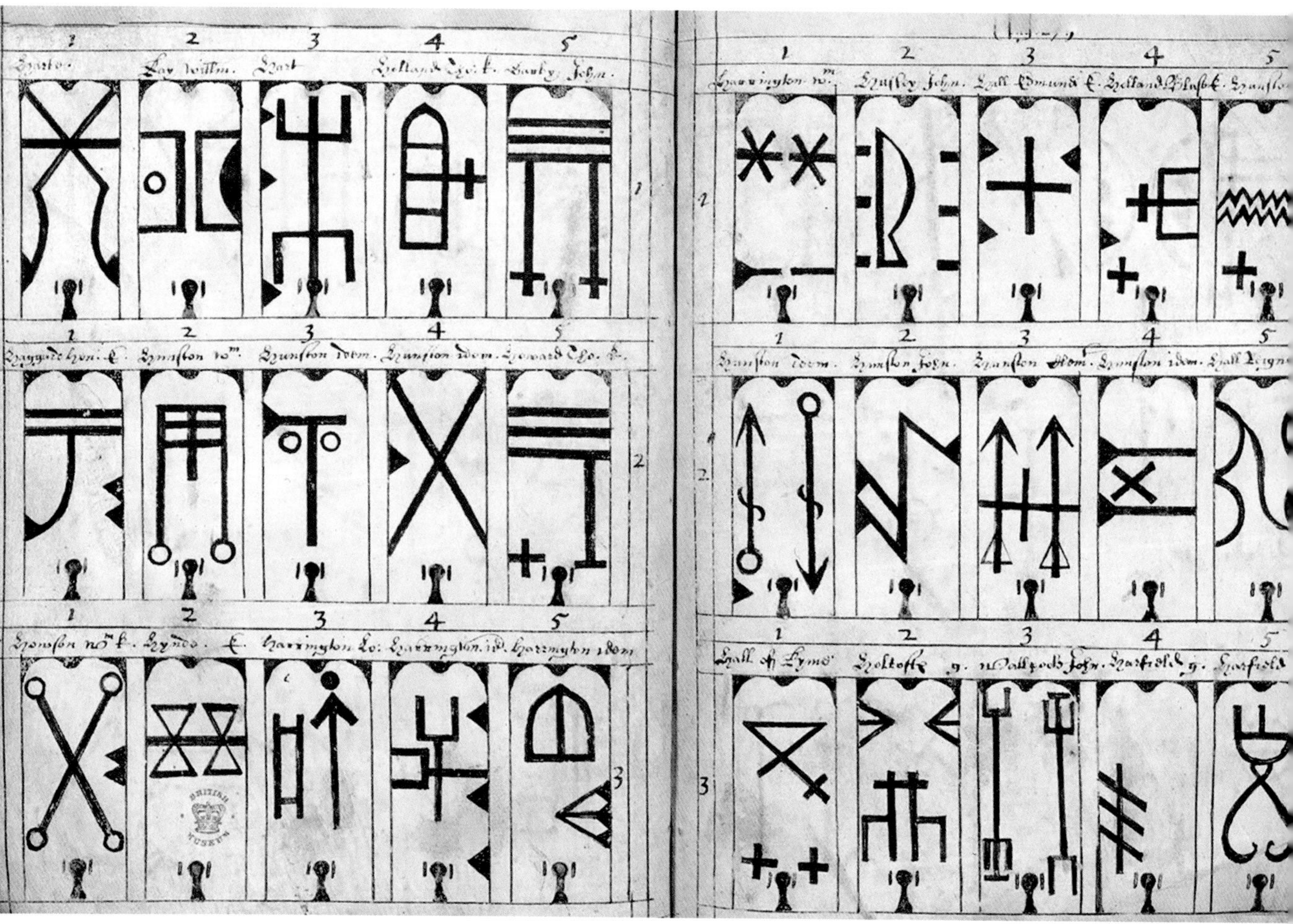

白鳥の登記簿

16世紀の「スワン・マーク」集のページ。テムズ川のコブハクチョウの所有を英国王から特別に許された者たちの所有権マークが載った本。白鳥の上くちばしにはこのマークが刻まれたり、焼き印が押されたりした。

ただし、彼は俗信を一刀両断に否定したわけではない。どんなに馬鹿げていようと、実験して試さずにはいられなかった。「死んだカワセミは糸で吊るすと正確な風見鶏として役立つ」という迷信の真偽を確かめるため、ある日の午後、死んだ鳥を天井の梁からぶら下げたまま観察した。鳥の死体はこれといった規則性もなく、くるくる回るだけだったため、「おそらく本物の風見鶏を使うのが一番だろう」と結論付けている。

楽しい海の生き物図鑑

トプセルの動物寓話集やブラウンの反論集は自然界そのものの驚異を対象としているが、自然界の特定分野にだけこだわった収集本もある。アドリアーン・クーネンスの場合、それは魚だった。難船貨物管理官で、ホラント州（現在のオランダ西部）スヘフェニンゲンの魚市場の公認卸売業者、かつアマチュアの魚類学者だったクーネンスは、1577年、63歳のときに『魚類誌』の制作に取りかかった。3年かけて海洋や沿岸水域の海洋生物、漁場について資料を集め、800ページに及ぶ絵入りの魚類図鑑を作り上げた。その内容は、地元の民話やオラウス・マグヌスの『北方民族文化誌』などから拝借した荒唐無稽なものが多い。民話からの興味深い話に、不思議な模様をもつマグロの伝説がある。モロッコ北部の都市セウタ近郊の地中海で1561年に捕獲されたというそのマグロは、回遊中に遭遇した船の姿が、鱗に奇跡のように彫り込まれていたという（120〜121ページ参照）。

もう一つ、「海の司教（ビショップ・フィッシュ）」の話も面白い。これは16世紀の書物によく登場する海の生き物で、司教帽を被り、祭服とスリッパと手袋を身に付け、杖を握っている。伝説によれば、捕獲されてポーランド王に献上されたが、「海の司教」はカトリックの司教に「逃がしてくれ」と身振りで訴え、自由の身になったという。1583年のライデン市の議事録には、クーネンスが自身の美しい本の魅力を自負していたと思わせる証拠が残っている。ライデン市で年一回開かれる「来たる無料の恒例市と解放祭」で、自分の本と干魚コレクションの展示許可を求めた際、干魚には5セント、本には25セントの観賞料を課したと記されているのだ。

海の生き物を描いた色彩豊かな逸品といえば、次に紹介する世界初の彩色魚類図鑑の右に出るものはないだろう。1719年当時、インドネシアの野生生物についてヨーロッパ人が知っていることといえば微々たるもので、オランダ、アムステルダムの書籍商ルイ・ルナールに至っては無に等しかった。それでも彼は『モルッカ諸島周辺ならびに南方諸島沿岸で見られる多彩異形の魚類、エビ類、カニ類（通称、モルッカ諸島産彩色魚類図譜）』（1719年）という色鮮やかな2巻本を出すことに迷いがなかった。ルナールが30年かけて作り上げたという100枚の図版には460の海洋生物が紹介されている。ただし、第2巻のほうは科学的探究心より画家の遊び心のほうが勝（まさ）ったようで、ルナール自身も序文で「実のところ、2巻目は絵の正確さは劣るが、新奇な生き物が満ちあふれ、それぞれの絵の横には注釈

コロンブスの息子の蔵書目録

2000ページにわたる手稿『概要目録』。2019年にコペンハーゲン大学のアルナマグネア研究所のコレクションで発見されるまで、300年以上も眠ったままだった。この本は、クリストファー・コロンブスの息子で、世界中の本を集めようとしたエルナンド・コロン（1488〜1539年）が、自らの膨大な蔵書を目録にしたものの一部である。彼の蔵書は約2万冊といわれ、当時は最大規模だった。現存する本はそのうちたった4分の1ほどで、1552年以降、セビリア大聖堂付属のコロンビーナ図書館に保管されている。この著書は、失われてしまった多くの本を知る唯一の情報源でもある。

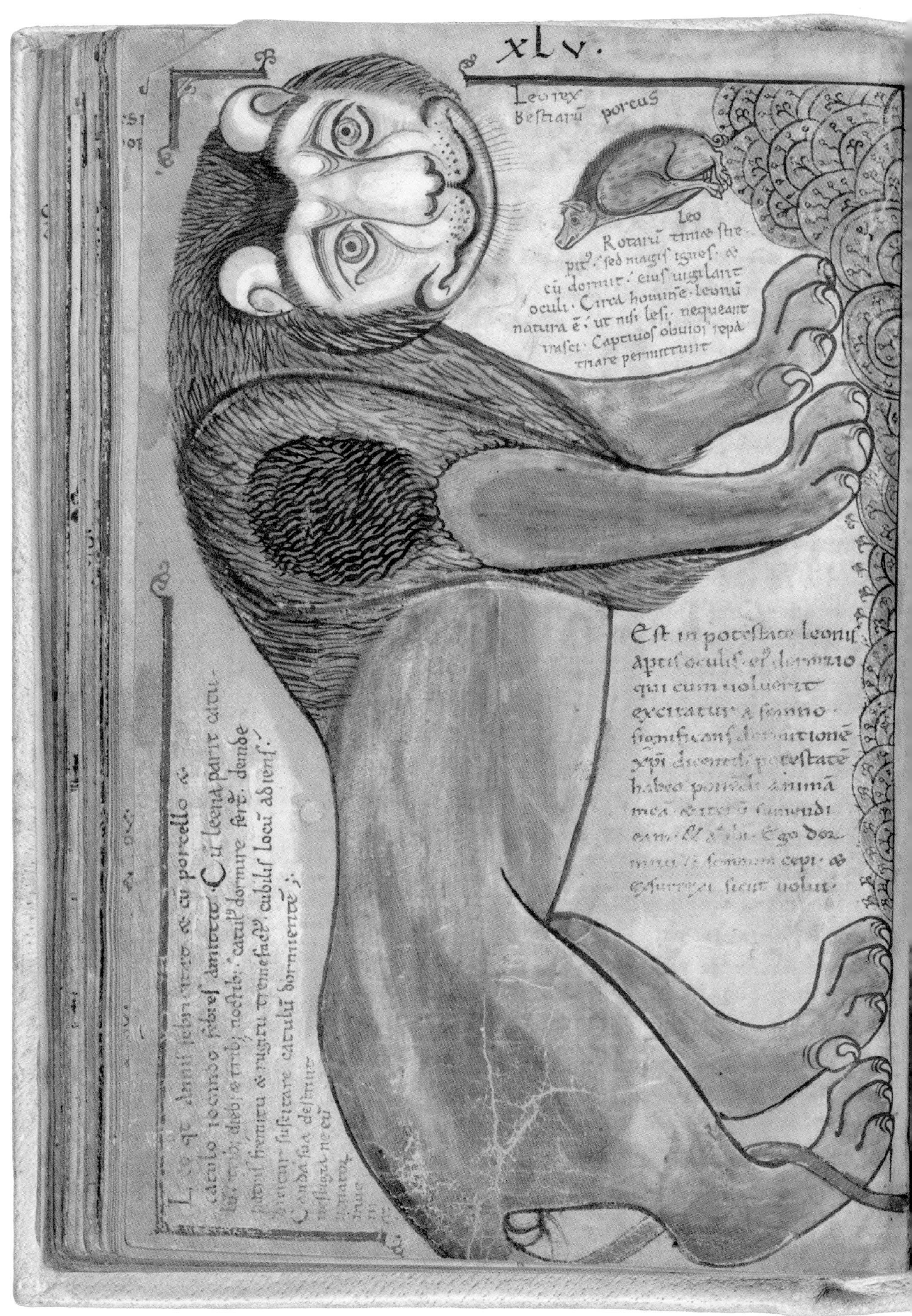

知識を守るライオン

『花々の書』の「動物寓話集」の章を守るライオン。この本は、1090〜1120年頃にフランス、サン=トメールの修道士ランベールが編纂した中世の百科全書で、世界と宇宙の年代記である。

Certificatu
Gibralter

船団模様のマグロ

鱗に模様が彫り込まれたマグロ。アドリアーン・クーネンスの壮大な本『魚類誌』（1580年）より。

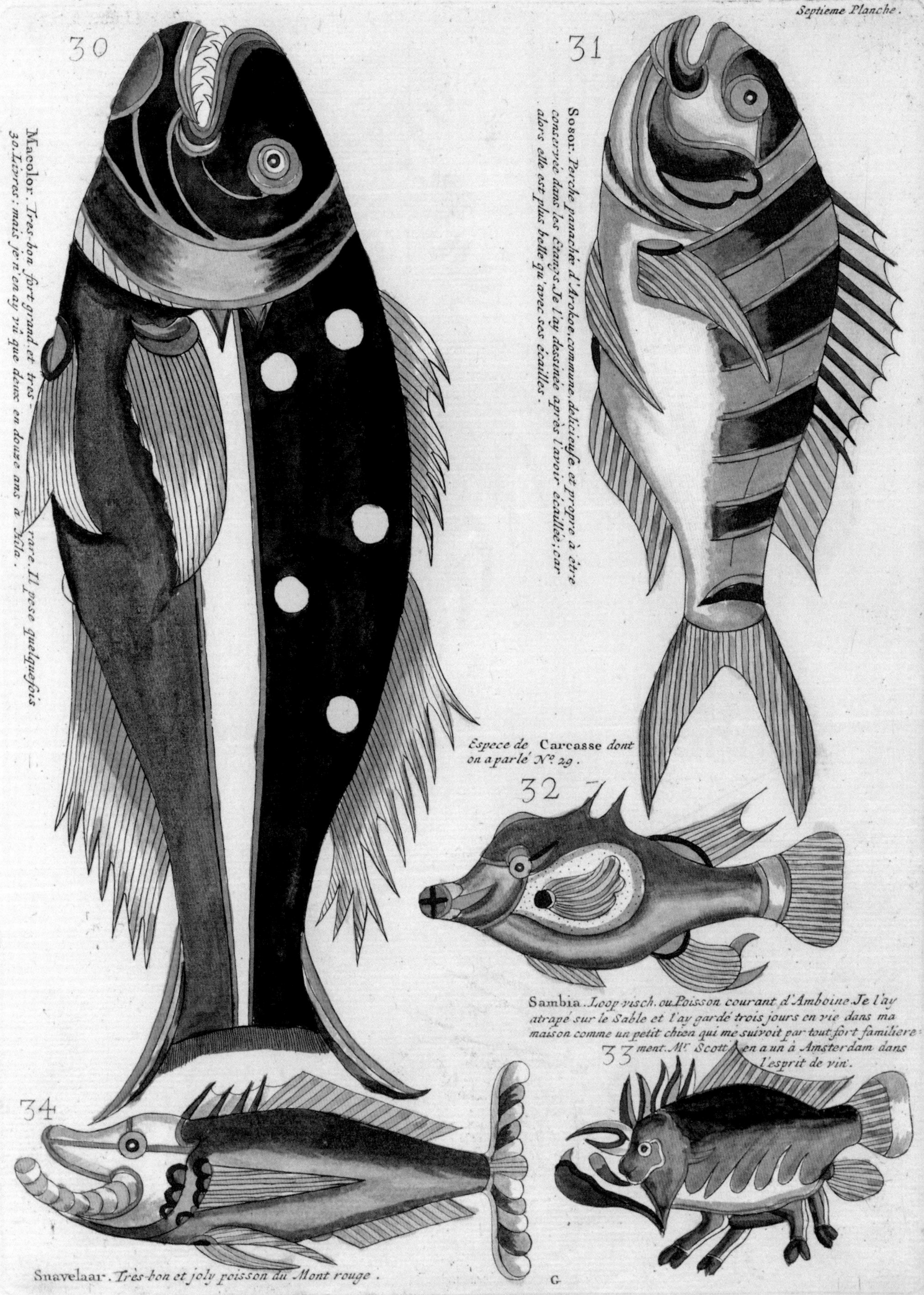
Septieme Planche.
30
Macolor. Tres-bon fort grand, et tres-rare. Il pese quelquefois
30. Livres: mais je n'en ay vû que deux en douze ans à Hila.
31
Sosor. Perche panachée d'Arokoe, commune, delicieuse, et propre à être
conservée dans les Etangs. Je l'ay dessinée aprés l'avoir écaillée; car
alors elle est plus belle qu'avec ses écailles.
Espece de Carcasse dont
on a parlé Nº. 29.
32
Sambia. Loop-visch. ou Poisson courant d'Amboine Je l'ay
atrapé sur le Sable et l'ay gardé trois jours en vie dans ma
maison comme un petit chien qui me suivoit par tout fort familiere-
ment. Mr. Scott en a un à Amsterdam dans
l'esprit de vin.
33
34
Snavelaar. Très-bon et joly poisson du Mont rouge.
G

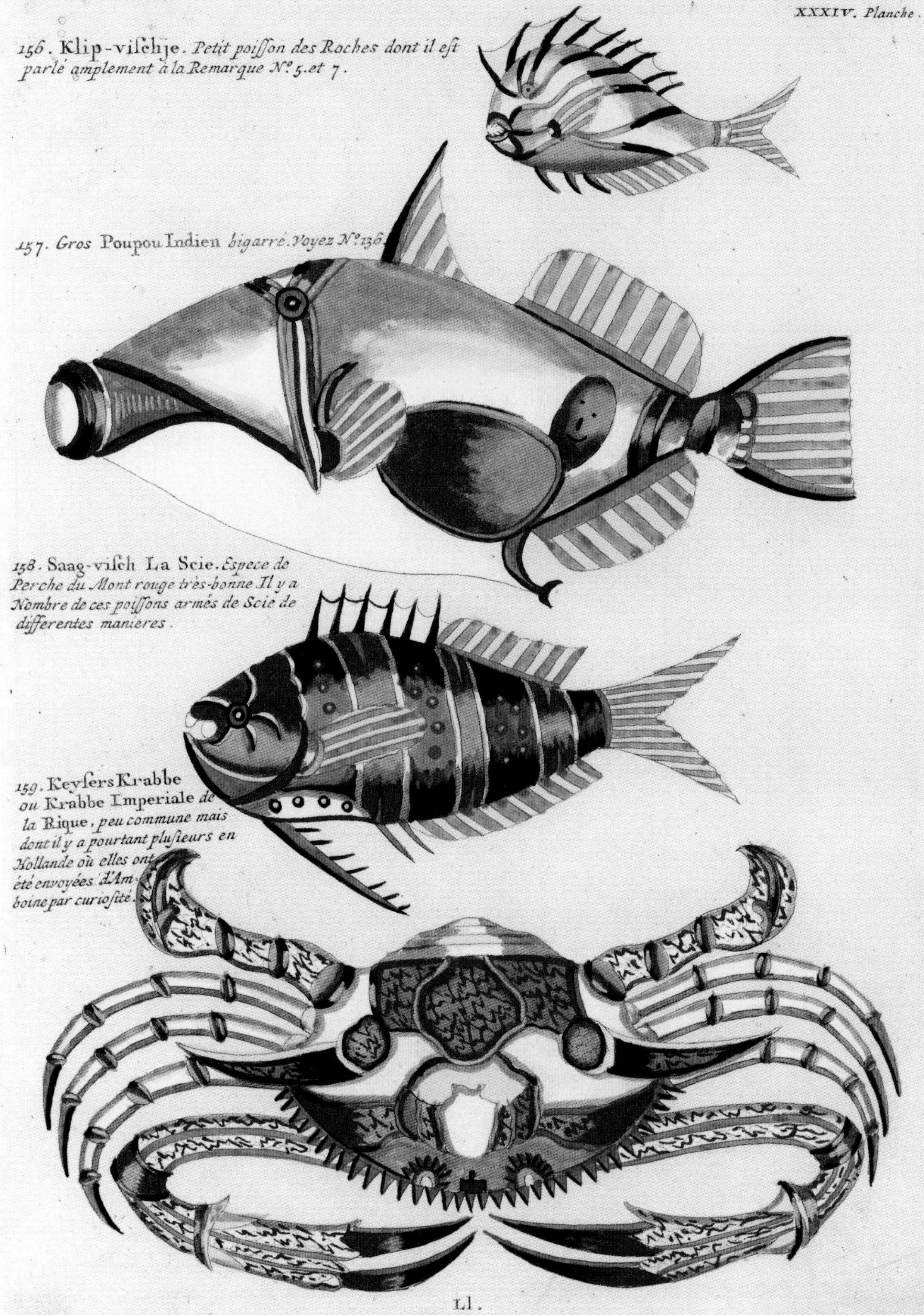

156. Klip-vischje. *Petit poisson des Roches dont il est parlé amplement à la Remarque N°. 5. et 7.*

157. *Gros* Poupou Indien *bigarré. Voyez N°. 136.*

158. Saag-visch La Scie. *Espece de Perche du Mont rouge très-bonne. Il y a Nombre de ces poissons armés de Scie de differentes manieres.*

159. Keysers Krabbe ou Krabbe Imperiale de la Rique, *peu commune mais dont il y a pourtant plusieurs en Hollande où elles ont été envoyées d'Amboine par curiosité.*

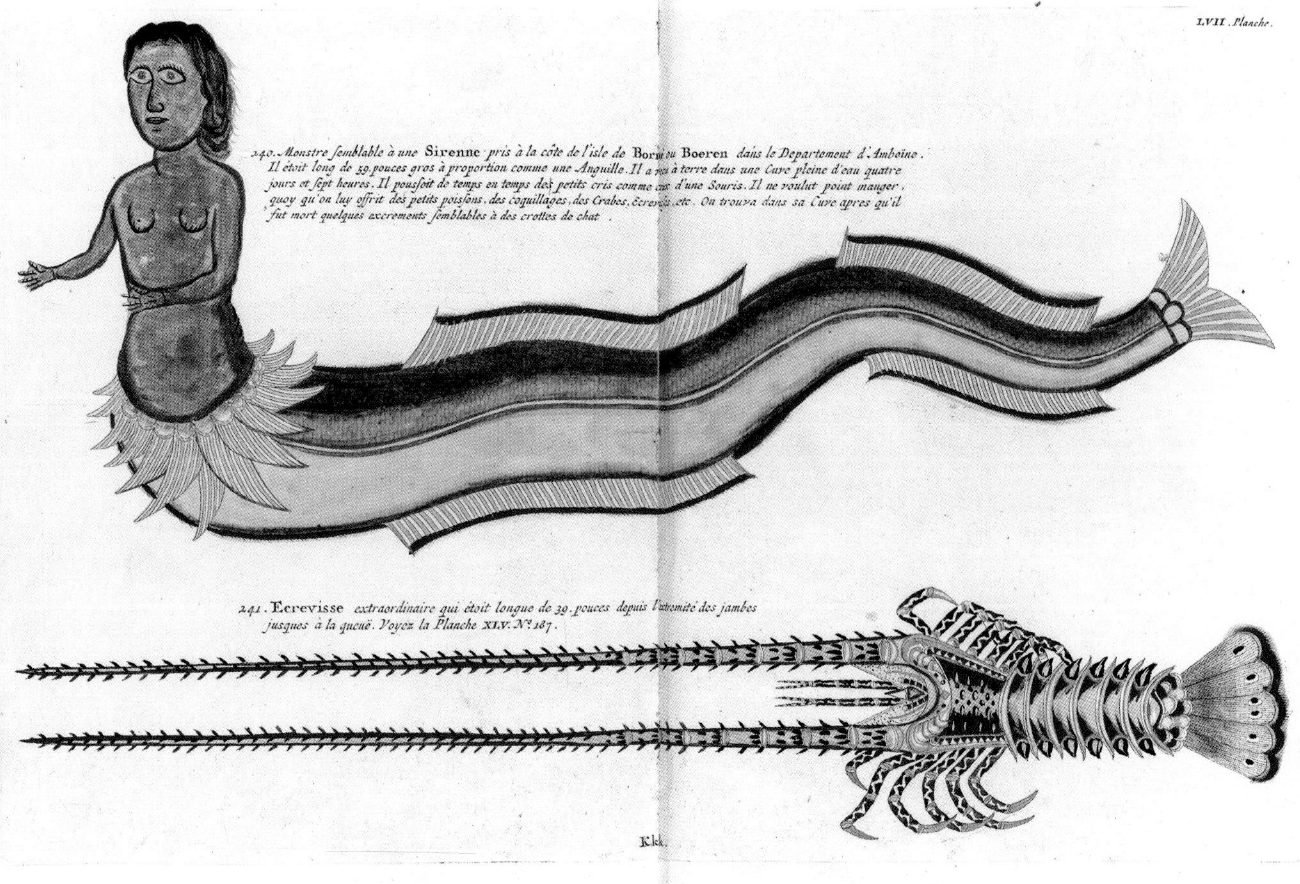

LVII. Planche.
240. Monstre ſemblable à une Sirenne pris à la côte de l'isle de Bor ou Boeren dans le Departement d'Amboïne.
Il étoit long de 59. pouces gros à proportion comme une Anguille. Il a à terre dans une Cuve pleine d'eau quatre
jours et ſept heures. Il pouſſoit de temps en temps des petits cris comme d'une Souris. Il ne voulut point manger,
quoy qu'on luy offrit des petits poiſſons, des coquillages, des Crabes, Ecre .etc. On trouva dans sa Cuve apres qu'il
fut mort quelques excrements ſemblables à des crottes de chat.
241. Ecrevisse extraordinaire qui étoit longue de 39. pouces depuis l'extremité des jambes
jusques à la queuë. Voyez la Planche XLV. N°. 187.
Kkk.

美しい人魚

上：ルイ・ルナールの本の最終ページを飾る「人魚」。「ギリシャ神話の海の精セイレーンを思わせる怪獣」で「ウナギのような体つきで体長は59インチ（約150 cm）」と解説にある（おそらく大きなウナギだろう）。

カラフルな海の生物図鑑

前見開きの左：足が4本ある「走る魚」。「小犬のように」発見者を追いかけたという。ルイ・ルナールの『モルッカ諸島産彩色魚類図譜』（1719年）より。
前見開きの右：「皇帝ガニ」と魔訶不思議な色をした魚3種。ルナールの同著より。

も付けており、非常に興味深いものとなっている」と述べている。

その魚の多くは東インド諸島海域に実在する魚とどことなく似ているものの、明らかに鳥、はたまた人間の特徴をもつものも散見され、太陽、月、星の模様、さらにシルクハットで着飾った魚までも登場する。画家の創造力はますます実験的になり、ほぼ蛍光色の魚も描かれ、非現実的であると同時に見事でもある。

特筆すべきはトゲだらけの「ニシキエビ」で、その解説には、山に住むことを好み、木に登って「ハトの卵ほどの大きさ」の赤い斑点のある卵を産むとある。「叫ぶカニ」は猫のような鳴き声を出す。別のカニは体表に完璧な十字の印があり、地元で崇拝されているという。なんでも、宣教師フランシスコ・ザビエルが十字架を見せて人々に説教していたところ、王が激怒して十字架を海に捨てた。ところが、くだんのカニが海から現れてザビエルに十字架を戻したという。122ページの四つ足の魚は、「アンボンの走る魚」で、著者はこう続ける。「海岸にわなをしかけて捕獲し、3日間、家で放し飼いにしたところ、この魚は人懐こい小犬のように後ろをついて回る。スコット氏はアムステルダムでワイン漬けにしたらしい」。「皇帝ガニ（123ページ参照）」も目が眩むほど見事だが、極めつけは本の最後に掲載された生き物である。捕らえられた人魚がほれぼれするほど詳細に描かれ、ネズミのように鳴くと記されている(左ページ図参照)。

クック船長にまつわる布の本

ルナールの著書は、誤った情報ながら、東インド諸島海域の生き物をヨーロッパ人に印象付けた。だがもし、地球の裏側の未知なる文化を目で見て、触れて、においまでかげる本があったなら、その影響力は計り知れない。1787年に出された『クック船長の南半球への3度の航海で収集された布地の見本目録』はまさにそういう体験をもたらす本で、様々なタパ布がきれいに裁断されて収められている。タパ布は樹皮から作られた布で、クック船長が訪れた南太平洋の様々な社会で、衣服、寝具、その他伝統的な目的で使われていた。当時、ニュージーランド、サモア、トンガからフィジー、ソロモン諸島に至るまで広い地域で作られており、そのタパ布の「地図帳」を開けば、18世紀の太平洋の島々へ船出したような気分になる。ハワイでは「カパ」と呼ばれており、本の布地の大半はそこで入手したものらしい。なお、クックはハワイで非業の死を遂げている。

いうまでもなくタパ布本は非常に稀少で、現存する本はたった45冊、しかも一つとして同じ本はない。本を編纂したとされるアレクサンダー・ショーは、ロンドンのストランド通りにある彼の小さな店にタパ布が入荷されるたび、客の要望で何冊か特注本を作っていたようだ。おそらく最も素晴らしいタパ布本は、ウェールズの自然誌家トーマス・ペナントのものだろう。初めてタパ布本を見たペナントは、そのエキゾチックな布の在庫をすべて購入したいとショーに申し出る。そして、クック船長の乗組員へのインタビューをまとめたショーの文と、ページ大に切った92点のタパ布の見本を綴じ合わせ、分厚いタパ布本を自ら作り上げた。ヨーロッパの全探検史を通じて、これほどまでに当時を彷彿とさせてくれる工芸品はほかに例を見ない。

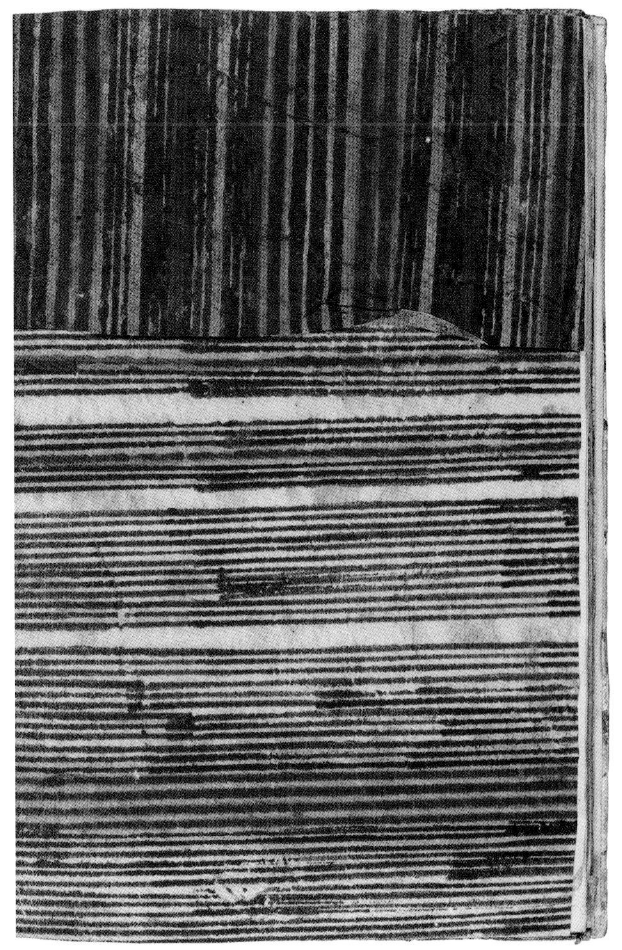

太平洋の島々の布

クック船長のタパ布本(1787年)。太平洋の航海中に出合った様々な文化のエキゾチックな布を集めた本だ。

卑猥(ひわい)な言葉を集めた辞書

クック船長がハワイで落命し、英国民がその死を悼んでいる頃、ロンドンで風変わりな探検を楽しむ男がいた。手帳と神経質な助手だけをお供に深夜の場末に乗り込むのだ。男の名はフランシス・グロース(1731〜1791年)、自らを「太りすぎて馬に乗れず、貧しすぎて馬車ももてない」と評する人物だ。グロースは、卑猥な俗語やご

風俗の言葉を集めまくった男

フランシス・グロースの肖像。彼の著作『英語方言集』(1787年)より。

ろつきの俗語をすべて収めた語彙集を作るべく、夜な夜なロンドンのいかがわしい地区をぶらついた。そうして作り上げたのが、彼の著作で最も有名な『本格俗語辞典』(1785年)である。この辞典はいわば、サミュエル・ジョンソンの『英語辞典』から省かれた言葉を集めたものだ。グロースと助手のトム・コッキングは、調査の名目で、スラム街、安酒場、造船所に足繁く通っては、「長時間行進中の兵士、錨を巻き上げる巻揚機の船員、春を売る女、港町グレーヴゼンドの船の上の会話」などから土着の言葉を拾い集め、猥褻語や奇抜な言葉からなる、これまでにない素晴らしい辞書を作り上げた。

1785年の初版は9000語以上の見出し語を誇ったが、英国が猥雑なジョージ王朝時代から厳格なヴィクトリア朝へと移り変わるに従い、後年の版では100語近い見出しが不適当として削除された。もはや「BURNING SHAME(一般的には「赤恥」の意味)」のような語を載せることは許されなくなった。定義は「女性の恥部に差し込まれた火のついたロウソク」とある(グロースは手元の1冊に「明らかにそれは燭台の本来の使用法ではない」と書き込んでいる)。その他グロースがしばしば削除した見出しには、「戯れの挿入者:異常な性行為にふける男」や「アップルダンプリングの店:女性の胸」という語もある。めぼしい例を初版からいくつか紹介しよう。

尻が逆さま:逆さまに落ちること、真っ逆さま。
恥毛に分け入る者:女遊びにいそしむ男。
盲人の休日:夜、暗闇。
自堕落な美女:乱れた髪が顔にかかる女。
ガチョウのおなら:卵。
胃の中身を放りだす:嘔吐。
神の創り給うた一杯:一杯の強い酒。
ベッドの吊りカーテンの中の説教:ベッドで夫に小言を言う女。「夫にカーテン説教をする」というように使う。
ひょろながが公爵:背が高く不格好な異形の男。
オランダの饗宴:客人より先に主人が酔っぱらうこと。
フランス人化した:性病に感染している。
シラミだらけの土地:スコットランド。
結婚の調べ:子供の泣き叫ぶ声。
ハトの乳を搾る:不可能な試み。
膨らんだ腹:太った男。
みすぼらしい鞄:貧しく卑しい男、無気力な男。
よだれを垂らした哀れな男:汚らしい男。
弦を傷めつける者:フィドル弾き。

グロースの俗語辞典には、特定の地区に紐付いた表現もある。「コヴェント・ガーデンの熱病:性病」、「コヴェント・ガーデンの尼僧院長:

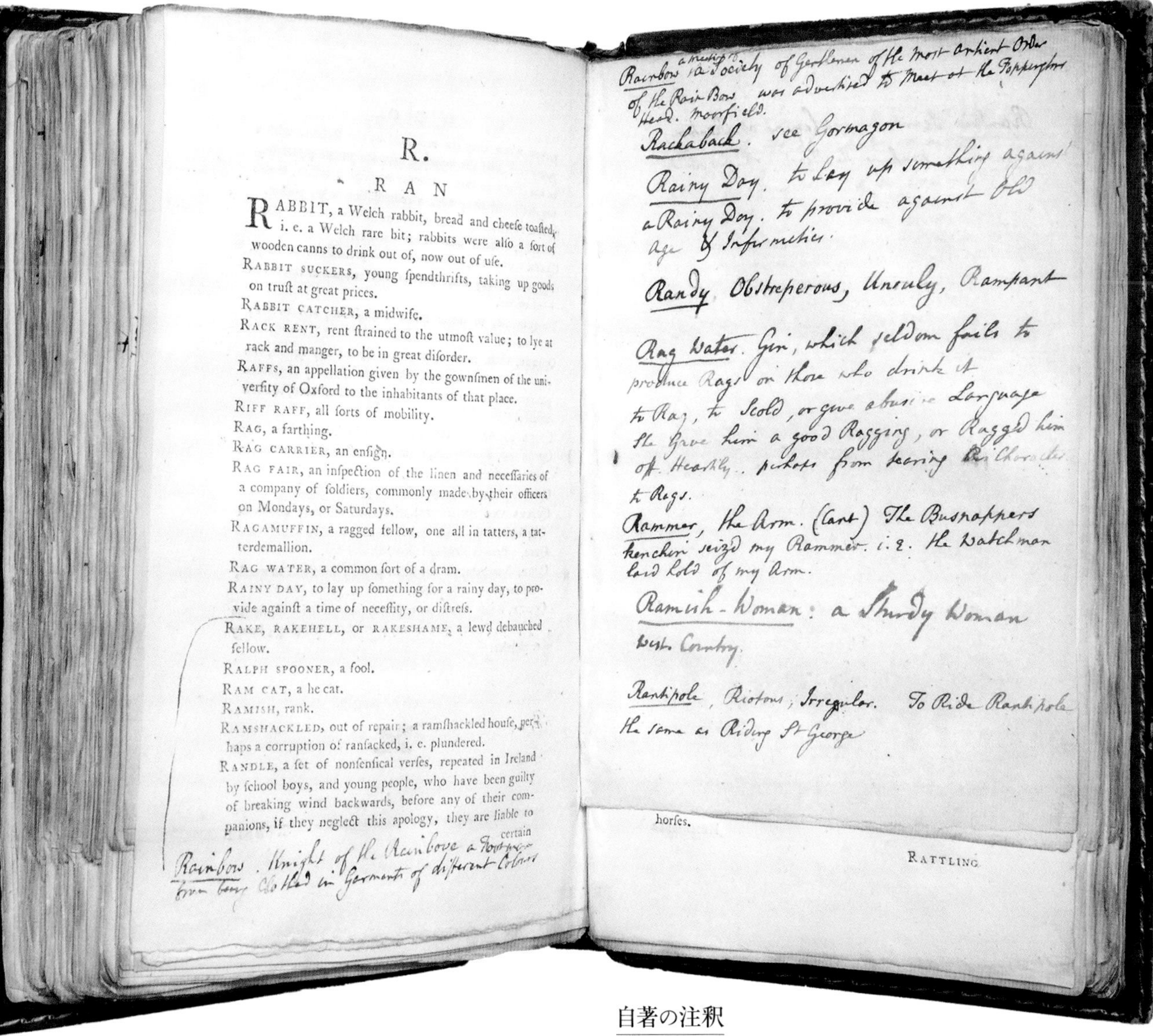

R.

RAN

RABBIT, a Welch rabbit, bread and cheese toasted, i. e. a Welch rare bit; rabbits were also a sort of wooden canns to drink out of, now out of use.

RABBIT SUCKERS, young spendthrifts, taking up goods on trust at great prices.

RABBIT CATCHER, a midwife.

RACK RENT, rent strained to the utmost value; to lye at rack and manger, to be in great disorder.

RAFFS, an appellation given by the gownsmen of the university of Oxford to the inhabitants of that place.

RIFF RAFF, all sorts of mobility.

RAG, a farthing.

RAG CARRIER, an ensign.

RAG FAIR, an inspection of the linen and necessaries of a company of soldiers, commonly made by their officers on Mondays, or Saturdays.

RAGAMUFFIN, a ragged fellow, one all in tatters, a tatterdemallion.

RAG WATER, a common sort of a dram.

RAINY DAY, to lay up something for a rainy day, to provide against a time of necessity, or distress.

RAKE, RAKEHELL, or RAKESHAME, a lewd debauched fellow.

RALPH SPOONER, a fool.

RAM CAT, a he cat.

RAMISH, rank.

RAMSHACKLED, out of repair; a ramshackled house, perhaps a corruption of ransacked, i. e. plundered.

RANDLE, a set of nonsensical verses, repeated in Ireland by school boys, and young people, who have been guilty of breaking wind backwards, before any of their companions, if they neglect this apology, they are liable to certain

Rainbow. Knight of the Rainbow a Footman from being Clothed in Garments of different Colours

Rainbow a meeting of a Society of Gentlemen of the Most Antient Order of the Rain Bow was advertised to Meet at the Pope's Head. Moorfield.

Rackaback. see Gormagon

Rainy Day. to lay up something against a Rainy Day. to provide against Old Age & Infirmities.

Randy Obstreperous, Unruly, Rampant

Rag Water. Gin, which seldom fails to produce Rags on those who drink it

to Rag, to Scold, or give abusive Language She gave him a good Ragging, or Ragged him off Heartily. perhaps from tearing his Character to Rags.

Rammer, the Arm. (Cant) The Busnappers kenchen seized my Rammer. i. e. the Watchman laid hold of my Arm.

Ramish-Woman: a Sturdy Woman West Country.

Rantipole, Riotous, Irregular. To Ride Rantipole the same as Riding St George

horses.

RATTLING

自著の注釈

フランシス・グロースが所有していた自身のコメント付き『本格俗語辞典』。

売春宿のおかみ」、「コヴェント・ガーデンの尼僧:売春婦」。18世紀、ロンドンのコヴェント・ガーデンは売春の中心地として知られていた。夜な夜なうろつく男たちにグロースのような学問的探究心があるはずもなく、手に握られていたのは、彼らのためのガイドブック『ハリスのコヴェント・ガーデン淑女目録』だった。150ページほどのポケットサイズの本で、1757～1795年の間、毎年改訂版が出され、コヴェント・ガーデンやウエスト・エンド界隈で働く120～190名の売春婦が詳細に紹介されていた。1冊2シリング6ペンスで年に8000冊ほど売れたとされるが、著者はわかっていない(三文文士のサミュエル・デリックやコヴェント・ガーデンの売春斡旋人ジャック・ハリスが一般に著者と目されていた)。

あくの強い本だが、18世紀後半のこうした女性たちの様々な情報が得られるので、非常に興味深い一面もある。名前、年齢、容姿の特徴だけでなく、その職業上や私生活上の特技(例えば歌がうまい、ダンスが得意など)、さらには奇癖や生い立ちの片鱗まで垣間見ることができる。例えば、1788年版の目録番号28番、フリス通りの

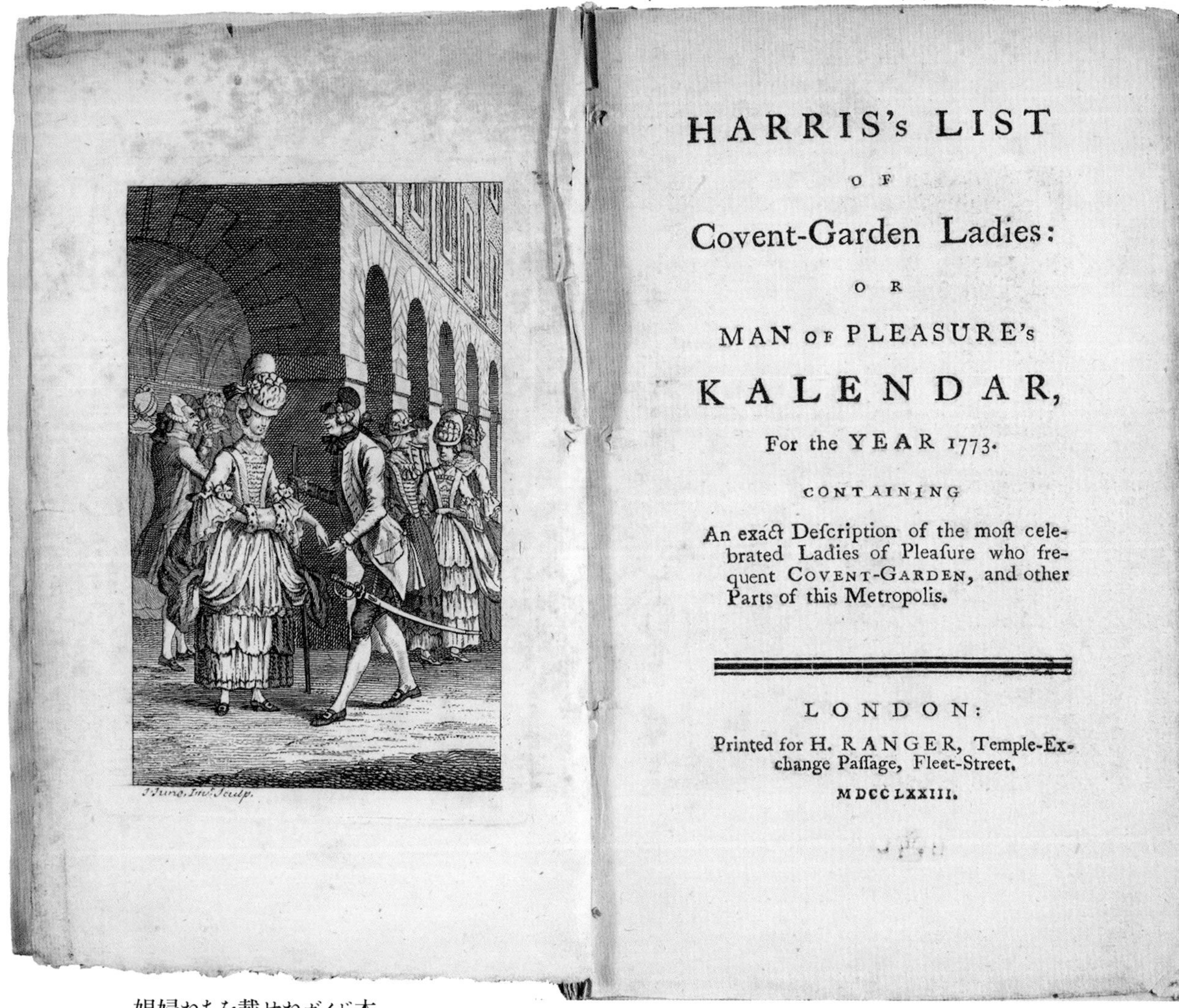

HARRIS's LIST
OF
Covent-Garden Ladies:
OR
MAN OF PLEASURE's
KALENDAR,
For the YEAR 1773.
CONTAINING
An exact Description of the most celebrated Ladies of Pleasure who frequent COVENT-GARDEN, and other Parts of this Metropolis.

LONDON:
Printed for H. RANGER, Temple-Exchange Passage, Fleet-Street.
MDCCLXXIII.

娼婦たちを載せたガイド本

『ハリスのコヴェント・ガーデン淑女目録』(1773年版)のタイトルページ。

ブ＊＊ンド嬢は、「感じのいい上品な」娘で、「優美に着飾っているが、器量はそれほどでもなく、おそらく《許容範囲》の範疇だろう。天然痘の痕が残るが、気立てのよい魅力的な女である」と紹介されている。ダヴェンポート嬢については「歯がとても美しい。背が高く、非常に均整の取れた体つきをしている(有能な聖職者よろしく、この女神を巧みな技で拝むことができれば、その裸をじっくり鑑賞させてもらえるだろう)。この女神の美しさは3大美神の次あたりか、息を吹き込まれたメディチ家のヴィーナス像といったところ」。目録番号2番、ヨーク通りのミドルセックス病院近くのクリキャンプ嬢は、「素晴らしく豊満な体の持ち主。楽しさと愉快さを求めるならこれほど望みに適う相手はいない。幸運にも恐ろしく肥えた淑女があてがわれたら、真の肥満体好きにとってたまらない相手となるだろう」と書かれている。

だがこの本も、グロースの俗語辞典と同じく憂き目を見る。卑猥なものに対する世間の目が厳しくなったため、性風俗業への風当たりが強まり、変革が求められたのだ。1795年版の『ハリスの目録』はかつてないほど露骨な内容であり、印刷や出版に関わった者たちに罰金や収監が科されたため、この版をもって終わった。

恐ろしき学府の崩壊

フランシス・グロースや『ハリスの目録』の著者が夜な夜なロンドンの風俗を記録していた頃、米国では、のちに『大学騒乱日記』(1788年)として知られる手帳に、さらに危険な世界が記録されていた。すなわち「教育界」である。著者エリファレット・ピアソン(1752〜1826年)は、1785年、「ヘブライ語と東洋諸言語のハンコック記念教授」の地位をハーヴァード大学で得た。現在、同大学図書館にあるピアソンの日記には、大学講師たちを日常的に苦しめた、残酷でときに暴力的な、ピアソンが「騒乱」と呼ぶ学生の反抗が記録されている。食糧、薪、ロウソク、聖書、その他ボルトで床に固定されていないものは何でもあらかた盗む、泥酔、武器使用、井戸に犬を放り込む、鍵の破壊、講義室の壁の落書き、さらには厨房にある合金の皿を溶かして学校の鐘に注ぎ込んだ(そのせいで鐘が壊れた)ことまでも書かれ、絶えず学生たちに脅かされていた教職員の様子がありありと目に浮かんでくる。とりわけ目を引いた記述を抜粋してみよう。

> *1788年12月4日*
> *「午後。すさまじい騒音、ウェバー君が静かにするよう注意しに行く。ウェバー君が立ち去ると騒音はさらにひどくなり、再び注意しに戻った。その場にいた全員に部屋へ戻るよう指示したが、誰も引き揚げようとしない。そこで、学生一人一人を名指しして命じたところ、2人のサリバンは命令を拒み、ジェームズは気が向いたら帰ると言った。その後、サリバン両名はスミス君に不適切な行動をとり、ジェームズ君の明確な命令にも従わなかった」*

> *1788年12月5日*
> *「ウェバー君が机で夜の祈りをしていると、雪の玉が投げつけられた」*
> *「告発を受け、12月6日に会議が開かれた。サリバン2号は、ほかの連中にならって『酒に酔っていただけだ』と弁解し、公の場での懺悔が許された。その懺悔は12月8日の会議で提示された」*

> *1788年12月9日*
> *「学長がサリバン2号の告白を読み上げたが、特に3年生のクラスからひっかき音が響き、学長の声が聞き取れなかった。学長は沈黙を命じたが、何の効果もない。騒ぎは礼拝堂で起こっている」*

> *1788年12月9日*
> *「さらに(中略)朝食時には(中略)ビスケット、茶、ナイフが講師たちに投げつけられた」*

> *1788年12月12日*
> *「礼拝堂の窓の多くも割られた」*

> *1788年12月16日*
> *「ウィッグルワース博士の公開講義でさらに大きな騒動が勃発。博士が礼拝堂の通路を通ると、両側から小石が一斉に投げつけられた。博士が別の席の横を通ると、今度は通路の北側から小石が一斉に投げつけられた。(中略)博士と講師2人が礼拝堂を歩いていると窓から石が投げ込まれた。割れたガラスが3人の紳士の一人に当たった」*

次の書き込みからは、ピアソンの明らかな安堵が伝わってくる。

> *1789年1月7日*
> *「休暇が始まった」*

騒乱を記録し続けた教授

学生の脅威にさらされたエリファレット・ピアソン教授。

ひどくて最高の会話入門書

ところで、あらゆる収集本の中でとりわけ面白いのが、19世紀半ば、ポルトガル人ペドロ・カロリノが書いた会話集だ。ポルトガル語-英語のかつてない会話集を作るという意気込みはよかったのだが、なにぶんカロリノは英語がまったく話せなかった。そこで彼は、手元にあったポルトガル語とフランス語の『葡仏会話入門書』を使い、『仏英辞典』を見てその本のフランス語を一語一句英訳することを思いついた。こうして出来上がった本は混乱そのものであった。慣用句本来の意味はきれいさっぱり消え失せ、カロリノは史上最悪で支離滅裂な会話集を世に出したのである。その『新・葡英会話入門書』は1855年にパリで出版された。

この本は、次第に好奇心旺盛な読者から熱狂的な支持を得て、新たなタイトル『英語、彼女が話されているように』がつけられ、ロンドンとボストンでも出版された。同著の熱烈なファンだった小説家マーク・トウェインは、米国版の序文にこう記している。「誰もこの本の類書を生み出そうとは思わないだろう。完璧であり、永遠不滅であり、これからも孤高を貫かなければならない。どのページを開いても、豊かな表現に満ちあふれている。(中略)愛読されているこの小さな会話集は、英語が存続する限り消滅することはないだろう」

確かに素晴らしい読み物である。「基本表現」の項を開くと、「この帽子どこですか」、「一つには彼女は醜い、少なくとも彼女は優雅だ」、「あらゆる木はかなりの量のクマを持っている」といった理解に苦しむ表現に出合う。「髪の毛を着せなさい」、「自分自身を汚すよう注意しなさい」、「あなたの親はまだ本当に存在するのか?」、「彼は自分自身と結婚することを拒む」などは、読者をかなり戸惑わせたに違いない。意図せず失礼な次のような例は読者にどう受け止められただろう。「あなたは私の頭を壊す」、「あなたはダンスがうまくない」。もっとも、「あなたはにっこりをつくる」などはむしろ愛嬌がある。表現の配置もまた興味深い。例えば、「彼らはみな死んでいる」の次には「もうすぐ9時だ」が続き、「私はフランス語を学んできた」の次には「私の頭は病気だ」が続く。この本の傑作とされる表現「マーモセットをばりばり噛む」は、カロリノがフランス語の慣用句「誰かがドアを開けてくれるまで辛抱強く待つ」を直訳して台無しにしてしまった結果のようだ。

この本にはさらに対話集もあり、「洗濯女との対話」にはこんな命令文が載っている。「私のシャツを曲げなさい」。一方、「馬に乗るために」という見出しで始まる対話では、返金の要求に役立つ会話例が示されている。どうやら銃で脅す場面のようだ。「ここに見栄えの悪い馬が一頭いる。ほかの馬をくれ。私はそれをない。その馬は行進する知らない、その馬は太っている、その馬は足を悪くさせられている。こんなやくざ馬を売りつけて恥ずかしい、ちがうか? その馬は蹄鉄が外されてる、その馬はひづめが上がっている。その馬は蹄鉄工へ連れていきたがっている」。すると馬を売った業者がおそるおそる尋ねる。「あんたのピストル、タマは入っているのか?」

O NOVO GUIA

DA

CONVERSAÇÃO,

em Portuguez e Inglez,

OU

ESCOLHA DE DIALOGOS FAMILIARES

SÔBRE VARIOS ASSUMPTOS;

precedido

d'um copioso Vocabulario de nomes proprios,
com a pronuncia figurada das palavras inglezas,
e o accento pro:odico nas portuguezas, para se poder aprender com perfeição
e a inda sem mestre, qualquer dos dous idiomas.

OFFERECIDO

A' ESTUDIOSA MOCIDADE PORTUGUEZA E BRAZILEIRA

por JOSÉ DA FONSECA

E PEDRO CAROLINO.

PARIS.

Vª J.-P. AILLAUD, MONLON E Cª.

Livreiros de suas Magestades o Imperador do Brasil
e el Rei de Portugal,

RUA SAINT-ANDRÉ-DES-ARTS, Nº 47.

1855

英語を知らない男が書いた英会話本

『新・葡英会話入門書』(1855年)。のちに英語版『英語、彼女が話されているように』が出版され有名になった。

THE FATHER OF ETERNITY'S
TEN LOST TRIBES -
NEW JERUSALEM
ETERNAL CITY
O'ERSHADOWMENT -
KETTLE
THE WAS
AND IS
AND IS
TO COME
THE ALL-
-MIGHTY
ALL
ALL
SUN
THE MAGNETIC
INDIVIDUALITY
WEAK POINT AND CHRONIC MELANCHOLY
SUPPRESSED THE
POINT OF ENDURANCE
REACHED THE
DESPERATION
DRIVEN TO
THE
VERGE
CHINA
CELESTIAL
CELESTIAL
LOVE
WISE MEN OF EAST
GOD'S PURE WATER WORK
FULBORN
PATIENT
DEGENERACY
PRIMEVAL
SEXUAL

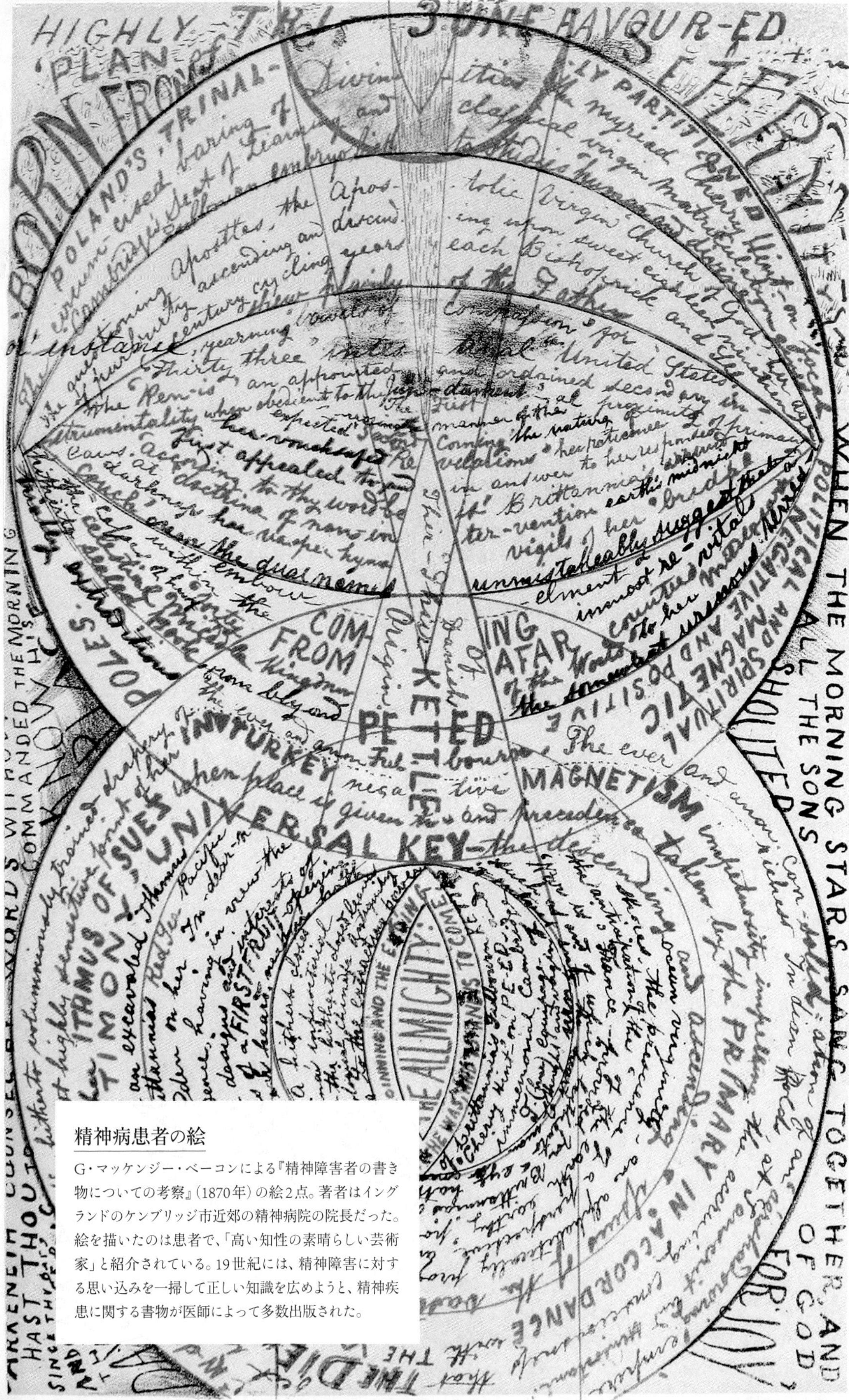

精神病患者の絵

G・マッケンジー・ベーコンによる『精神障害者の書き物についての考察』（1870年）の絵2点。著者はイングランドのケンブリッジ市近郊の精神病院の院長だった。絵を描いたのは患者で、「高い知性の素晴らしい芸術家」と紹介されている。19世紀には、精神障害に対する思い込みを一掃して正しい知識を広めようと、精神疾患に関する書物が医師によって多数出版された。

毒を含む壁紙集

美しいが命を脅かす米国の本『忍び寄る死の影』(1874年)。ヒ素を多く含む19世紀の壁紙を集めたもので、壁紙の毒性を注意喚起しようと、ミシガン州衛生局が公立図書館向けに100冊以上を配布した。

異色のタイプライター

漢字のタイプライター

左:日本経営機社製の和文タイプライター(1976年)。数千種類に及ぶ漢字の活字棒が備え付けられている。

ユニークなデザイン

右:1896年に市販されたランバート・タイプライター。独創的で美しく、収集家の垂涎の的だ。目当ての文字のボタンを押すと、円盤全体が傾いて文字が紙に印字される。

ヒナギクの花状に並んだ活字

左:1889年に米国で活字の特許を取得したビクター・タイプライター。インデックスタイプで、ポインター(針状のもの)を動かして、半円形の文字盤上の目当ての文字を指す。すると、中央の活字(デイジー・ホイール)が回り、左のキャリッジ・リターン(エンター・キー)のレバーを押すと印字される。

ヒットしたタイプライター

右:AEG社製のミニョン・タイプライターのモデル4。すべてのインデックスタイプのタイプライターの原型とされる。1934年に製造が終了するまで10年ほど人気を博した。交換可能な文字盤の上にポインターを動かし、目当ての文字の上でキャリッジ・リターンを押すと印字される。ほんの少しの練習で毎分平均100字は打てるようになったという。

音符を印字

上：キートン・ミュージック・タイプライター。1936年に米国カリフォルニア州サンフランシスコ在住のロバート・H・キートンが最初に特許を取得。楽譜を早く大量に作ることが可能になった。

初めて市販されたタイプライター

右：ハンセン・ライティングボールと呼ばれる初期の稀少なタイプライター。1865年にデンマークで発明され、初めて商業生産されたタイプライターだ。特異なデザインで、大きな真鍮製の半球に52個のキーが取り付けられており、左側に母音、右側に子音が配置されている。

神秘の書

いつの世も人は「魔」に取り憑かれる

中世ヨーロッパで数百年の間、一番人気の魔術道具といえば聖書だった。ページの切れ端は病気を治すお守りとなり、儀式では祈りの言葉や一節が魔法の呪文として読み上げられた。本そのものも護符となり、人々は魔女や悪霊を寄せ付けないよう枕の下に聖書を忍ばせた。最も奇抜な利用法は、聖なる治癒力を求めて、聖書を食べたり飲んだりすることだ。中世の宗教書には、インクを溶かして飲むために水で洗った形跡が多く残っている。17世紀後半に作られた福音書の装飾写本『ダロウの書』は、病気の牛を聖なる薬で治そうとした農夫によって、バケツの水に浸された。そんな災難をくぐりぬけ、17世紀末以降はダブリン大学トリニティ・カレッジ図書館に収められている。

古代エジプトの「魔術書」

今日でも、イスラム圏の西アフリカでは同様のことが行われている。コーランの文字を洗い、病気治療や魔術から身を守るために飲むのだ。スーダンのダルフール北部に住むベルティ人は、「ファキース」と呼ばれる宗教指導者で人々の治療を行う者が、コーランの文字を溶かした水入りの瓶を患者に与え、一日中飲むよう勧める。一方、インドネシアのバタック人の社会では、呪術師「ダトゥ」を目指す生徒たちが、炊いた米の上に置いた竹に、教師が伝える呪文を刻み込む。少年たちは米の上に落ちた竹のくずを食べて「その書の魂」を取り込むという。

聖書より古い時代の珍しい魔術書を求めて、古代エジプトの古王国時代(紀元前2686～2185年頃)*1までさかのぼってみよう。古代エジプト人は、文字は月の神であるトト神によって創造され、文は神秘の力で満ちていると考えていた。古代エジプトで最も有名な書は、後代の新王国時代(紀元前1567～1085年)に登場した祭礼文書『死者の書』だ。1000年余をかけてあまたの神官が伝えてきた呪文が集められた、死者が冥界を安全に旅し、復活できるよう助ける魔術書だった。だが、『死者の書』(古代人には「日のもとに現れるための書」といういくぶん明るいタイトルで呼ばれていた)が現れるずっと以前にも魔術書は存在した。『ピラミッド・テキスト』と呼ばれるエジプト最古の書である。特に「食人呪文」に注目したい。

「食人呪文」とは、古王国時代第5王朝のウナス王(在位紀元前2375年頃～2345年頃)のピラミッ

霊媒師の空中浮揚

右ページ:霊媒師D・D・ホームによる空中浮揚の絵。1880年にパリで出版されたルイ・フィギエの『科学の神秘』より。

＊1　古王国時代がどれほど古いかは、当時の地球上にまだ毛に覆われたマンモスがいたことからわかる。ほとんどのマンモスはそれより6000年ほど前の氷河期に死滅したが、孤立した集団が極東シベリア沿岸から北の沖合にあるウランゲリ島で紀元前1650年頃まで生きていた。

護符のシャツ

お守りとして着られた服（15〜16世紀初頭）。金文字で神の99の名前を書いた縁取りの内側に、コーランの全文が書かれている。戦闘時に護符として、甲冑の下に着ていたという。

ドの「控えの間」に刻まれている、呪文273と呪文274である。神々の体を食べる死した王を讃えたもので、王は殺戮（さつりく）の儀式でシェセム神の手を借り、古い神々を殺し、料理し、食べる。それは、人間が「神」を超越する過程を象徴している。神を食べることで、王は来世への旅路を難なく切り抜け、天国を支配する神へと確実に生まれ変わるための聖なる力を得る。「天空はかき曇り、星は光を失う」と食人呪文はうたう。「ウナスは天の牡牛にして、思いのままに〈征服し〉給う。かれ、なべての神〈が生命〉を（食（くら）いて）生き、かれらの〈内臓〉を（むさぼり）食う。火の島より、呪力にみてる体もて来れるものの（内臓をも）」（杉勇、尾形禎亮訳『エジプト神話集成』ちくま学芸文庫、2016年より）。この呪術的な賛歌は、のちの中王国時代、棺に記された「コフィン・テキスト」でも繰り返された。だが、紀元前1550年頃に『死者の書』が登場すると、やがて忘れ去られて塵の下に埋もれた。

キリスト教と魔導書

ヨーロッパでキリスト教が台頭すると、聖書の教えに背くような魔術書、18世紀以降は「グリモワール（魔導書）」と呼ばれる魔術の指南書は支配層によって禁書や焚書に処された。もっとも、何が「魔術」かを厳密に定義することは難しく、科学や宗教と重なり合う部分もあるので、完全に区別することはできなかった。例えば英国の古い医療書「リーチブック」（196ページ参照）には、科学的説明とともに治療用の呪文が載せられている。はたしてそれは医療なのか魔術なのか。スペイン生まれのリヨン大司教アゴバルドゥス（779〜840年頃）は、理論的に魔術的迷信を打破しようとし、数冊の本で異教の慣習を批判

雷を鎮める祈願

「シラカバ樹皮の書簡、文書番号292」。バルト・フィン諸語(主にフィンランド、エストニア、ロシア北西部で話される言語)に含まれるカレリア語で書かれた、13世紀初頭の書。バルトの運命神に雷のコントロールを祈願する呪文が書かれている。1986年にロシア人言語学者エフゲーニイ・ヘリムスキーによって翻訳された内容は次の通り。「神の矢、あなたの10の名前/矢がきらめき、放たれる/運命の神がいざなう/指示を出す(導く/支配する?)」

した。なかでも1605年に発見された著書『雹と雷』では、魔術で天候を操るという迷信を「天候を操れるのは神だけだ」と整然と退けた。その昔、雲の上には悪さをする海賊を乗せた船が浮かんでいて、日常的に地上に降りてきては、魔術師テンペスタリの起こした嵐で台無しになった農作物を盗み、自国マゴニアへ持ち帰ると信じられていたのだ*2。

魔導書を使ったといわれて名誉を汚されたカトリック教会の大物もいた。2名の教皇の例を見てみよう。まずはシルウェステル2世(946年頃〜1003年)だ。最初のフランス人教皇で、アラビア学問を学んだ博識の学者だったが、死後、ある奇怪な伝説の主役に仕立て上げられた。教皇は若い頃、当時イスラムの支配下にあったスペインのコルドバとセビリアで学んでいたとき、アラブの魔導書を盗み、魔術を独学したという。また、将来について尋ねると「はい」「いいえ」で答えて予言する機械仕掛けの青銅製の「頭」を持っており、その人形に魂を売って魔力を得て、教皇へ昇進できたという*3。のちになって、イングランドの修道士マームズベリのウィリアムや、教皇グレゴリウス7世と対立した枢機卿ベノが広めた流説らしい。

次の例はボニファティウス8世(1235年頃〜1303年)だ。この教皇は、あらぬ告発によって死後の1303〜1311年、裁判にかけられた。告発の内容は魔導書を使って悪霊を呼び出したというもので、教皇は3匹の悪霊を手なずけていたらしい。ある目撃証言では、庭に描いた魔法円の中で若い雄鶏を生贄にしたという。後世のプロテスタントの宗教改革派は、当然こうした逸話を嬉々として語った。スコットランドの数学者ジョン・ネイピア(1550〜1617年)は著書で、カトリック教皇のうち22名までもが「忌まわしい降霊術師」だったと書いている。

*2 「天上の海」という幻想的な概念は、のちにイングランドの作家ティルベリのゲルウァシウスの『皇帝の閑暇』(1214年頃)でも繰り返された。パトロンであるローマ皇帝オットー4世に献上された「驚異の書」とも称される本で、話のあらすじはこうだ。船の錨(いかり)が空から降ってきて教会の庭に突き刺さり、船乗りたちが錨のロープを伝って滑り降りてきた。驚いた礼拝者たちが1人を捕まえたが、地上でたちまち「おぼれ死んだ」という。

*3 教皇シルウェステル2世の墓碑にはこう書かれている。「神の再臨を知らせるラッパが鳴り響くと、ここに葬られたシルウェステル2世の四肢が蘇るだろう」。歴史的にこの文は「四肢が音を立てる」と読み間違えられ、シルウェステル2世の骨が墓の中で音を立てると、現在の教皇の死が近いという奇妙な伝説を生んだ。

悪魔とつるむ教皇

上:教皇シルウェステル2世と悪魔。1460年頃。

古代中国の占い

右ページの上:古代の卜占に使われた、亀の腹甲に刻まれた甲骨文字。殷(いん)王朝の第22代王である武丁(ぶてい)の時代(紀元前1200年頃)のもの。
右ページの下:『易経』は古代中国の占いの書であり、中国最古の古典文学とされる。西周時代(紀元前1000頃〜770年頃)に制作された。くじ占いの一種で、陰陽を表す6本の爻位(こうい)の組み合わせで卦(け)を作り、卦の形からその書を用いて意味を読み解く。

魔導書の名作『ピカトリクス』と『ヘプタメロン』

現在、古い時代の魔導書はほとんど残されていない。当然といえば当然で、とりわけ16〜17世紀に荒れ狂った魔女狩りによって、宗教の名のもとにたびたび焚書処分にあったからだ。本と運命を共にすることを恐れた書記たちが、写本を作って分けることを嫌がったせいもある。ま

否 遯 訟 姤 无妄 同人 履 乾
萃 咸 困 大過 隨 革 兌二 夬
晉 旅 未濟 鼎 噬嗑 離三 睽 大有
豫 小過 解 恆 震四 豐 歸妹 大壯
觀 漸 渙 巽五 益 家人 中孚 小畜
比 蹇 坎六 井 屯 既濟 節 需
剝 艮七 蒙 蠱 頤 賁 損 大畜
坤八 謙 師 升 復 明夷 臨 泰

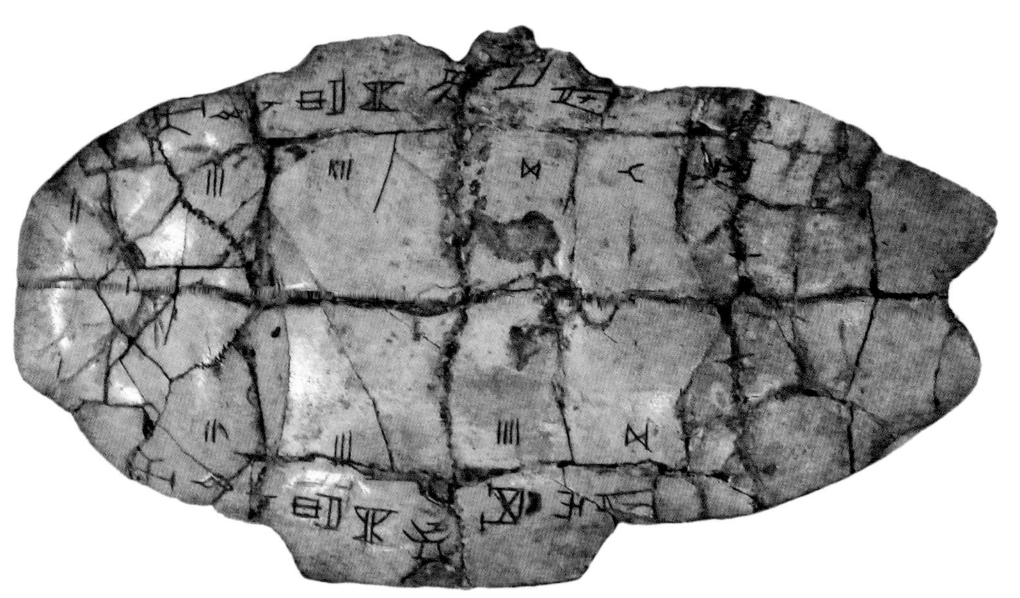

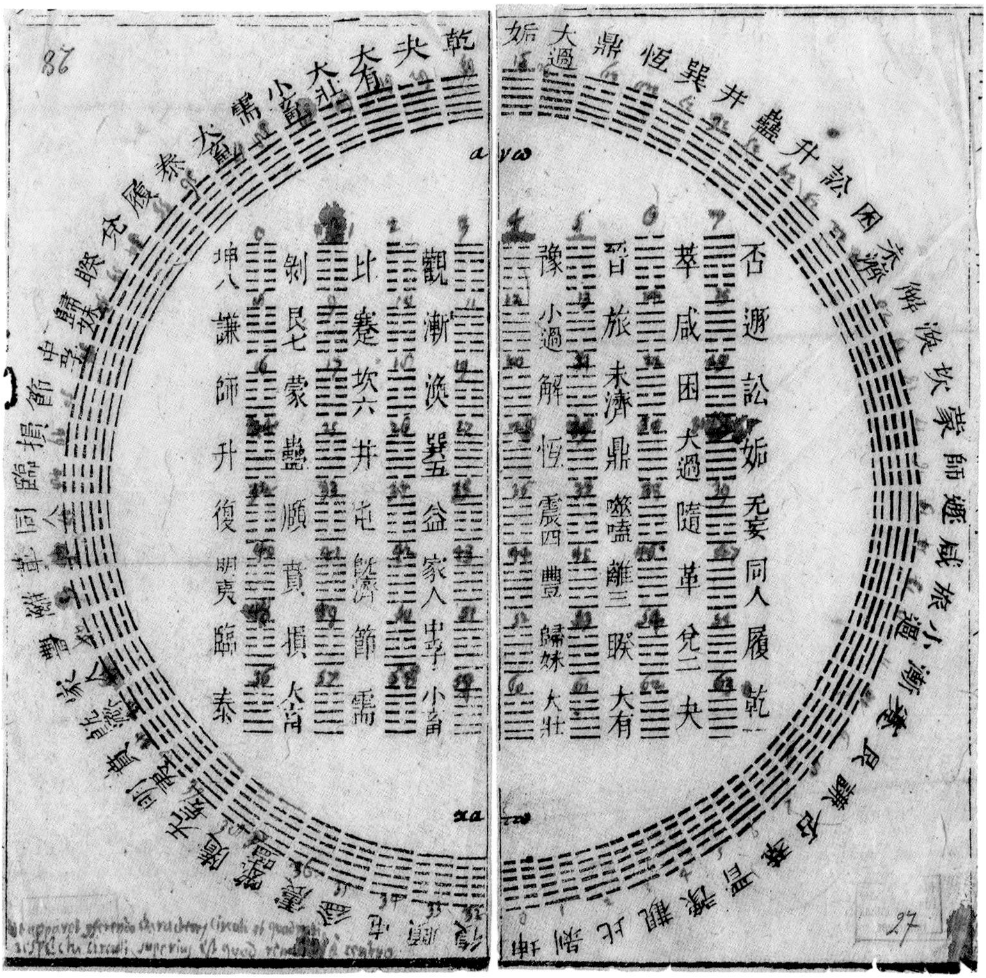

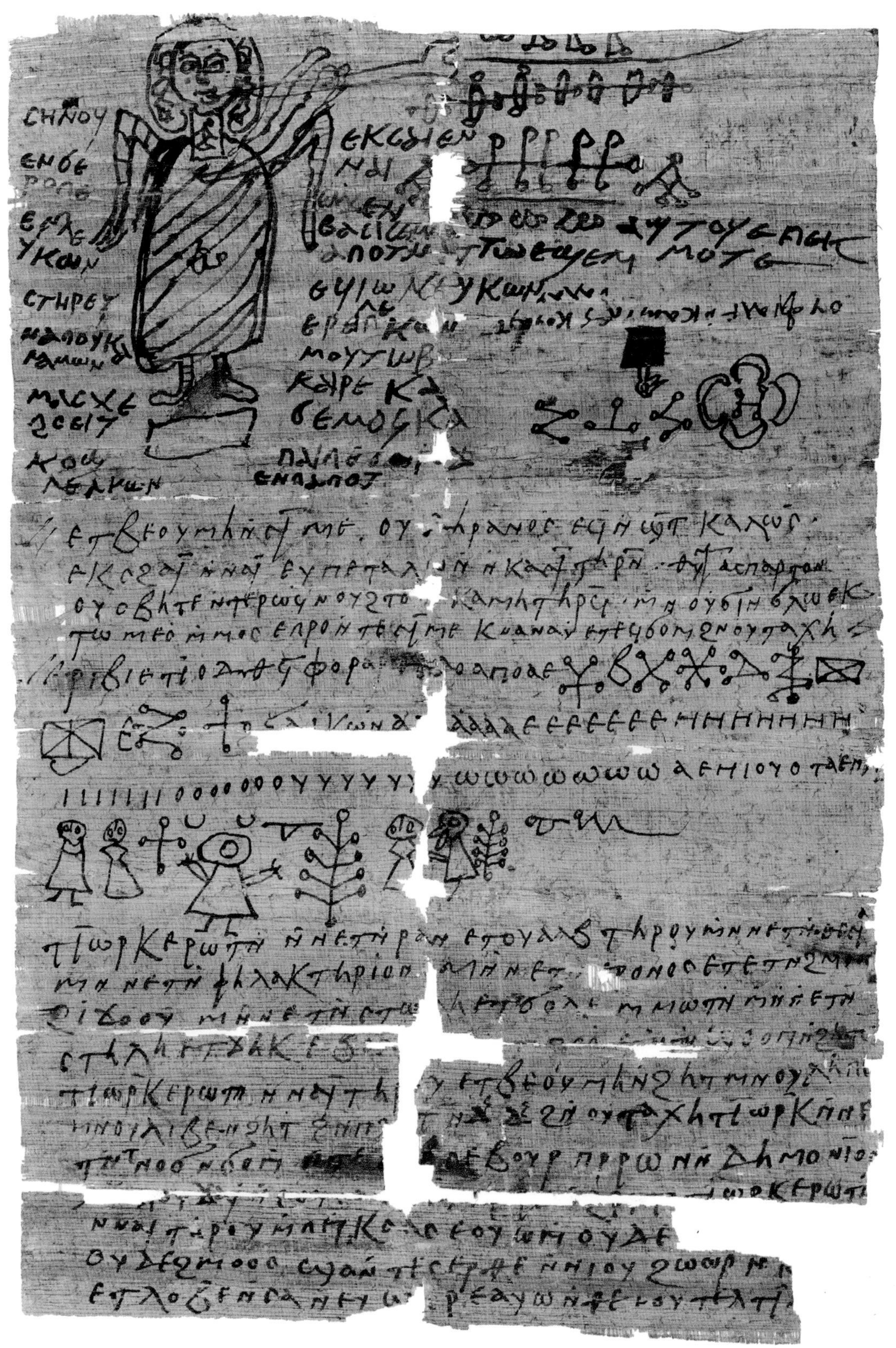

エジプトの呪文

左ページ:コプト語の呪文が書かれたエジプトのパピルス(6世紀もしくは7世紀)。2つの呪文が書かれている。1つ目は美しい歌声を授ける呪文(一番上)、2つ目は愛の呪文で、漆黒の馬の口から吹き出た泡とコウモリの死骸を用意して呪文を唱えれば、意中の人が「子犬をかわいがる親犬のようにあなたを愛おしむようになる」と書いてある。

た、中世の魔導書は作るのが大変だった。魔導書には「処女性」が求められ、性的に発達していない動物の皮や、胎児の羊膜から作られた羊皮紙など、滅多に手に入らない材料が必要だった。この伝統は、猟奇性のない安価な紙が手に入る現代に入ってもしばらく続いた。

現存する魔導書の中から、悪魔に動じない奇書収集家のために、いくつか傑作を紹介しよう。まずは『ピカトリクス』。400ページある魔術と占星術の総覧で、錬金術師の主要な情報源でもあった。『ガーヤト・アル=ハキーム』(「賢者の極み」の意)というアラビア語の書をラテン語に翻訳したもので、原典は早くも10世紀前半には存在していたようだ。時代の雰囲気を色濃く伝えるこの作品は、現在、大英図書館に収められている。もともとの所有者は、16世紀、エリザベス1世時代の占星術師にして神秘主義者の医師サイモン・フォアマンだった。彼はこうした魔導書を利用しながら治療にあたったとされ、その詳細な症例集(ケンブリッジ大学所蔵)はシェークスピア時代のイングランドの生活を面白おかしく切り取っている。例えば、剣で陰部を突き刺された男性患者、子犬に乳をやる女性、悪霊が乗り移ったせいで通りすがりの誰彼なしに悪態をつく紳士などが記録されている。フォアマンは魔導書を使って天使に相談し、患者に奇怪な治療を施した。例えば、ハトの腹を切り裂いて患者の足先にあてがう「ハトのスリッパ」療法と呼ばれる治療法もあったようだ*4。

次が『ヘプタメロン』だ。天使を呼び出す儀式を書いた悪名高い書で、ヨーロッパ大陸で広く読まれた。週7日の各曜日と24時間の各時刻を司る天使がいるとし、その天使を召喚する儀式には香(こう)、剣1本、笛1個が必要だという。各曜日のどの時刻を天使の誰が支配しているかを示した一覧表があり、例えば日曜日の昼の3番目の時刻ナスニアは天使ラファエルの担当で、日曜日の夜の8番目の時刻タフラックに儀式を行う場合、魔術師は最良の結果を得るために、天使サキエルを召喚しなければならないという。著者は有名なイタリアの占星術師アバノのピエトロ(1257年頃〜1315年頃)とされるが、これは誤りだ。ちなみにアバノのピエトロは、パドヴァ大学医学部の教授で、牛乳を飲む人を見ただけで胸が悪くなるほど牛乳嫌いだったとの逸話が残されている。

ピエトロは占星術にとどまらず魔術に足を踏み入れたかどで2回も異端審問にかけられた。2回目の1315年(1316年という資料もある)、結審前に獄死している。17世紀フランスの司書ガブリエル・ノーデはこう記している。「著述家たちは、ピエトロが当時最も優れた魔術師であったと口をそろえて言う。ガラス瓶に閉じ込められた7匹の使い魔を操って自由七科の知識を習得し、使った金が再び手元に戻ってくる術も身に付けていた」。『ヘプタメロン』は16世紀半ばには存在していたようだが、それでもピエトロの生きた時代とは250年もの開きがある。そうした矛盾がなければ、博学なピエトロがその著者として有力候補となるだろう。

*4 これは「ハトは冥界からの使い」という迷信に由来する。ハトの羽根を結び付けられた患者は死なないと信じられていたのだ。イングランド王チャールズ2世の王妃キャサリン・オブ・ブラガンザは、追い詰められたポルトガル人侍医にこの治療を施されたが、1705年12月31日に亡くなった。

反対勢力の誤算

皮肉といえば皮肉だが、魔導書に書かれている奥義を、その批判者から学ぶこともある。ネーデルラント出身の内科医で懐疑主義者のヨーハン・ヴァイヤーがその例だ。ヴァイヤーは1577年の著書『悪霊の幻惑について』の中で、妖術や悪霊喚起などを理性的に分析して『ヘプタメロン』を「有害で取るに足りない本」と一蹴した。その際、本の補遺「悪霊の偽王国」の中で今は失われてしまった魔導書を引用し、地獄にすむ69匹の悪霊の位階秩序を詳しく説明している。良かれと思って書いたのだが、結果は裏目に出た。民間に流布する呪文や儀式や悪魔祓い術が、いかに無意味かを示そうと詳細に述べたため、かえって広めてしまったのだ。こうしてプロテスタントのヴァイヤー自身が、新教とカトリック

天使を呼び出す『ヘプタメロン』

魔導書『ヘプタメロン』のドイツ語版。1750～1799年の間に書かれたとされる。曜日ごとに天使を召喚する方法、魔法円の基礎知識、召喚のための呪文が記されている。

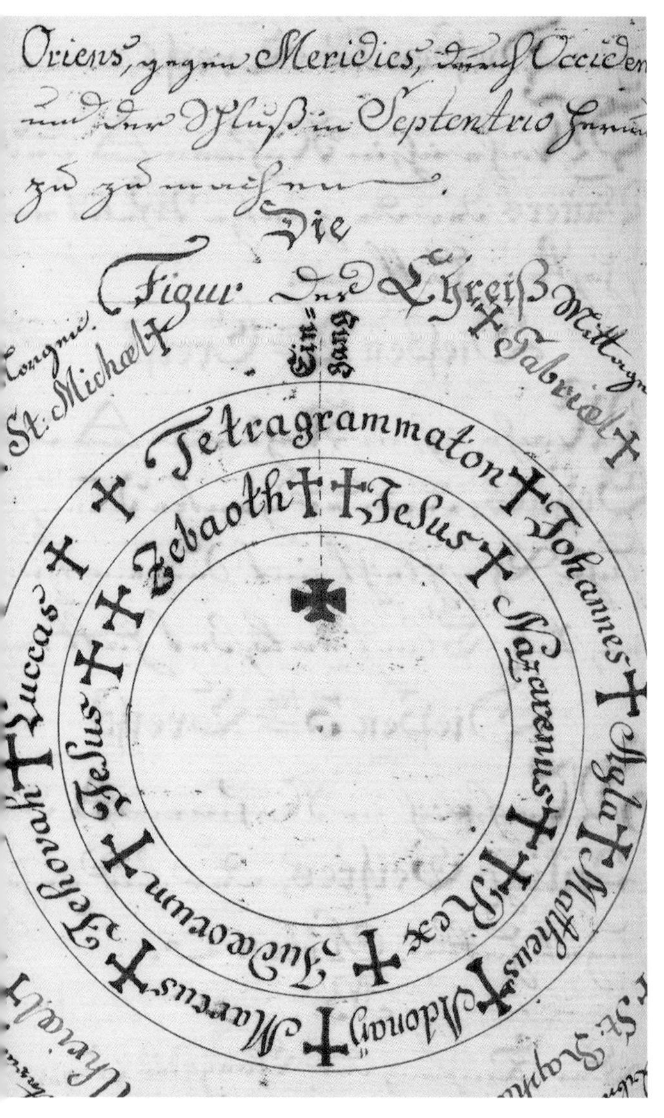

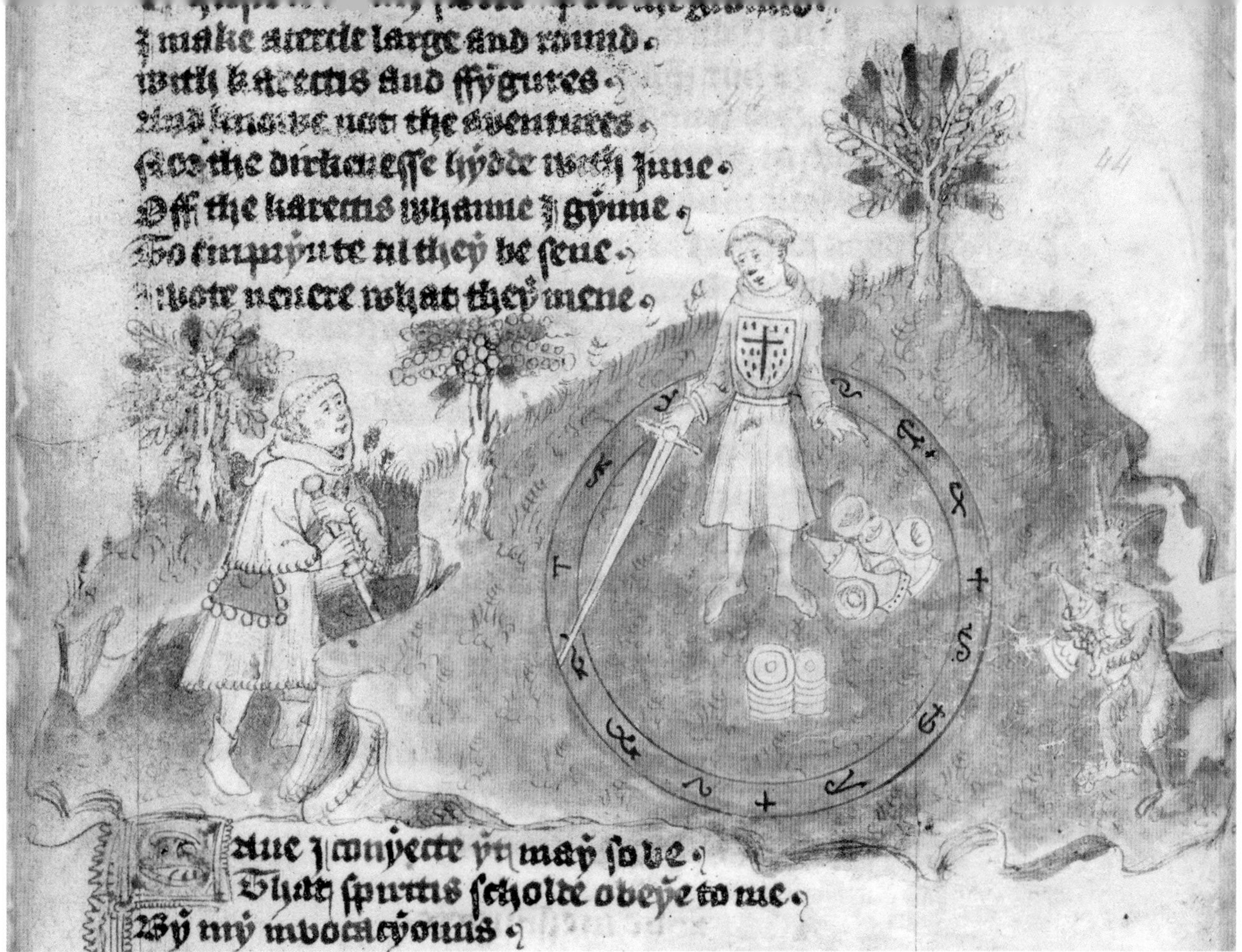

宝探しの指南

悪霊を呼び起こして宝探しをさせる方法を書いた絵。ジョン・リドゲイトの『人生遍歴』より(1425〜1450年頃)。

の双方から敵意を向けられる結果となった。フランスの法学者ジャン・ボダンなどは、ヴァイヤーこそが妖術を広めたと責め立てた。結局ヴァイヤーの本もまた、カトリック教会によってたちまち発禁処分となった。

ローマ教皇庁のヴァチカン秘密文書館(現在のヴァチカン使徒文書館)は、早くも1世紀にはその原型が存在したらしい。「敵」を見極めるために禁制品を収集しており、やがて文書館はこうした品々であふれかえるようになる。19世紀末の教皇レオ13世(1810〜1903年)の治世になり、収集品が研究者に限定して公開された*5。これから紹介する『大奥義書』は、その公開時に発見された本である。地獄の宰相ルキフゲ・ロフォカレを呼び起こす手順が示された書で、一般大衆向けに廉価で出版され、人気を博した。原本はテーベのホノリウスという中世の伝説上の人物の筆とされ、悪魔が乗り移った状態で書き上げられたという。『大奥義書』には、悪魔喚起や呪文が真実である証拠や、新たに選出された

＊5 ヴァチカンの学者も奇書を生み出している。ヴァチカン図書館の司書レオ・アラティウス(1586〜1669年)は、書簡『ギリシャ人の俗説について』(1645年)で吸血鬼について初の論理的議論を展開し、ギリシャの吸血鬼「カリカンジャロス」はクリスマスの時期に活発になると書いた。だが、最も有名な彼の作品は『我らの主イエス・キリストの包皮に関する論考』だろう。未発表の論考で、その存在自体が噂の域を出ないが、当時発見されたばかりの土星の環がキリストの包皮でできていると断定している。

悪魔祓いの入門書

『ルシファー、悪魔祓いの手引き』の口絵(1676年)。ディダコ・ゴメス・ロドサがスペイン語で書いた悪魔祓い実践のための入門書だ。聖職者が悪霊をうまく追い払う場面を描いている。

教皇らが次第に悪魔の偉大さに圧倒されていく過程が書かれているという。

魔法円でルキフゲを呼び起こす儀式はとりわけ魅力的だ。現れたルキフゲが秘宝のありかを教えてくれるのだ。火にあぶられても燃えないという『大奥義書』は、1520年頃に古代イスラエルのソロモン王の墓で発見されたとされるが、文献に登場するのは1750年頃である。当時、ヨーロッパ中の宝探したちはルキフゲを呼び出す次のような「大呪文」を唱えた。「反逆の霊の大公、皇帝ルシファーよ、我は願う、汝の偉大なる宰相ルキフゲ・ロフォカレを喚起せんことを。我、ルキフゲと契約を結ばん」。19世紀になると、この悪魔的な『大奥義書』はフランス語に訳され、『赤い竜』と題されパリで出版された。目抜き通りの書店のショーウインドーに公然と飾られ、英国の蔵書家トマス・フログナル・ディブディンも「古くて変わったもの」を探した結果、その本を2冊購入している。

有名な『ソイガの書』

魔導書の著者や読者が悪魔の力を借りることに夢中だった頃、英国で最も有名な神秘哲学者ジョン・ディー博士は、水晶占い師(水晶玉やそれに類するものを覗き込み、映し出されたものを解釈する霊媒師)の助けを借り、天使との交信に全力を傾けていた。当初はうまくいかなかったものの、1582年にエドワード・ケリーと出会い、彼に霊媒の役を頼んだ。ケリーはその頃、贋金鑄造の罪で捕まった過去を隠すため、エドワード・タルボットと名乗っていた*6。ケリーを通じて天使と交信できることになったディーは、ある魔導書の解読に取り組み始める。心を奪われていた『ソイガの書』だ。呪文、占星術、悪霊学、二十八宿の一覧、天使の系譜などを載せた147ページの本で、なかでもディーは謎めいた最後の36ページの虜になっていた。各ページに縦36行、横36行からなる正方形の表が載せられ、各マスには文字が書かれているが、どれも解読不能であった。

幸いなことにケリーは大天使ウリエルとの接触に成功した。傍らで日誌に記録していたディ

黒魔術の悪魔

口絵に描かれた悪魔。魔導書『大奥義書』のフランス語版『赤い竜』より。1820年頃。

*6 ケリーは何年間も天使のお告げによってディーを意のままに操った。1587年、ケリーは、天使(ここではマディミという精霊)が、妻を含めたすべてのものを共有するよう命じたと告げた。ディーは「天使」の命令に苦悩し、天使との交信を断った。にもかかわらず、ディーは実際に、彼の32歳の妻ジェーンをケリーと「共有」したことを1587年5月22日の日誌に記している。1589年、2人の男はついに決別した。

霊媒師ケリー

降霊術を施すエドワード・ケリー。エベニーザー・シブリーの『天空の科学「占星術」の大図解新版』(1784年)より。

ーは、慈悲深い天使にすぐさま尋ねた。「『ソイガの書』は素晴らしい本か」。天使は、ケリーを通してラテン語でこう答えた。「その本は、エデンの園にいた頃のアダムに、善良なる天使たちによって啓示された」。それならば極上である。ディーは再び尋ねる。「『ソイガの書』の表を読む方法を教えてほしい」。残念ながら、天使の答えは期待外れだった。「その本を理解できるのは大天使ミカエルだけだ」。『ソイガの書』は長らく行方不明だったが、1994年に米国の歴史学者デボラ・ハークネスによって発見された。それも1冊ではなく2冊も。大英図書館の書架番号MSスローン8とオックスフォード大学ボドリアン図書館のボドリーMS908がそれだった。どちらの本も、書き出しの語句「アルダライア」の名で目録に載っていたため誰も発見できなかったのだ。

様々な悪霊たち

数ある魔導書の中で個人的に気に入っているのは、ロンドンのウェルカム・コレクションの書架番号MS1766、通称『悪魔と魔術の大要』である。ラテン語とドイツ語で書かれた本で、著者も制作年もわかっていない。タイトルページには1057年とあるが(すぐ下には「本書に触れるな(ノリ・メ・タンゲレ)」という警告までついている)、実際よりも古く見せようという常套手段で、一般には1775年頃の作品とされる。その頃までには過剰な魔女狩りも一段落し、画家が自由に想像力を働かせているのがわかる。

35枚にわたる奇怪な挿絵のページには、呪文、人間の手足を貪り食う悪霊、炎とヘビを下腹部の下から噴き出す悪霊、インクで書かれたシジル(西洋魔術で用いる記号や図形)、その他の神秘的な記号、真っ赤な悪霊たちなどが描かれ(154〜158ページの図参照)、17世紀の魔導書である『アブラメリンの書』やアグリッパの『神秘哲学三部作』などの影響が見て取れる。魔法円の中で降霊術を施す男(近くには魔導書や絞首刑の死体も見える)や、宝を探して地面を掘る魔術師などの挿絵も載っている。宝探しの仲間の男は、雄

悪霊との契約書

右ページ:フランスのカトリック司祭ユルバン・グランディエが魔王ルシファーと結んだとされる契約書。ラテン語の鏡文字で右から左へ書かれている。グランディエは悪霊を喚起し、小都市ルーダンにあるウルスラ修道院の修道女たちの悪魔憑き事件を起こしたとして、事件後の1634年に処刑された。ルシファーと配下の悪霊たちの署名入り契約書はのちに証拠として公表された。

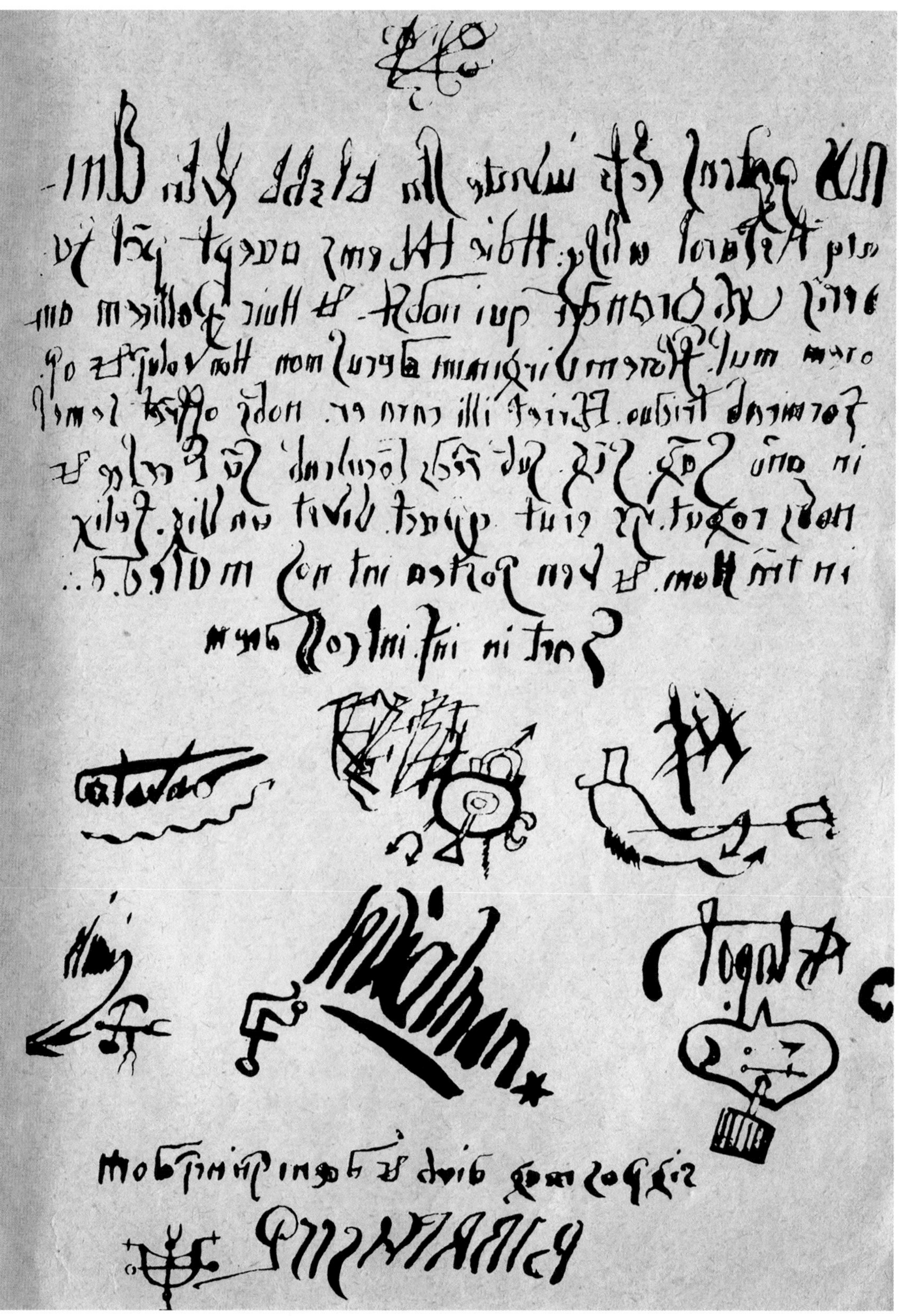

The Mowing-Devil: Or, Strange NEWS out of Hartford-ſhire.

Being a True Relation of a Farmer, who Bargaining with a Poor *Mower*, about the Cutting down Three Half Acres of *Oats*; upon the *Mower*'s asking too much, the *Farmer* ſwore, *That the Devil ſhould Mow it, rather than He*: And ſo it fell out, that that very Night, the Crop of *Oats* ſhew'd as if it had been all of a Flame; but next Morning appear'd ſo neatly Mow'd by the Devil, or ſome Infernal Spirit, that no Mortal Man was able to do the like.

Alſo, How the ſaid *Oats* ly now in the Field, and the Owner has not Power to fetch them away.

Licenſed, *Auguſt* 22th. 1678.

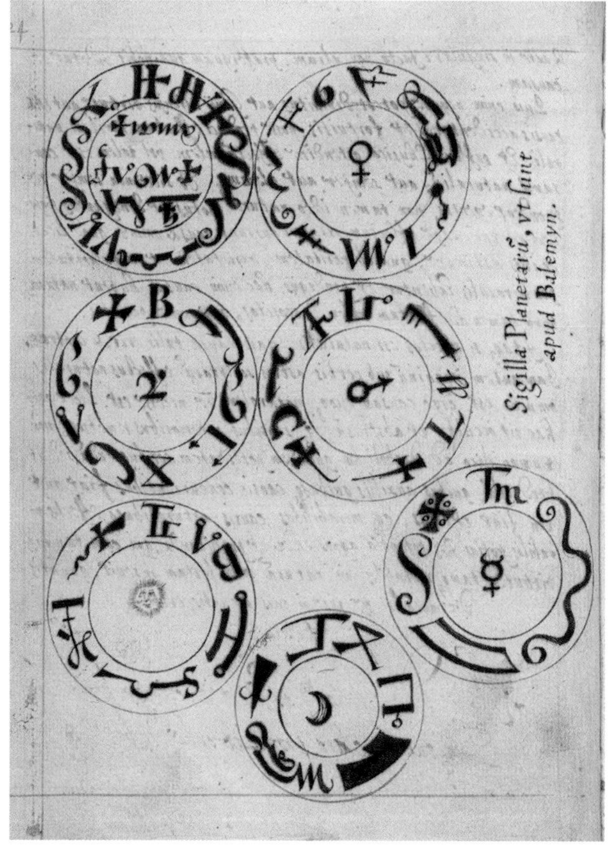

最古のミステリーサークル

上左:『草刈り悪魔:ハートフォードシャー州で起きた奇妙な事件』(1678年)より。この小冊子によると、ある農場主は草刈り人に賃金を支払わず、「悪魔にやらせたほうがましだ」とののしった。その夜目が覚めると、畑が火に包まれ、翌朝には麦がきれいに刈り取られていた。どう見ても人間技ではなかったという。ミステリーサークルの研究者はこの事件を最古の例としている。

バタック人のお守り

銃弾から身を守るためのバタック人のお守り。スイギュウの肋骨(ろっこつ)に刻まれ、裏側には呪術的な絵が描かれている。

精霊を呼び出す図形

上右:『バレミンの書』(17世紀中頃)より、天体の精を呼び出す魔術のシジル。

悪魔祓いの書

右ページの上:エチオピアの魔導書(1750年)。お守り、魔よけ、護符が記されている。悪魔祓いの祈禱師「ダブタラ」の手引書とされる。

木の皮で作られた呪術本

右ページの下:「プスタハ」と呼ばれる教本。インドネシアのスマトラ島北部に住むトバ・バタック人の呪術師が用いた。バタック人にとって、書くことは呪術の知識を後世に残すことだった。ダトゥと呼ばれる呪術師がスマトラ沈香(じんこう)の樹皮に書き、たたんで折り本にした。オランダのアムステルダム国立美術館のコレクションより。

悪霊たちの自由な表現

この見開きと次の見開きは、『悪魔と魔術の大要』（1775年頃）の挿絵。順に「罪人（つみびと）の手足を貪り食う悪霊」、「悪霊による宝探し」、「人のよさそうなコウモリ耳の悪霊」、「向かって来るヘビの悪霊」。

Frevelhaftes Schaz= Graben.
ohne Käntnis der Operation. Ao: 1668.
zu N:

So erscheinet der Belzebub.
Seine Rauch ist: Mandragora mit Menschen Haar.
Magots.
Carusar
Drisop.
Turitel.
Nelion
Eloson.

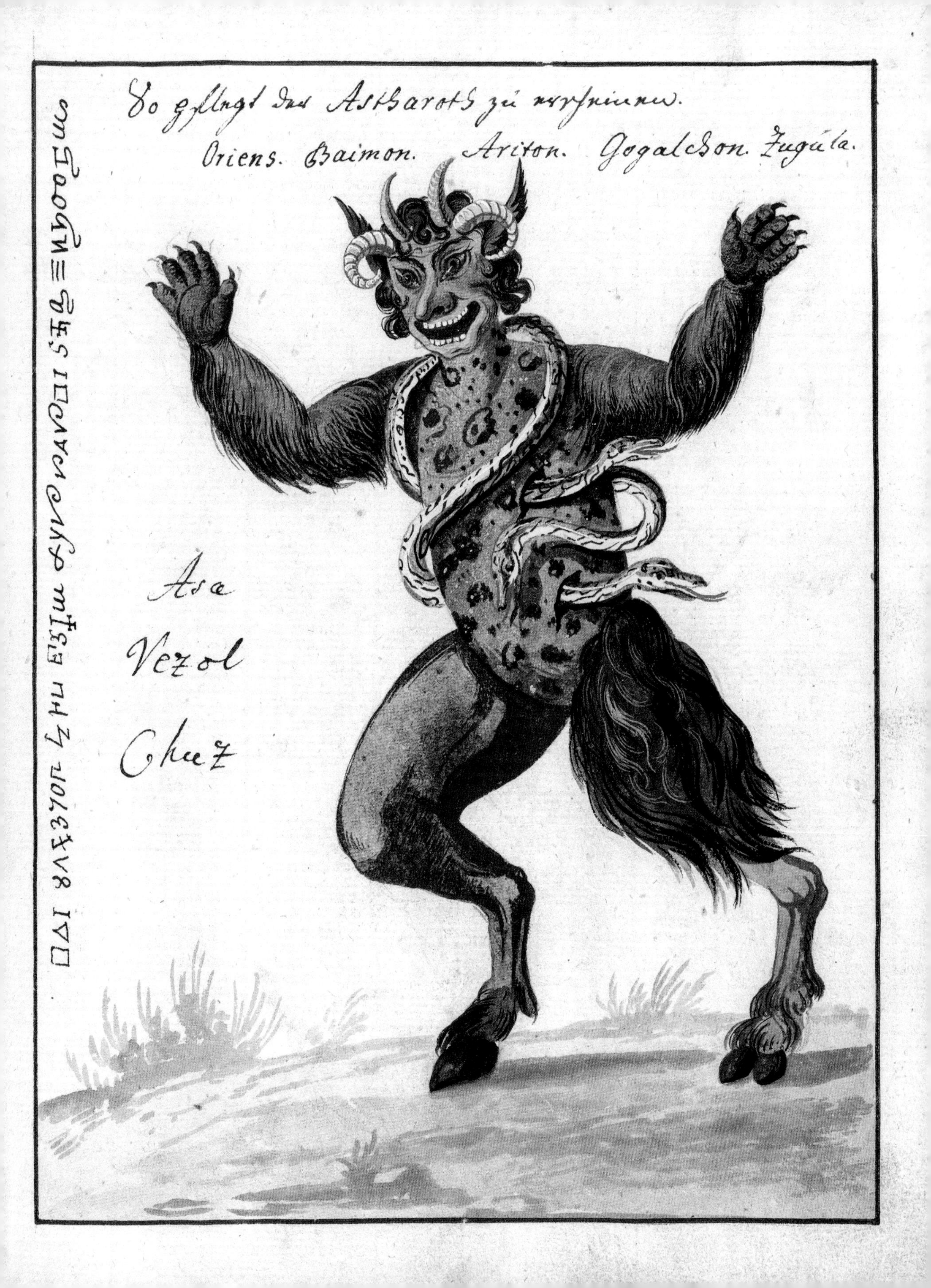

So pflegt der Astharoth zu erscheinen.

Oriens. Baimon. Ariton. Gogaldon. Zugula.

Asa

Vezol

Chuz

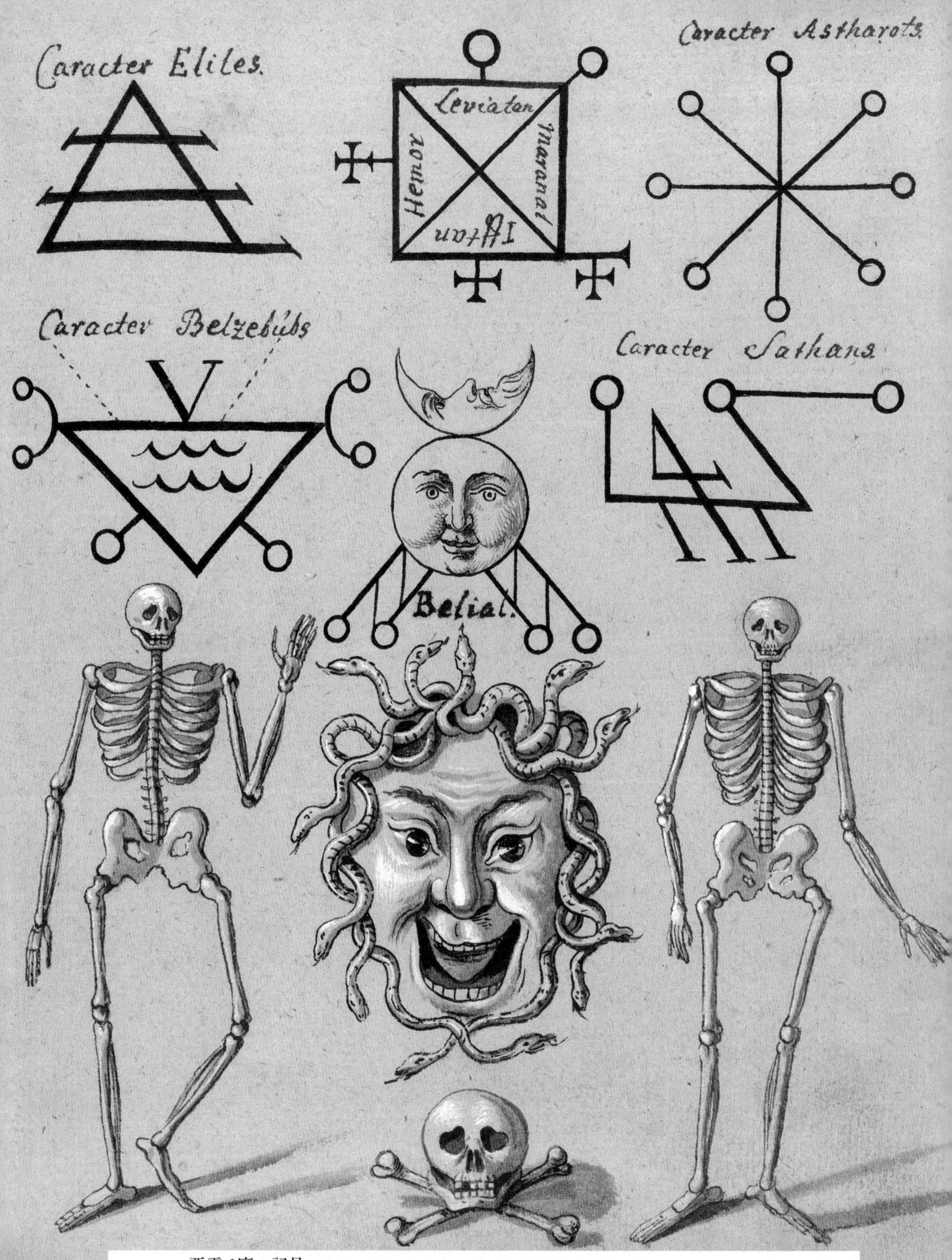

悪霊と魔の記号　『悪魔と魔術の大要』(1775年頃)から挿絵をもう1点。悪魔のシジルとヘビの悪霊。

黒魔術の教科書

「キプリアヌス」(魔導書によくある筆名)による『地獄の鍵』(18世紀末)。ドイツのヴィッテンベルクで黒魔術を教える「黒い学校」の教科書だったとされる。上の絵は、東西南北それぞれの王と関連する獣が描かれている。

鶏の頭をした体長2.7メートルもの悪霊にわしづかみにされ、その悪霊は足元にあるランプに小便をひっかけている。当時長くヨーロッパ中を席巻した、魔術による宝探しという「悪しき流行」への警告なのだろう。

もっとも、魔導書による宝探しで一番被害をこうむった地域はエジプトだった。15世紀以降、中世アラブの墓泥棒用の魔導書が「ガイド本」となり、地元民たちが盗掘に手を染めたのだ。『啓示された知識と自然科学の複雑さに関する知恵の神髄の書』(通称『隠された知恵の書』)には埋蔵場所のリストとともに、いかにして宝を掘り出し、宝を守る精霊を追い払うか、超自然的な方法が書かれていた。この本のせいで何世紀にもわたって墓泥棒が続き、穴だらけの大地だけが残された。20世紀に入っても人気は衰えず、1907年、エジプト考古庁長官ガストン・マスペロは、同書の破壊的影響力を減じようとアラビア語とフランス語の廉価版を作らせた。本の入手が容易になれば神秘性や信憑性が損なわれると踏んだのだが、その試みは失敗に終わった。新版の編者アハマド・カマルによれば、『隠された知恵の書』は戦争や自然な浸食を合わせたよりも大きな被害をエジプトの古代遺産にもたらしたという。

死者が書いた本

多くの魔導書は意図的に著者について明か

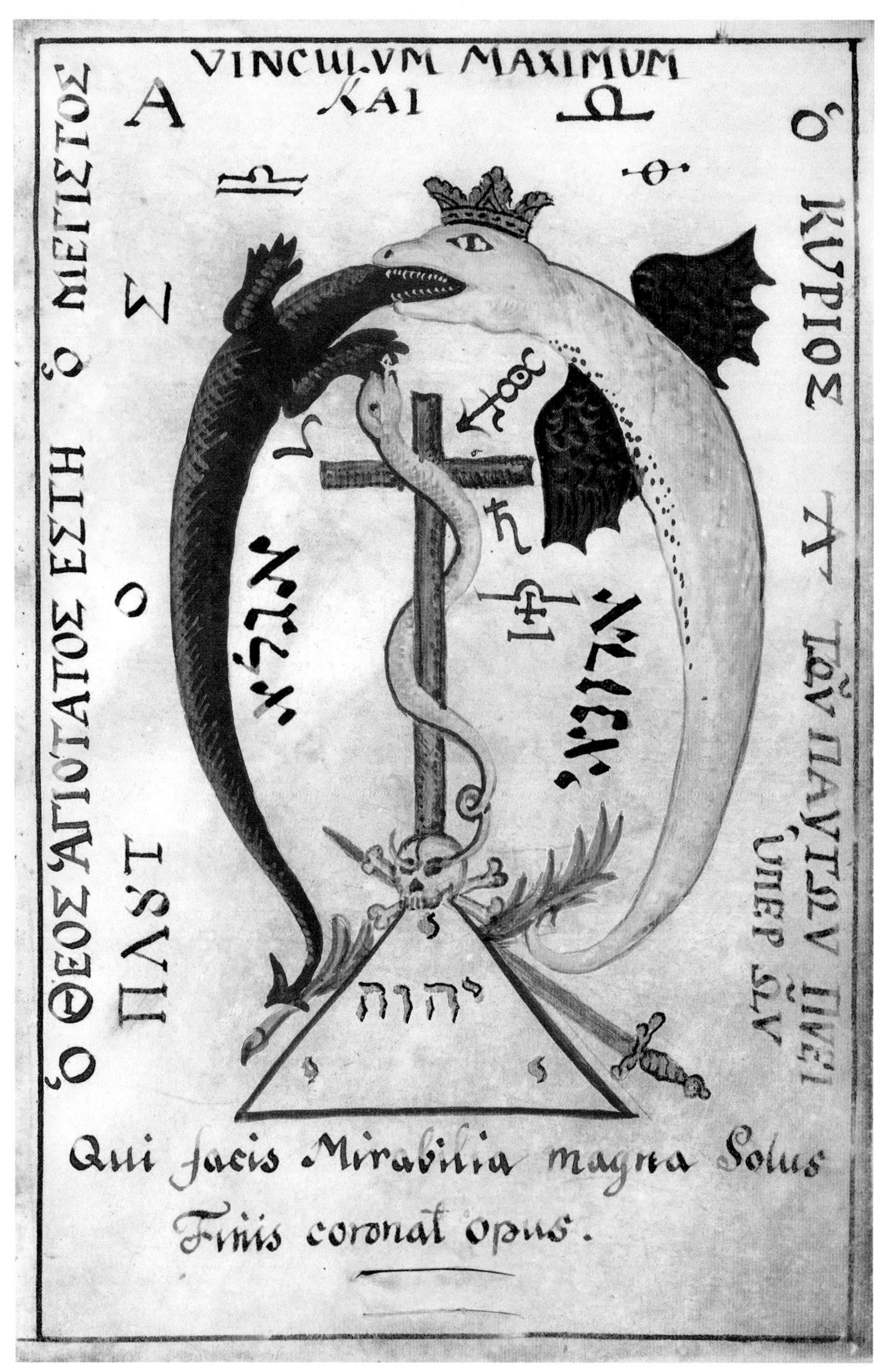

黒魔術の竜とトカゲ　王冠をかぶった赤い翼の竜がトカゲを飲み込む。『地獄の鍵』より。

聖書の堕天使

上:左は、「ヨハネの黙示録」に登場し、イナゴの大群を率いる王で死の天使のアポリオン(アバドンとも)。右は「コリントの信徒への手紙二」に登場する、悪魔でもある堕天使ベリアル。フランシス・バレットの『秘術師』(1801年)より。

地獄の大法官

下:「火の王」アドラメレク。ユダヤの神秘主義思想における10大悪魔の8番目で、「地獄の大法官」と称される。項目をアルファベット順に掲載した悪魔学の大要『地獄の辞典』(1863年版。初版は1818年)より。

さない。匿名は著者を守るとともに、神秘性が売り物になるからだ。対照的に、これから見ていく「自動筆記」という分野では、死後に執筆した書という点で著者の名が一番の関心事になる。霊媒が作家の霊に導かれ、プランシェットという器具（右図参照）、普通のペン、助手の助けなどを借りて、霊からのメッセージや予言、ときには本を丸ごと1冊書き上げるのだ。運よく大作家の霊が降りてくることが多いが、彼らの文章力は例外なく死後に錆びつくことがわかっている。1955年、書物史家のウォルター・ハート・ブルーメンソールは皮肉を込めてこう記している。「文体の奇妙な逸脱が起きる。陳腐で、ときにはお涙頂戴的なまでに堕落した文章を見るにつけ、死後の世界は、作家の霊にとってあまり刺激的ではないと思わざるを得ない」

大英図書館と米国図書館協会が指針とする『目録作成の基本』（2002年）によれば、作家の霊によって書かれた本は、それを書き取った霊媒の名ではなく、亡くなった作家の名で目録に掲載されなければならない。その決まりに従うなら、シェークスピアの最後の作品は、厳密には『二人の貴公子』（1613〜1614年頃）ではなく、シェークスピアの霊が記した『主の名によりて』（1920年）になる。実際にその本は目録に「シェークスピア、ウィリアム（霊）」と記載されている。チャールズ・ディケンズの霊は、米国ヴァーモント州ブラトルボロで小さな出版社を営むT・P・ジェームズという人物に助けを求めた。探偵小説『エドウィン・ドルードの謎』の執筆中に亡くなったディケンズは、死の直後の1870年、ジェームズに書き取らせて未刊の書を完成させた。ディケンズの霊が書き上げた続編は1873年に出版されたが、残念ながらほとんど注目を浴びなかった。

1884年、米国の作家で「神の謙虚な道具」を自称するオリーヴ・ペティスは、全身全霊を込めて自動筆記に臨み、『イエス・キリストによる自伝』を書いた。同書から学べることは、キリストが冗長な文を好み、感嘆符をやたらに使うこと、さら

THE
BOSTON PLANCHETTE.
From the Original Pattern, first made in Boston in 1860.

RETAIL PRICES OF THE BOSTON PLANCHETTE.
Black Walnut Board, neatly finished, durable castors $1.0
Polished Board, silvered castors. 1.5
Holly Wood, handsomely painted 2.0

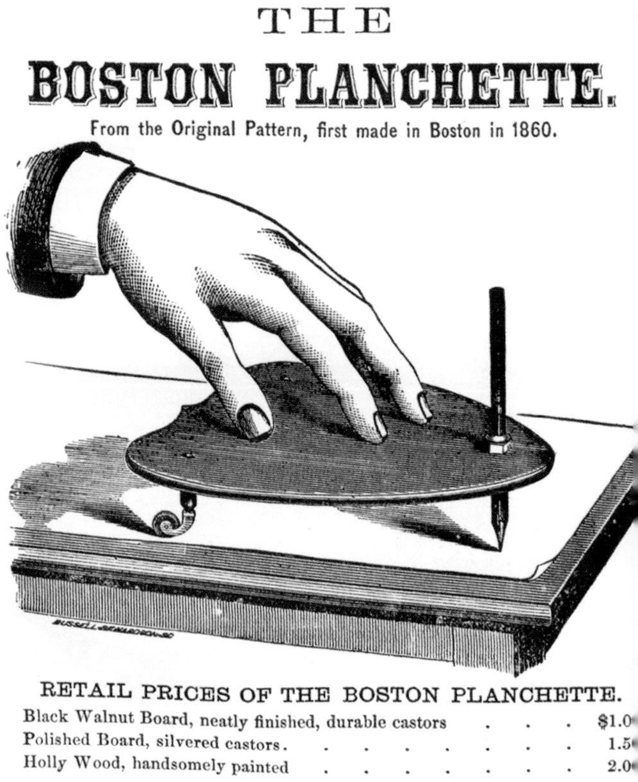

西洋のこっくりさん

プランシェットの宣伝広告。2個の小輪がついた小さな板に、鉛筆が垂直に差し込まれた器具で、霊媒が作家の霊と交信する際に使われた。

に魚とパンを惜しみなく人々に与えることである。マーク・トウェイン（霊）は、死後7年経って『ジャップ・ヘロン：ウィジャボードによって書かれた小説』（1917年）を執筆している。1930年に没したサー・アーサー・コナン・ドイルは心霊現象にのめり込んだことで知られるが、1983年、地上と連絡を取って『死後の世界の大いなる謎』を筆記させている（ちなみにドイルは、霊能力に目覚めた妻の自動筆記をまとめて1927年に『フィニアスは語る』を出版したが、妻の名は謝辞でわずかに触れただけだった）。

ジェーン・シャーウッドの自動筆記によるT・E・ロレンスの『死後日記』(1964年)や、『オスカー・ワイルドの霊界からのメッセージ』(1934年)などもおすすめだ。ワイルドの霊は、自身の作品に対しては詳細な議論を避ける一方で、なぜかジェームズ・ジョイスに延々と批判を浴びせかけている。

現代も続くオカルト本

20世紀が近づくと、SF小説人気の高まりや天文学上の発見を背景に、事態はさらに混迷の色を深めていく。この時期の本でまず紹介したいのは、スイス、ジュネーヴ大学の心理学者テオドール・フルルノワの『インドから火星へ』(1900年)である。フランス人霊媒師エレーヌ・スミスの夢遊病症状を分析した本で、これが実に面白い。彼女はフランスの王妃マリー・アントワネットや15世紀のインドの王女の生まれ変わりだといい、さらに火星人とも交信できるという。1894〜1901年に開かれた60回以上の交霊会では、火星人の言葉や生態、はたまた火星の道路事情まで伝えている。「なんておかしな車！ 馬や人はほとんどいない。車輪もない肘掛椅子が滑るように進む姿を想像して。小さな車輪が火花を散らしている。(中略)歩く人も見える。私たちと似た体つきで、互いの小指を絡ませて挨拶している」

1940年代末には、米国カリフォルニア州のメアリー・スティーヴンソン・バーンズが、4次元平面から伝えられたという、英国の詩人ロバート・ブラウニングの新たな詩を「霊聴力」によって書き取った。「ブラウニングがなぜ私を協力者に選んだのか不思議に思われるかもしれない」と先手を打って認めつつも、こう述べる。「だが現に私が選ばれたのだ」。1953年には、フローレンス・アンスパーカーという米国人女性が、ウィジャボード(降霊術や心霊術に用いられる文字盤)を通して亡き夫から伝えられた詩を書き取り、『謎：詩の神秘』を出版した。家族ぐるみで付き合っていた2人の友人、ジョセフ・オースランダーとその妻オードリー・ワーデマンの協力で書き取られたという。ちなみに、前者はコロンビア大学の詩学教授、後者はピュリッツァー賞を受賞した詩人である。

最近では、モラルパニック(反道徳的と見なされた集団に人々が過剰に反応すること)が続いたことで、黒魔術から身を守る方法を紹介した作品が多

JAP HERRON

A NOVEL WRITTEN FROM
THE OUIJA BOARD

WITH AN INTRODUCTION
THE COMING OF JAP HERRON

NEW YORK
MITCHELL KENNERLEY
MCMXVII

死後の文豪による作品

マーク・トウェインが死後7年経って著したとされる『ジャップ・ヘロン』のタイトルページ。

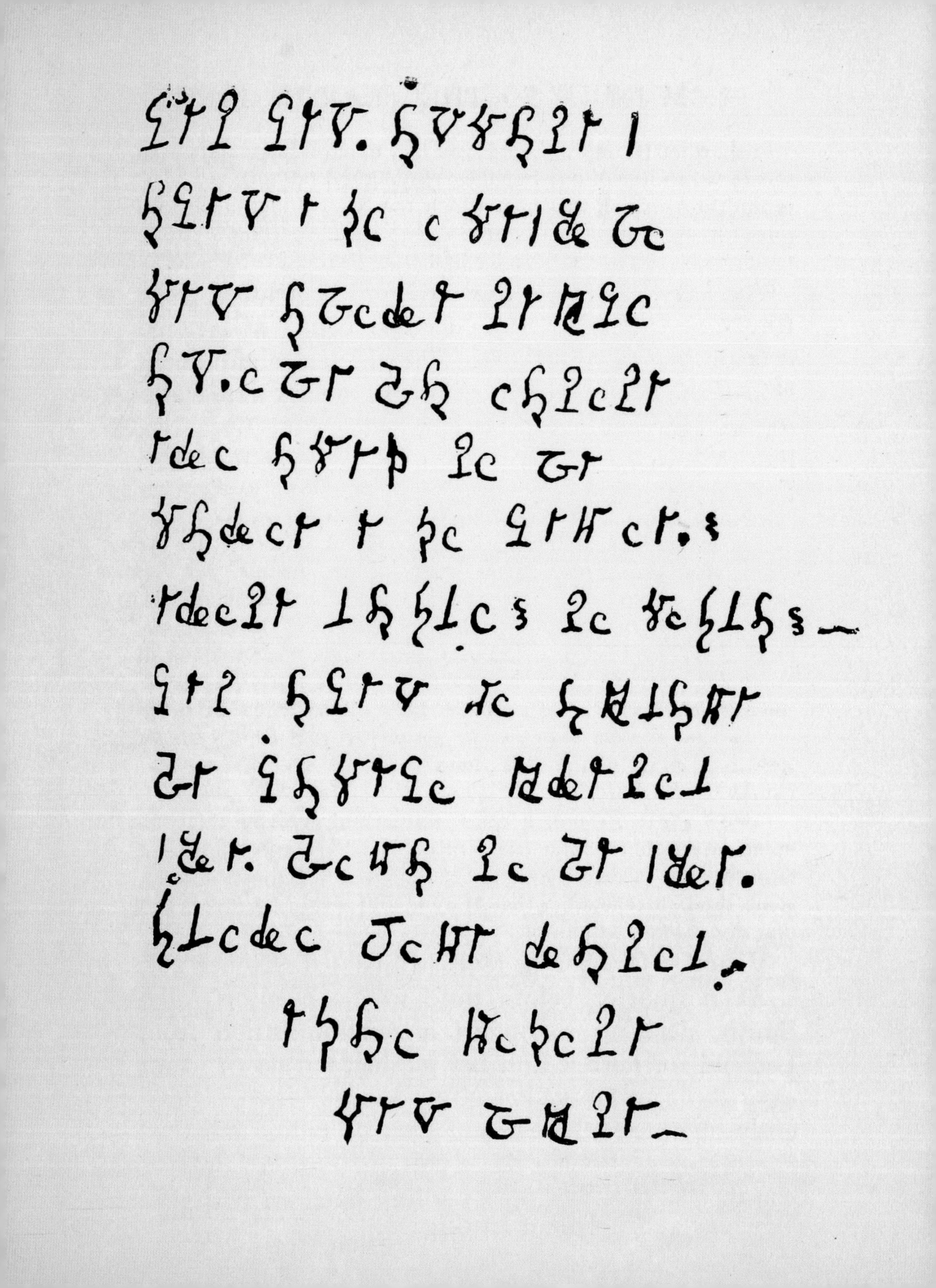

[illegible]
[illegible]
[illegible]
[illegible]
[illegible]
[illegible]
[illegible]
[illegible]
[illegible]
[illegible]
[illegible]
[illegible]
[illegible]

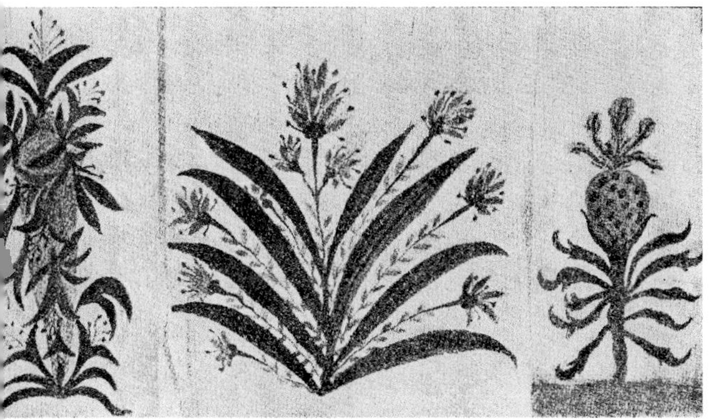

霊媒師が見た火星

左ページと上：フランス人霊媒師エレーヌ・スミスの霊感によって描かれた火星人の文章（左ページ）と火星の風景（上）。『インドから火星へ』（1900年）より。

OCCULT CRIME:
DETECTION, INVESTIGATION,
AND VERIFICATION
BY
WILLIAM EDWARD LEE DUBOIS

オカルト犯罪から守る手引き

『オカルト犯罪：捜査と検証』（1992年）。米国の警察組織向けに書かれたオカルト犯罪に対処するための手引きである。

く登場している。例えば『警察組織のためのオカルト対策の手引き』（1986年）は、現存する数が非常に少なく、悪魔の手助けが必要なほど見つけるのが難しい本だが、探し出す価値はある。米国コロラド州在住のメアリー・アン・ヘロルドという信心深い主婦が出した小冊子で、警官にこうアドバイスしている。乾いた血の跡、人間の頭蓋骨（「そばにロウソクがあるかないかに関わらず」）、地下牢や拷問部屋に改造された部屋などが現場に残されている場合は、まずオカルト犯罪を疑う必要があると。さらに、タトゥー、黒い化粧、スキンヘッドは殺人犯がオカルト信者である動かぬ証拠だという。ヘロルドは次のような願い（私もこの章に同じ願いを抱くのだが）で最後を締めくくる。「この手引きが、警察の皆さんを個人的な害悪から守るだけでなく、一般大衆を保護することに役立つことを祈ります。無邪気な子供が一人でも人身御供から救われるとしたら（中略）本書の目的は達せられたことになるでしょう」

宗教にまつわる奇書

正史ではわからない真面目で愉快な宗教本

Religious Oddities

1626年6月23日、不自然に腹の大きい1匹のタラをめぐって、英国ケンブリッジの市場は騒然となった。魚の腹を切り開くと、帆布の切れ端を折った包みが滑り出たのだ。魚売りの女が汚れをぬぐって濡れた帆布を開くと、中から薄い小さな本が現れた。保管場所が特殊だったため体液でぼろぼろになりかけていたが、『十字架への準備』という書名が読み取れ、そこには興味深い宗教論文が収められていた。そのときの驚きを、ケンブリッジ大学クライスト・カレッジのジョセフ・ミード博士は、知り合いのサー・マーティン・ステュートヴィルに宛てた手紙(のちに大英博物館へ寄贈)で興奮気味に伝えている。「初めて目にしたときは、どろどろに腐りかけているように見えました。(中略)この目で間違いなく見たのです。魚も、その胃袋も、帆布の切れ端も、その本も。(中略)昨日の朝、私と同じくらい鼻を近づけた者なら、実際に見ていなくても、それが嘘ではないとわかったでしょう」

旧約聖書「詩篇」の写本

右ページ:『ラットレル詩篇』(大英図書館Add MS 42130)のページ。裕福な荘園領主サー・ジェフリー・ラットレルの依頼により、1320〜1340年の間に作られた「詩篇」の写本。14世紀の日常生活を描いたシュールで奇怪な挿絵で装飾されている。画家の自由奔放なタッチが特徴的。

魚の腹から見つかった本

この本は、この事件からさかのぼること100年ほど前に、プロテスタントの改革者ジョン・フリスによって書かれたものだった。異端のかどで捕らえられたフリスが、収監された魚貯蔵庫の中で書き上げたという。劣悪な環境の中で命を落とした囚人仲間もいたらしい。執筆直後の1533年7月4日、フリスは「魂を罪から救い出す」ために火刑にされた。それから1世紀の時を経て魚市場で発見されたその本は、発見時

修道士のアクセサリー

左:15世紀頃の「ガードルブック」。ガードルブックとは、中世ヨーロッパの修道士がアクセサリーとして身に付けていた、持ち運びのできる小型本のこと。革製カバーの先に大きな結び目を作り、腰紐に挟んでぶら下げた。

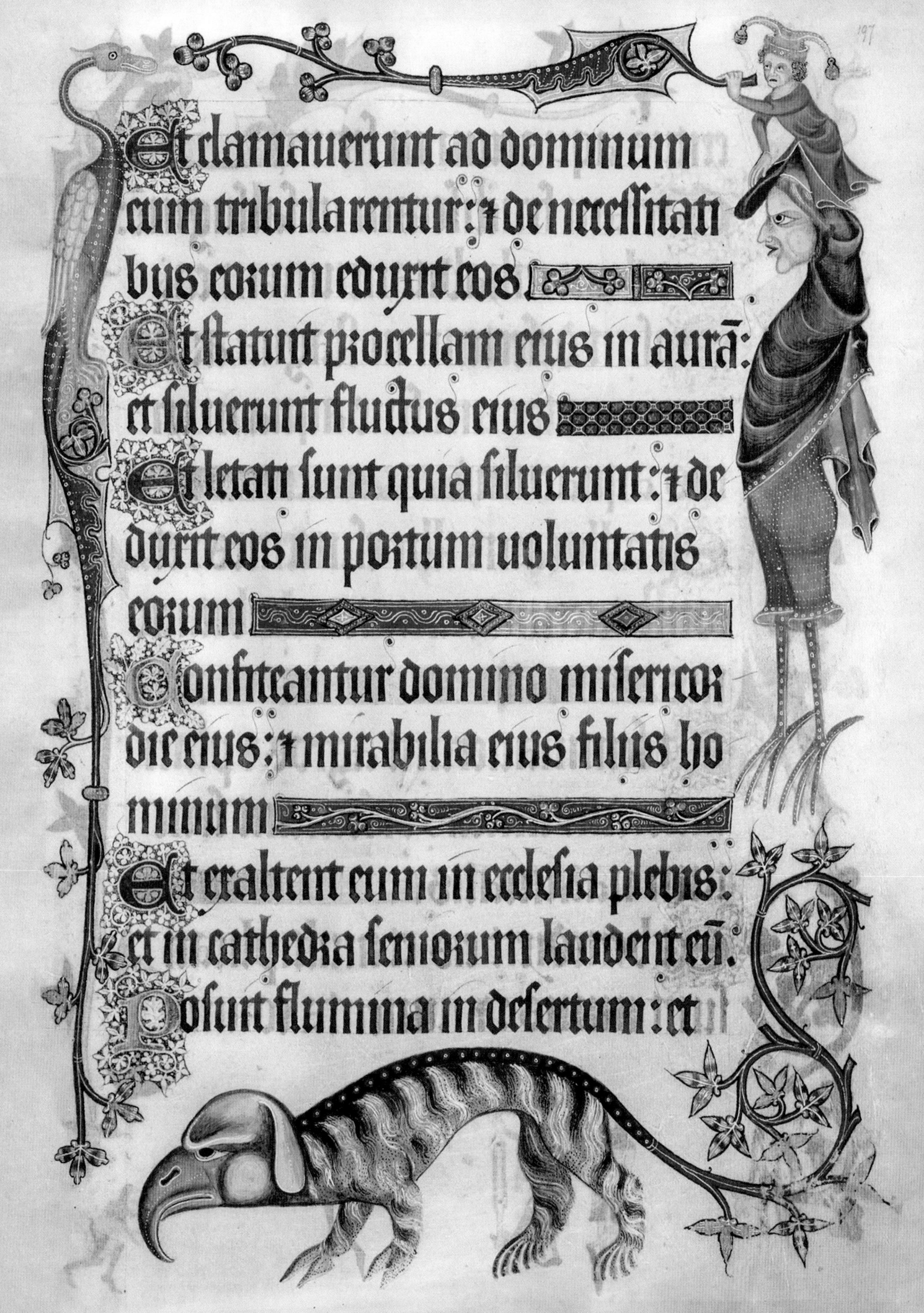
197

Et clamauerunt ad dominum
cum tribularentur: ⁊ de necessitati
bus eorum eduxit eos.
Et statuit procellam eius in aurā:
et siluerunt fluctus eius.
Et letati sunt quia siluerunt: ⁊ de
duxit eos in portum uoluntatis
eorum.
Confiteantur domino misericor
die eius: ⁊ mirabilia eius filius ho
minum.
Et exaltent eum in ecclesia plebis:
et in cathedra seniorum laudent eū.
Posuit flumina in desertum: et

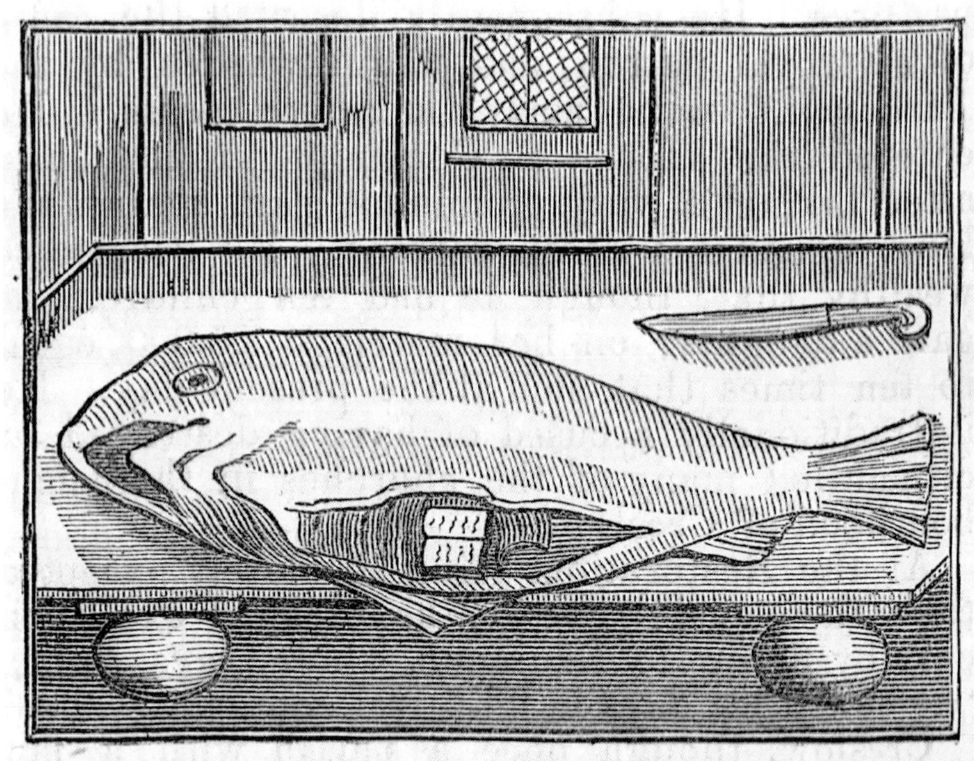

本を食べた魚

『魚本』(1627年)より挿絵「本を食べた魚」。

のいきさつが知れ渡るにつれ、新たな注目を浴びた。『魚の声:タラの腹で見つかった3本の論文を含む魚本』(1627年)というタイトルで、トレーに載せた魚、本、魚屋のナイフを描いた木版画付きで出版され、ベストセラーとなったのだ。その本がどうやって奇跡的に魚の腹に収まったのかはわからずじまいだった。ある若いケンブリッジ大学の研究者は、英国の学術誌ノーツ・アンド・クエリーズで、「タラに食べられたかもしれないが、消化されなかったのだろう」と皮肉を書いている。

結婚させられた本

熱狂的なファンに結婚を申し込まれた本は、あとにも先にも次のもの以外にはないだろう。スペイン系ユダヤ人のラビ(宗教的主導者)、サバタ

偽の救世主

トーラー(律法)と正式に結婚した新郎サバタイ・ツヴィ。

聖人の書を納めた箱

『ストウ典書』(おそらく792年以降)が納められたクウダハ(レプリカ)。

イ・ツヴィ(1626〜1676年)は22歳のとき、自らを待望されたユダヤの救世主と吹聴し始めた。その証として、テトラグラマトン(ギリシャ語で「4文字」を意味し、ヘブライ語の4子音からなる神聖文字のこと)というイスラエルの神の名を発音してみせた。それは、ユダヤの「贖いの日」にエルサレム神殿の高位聖職者のみが許される行為であり、普段は固く禁じられていた。

ツヴィはまた、自分は空を飛べると豪語した。ただ、見せるに値しない観衆の前では実演できないという。さらには、救世主の権威を誇示するパフォーマンスとして、自らの婚礼まで演出した。「アインソフ(無限)」ことツヴィと、「トーラー」こと律法(モーセ5書)との婚礼である。結婚式は1653〜1658年の間にサロニカ(現在のギリシャのテッサロニキ、当時はトルコの一部)で厳かに執り行われた。花嫁衣裳を着せられた聖典の巻物を前に、人々が見守る中、ユダヤの伝統に従って式が進められた。新郎ツヴィは、巻物の木製の軸に愛情たっぷりに指輪を置いて微笑んだ。人々は歓声を上げた。サロニカのラビたちは、ツヴィを即座に町から追放した。

身に付けて守る本

甲冑の下に忍ばせたり戦旗に付けたりした小型のコーラン(221ページ参照)のように、聖典の魔力に信仰心が加わると、その力は強大になる。

珍しい巻物

上：ビザンティン様式の装飾写本『ヨシュア記の巻物』（おそらく10世紀頃）。横長の巻物で全長は10m。横長の巻物は中国でよく見られ、キリスト教関連の手稿では珍しい。

悪口合戦

右ページ：英国ロンドンの詩人ジョン・テイラーは、1641～1643年に、敵対するヘンリー・ウォーカーと「冊子戦争」を行い、小冊子を発行して互いに相手をけなし合った。この絵ではウォーカーが悪魔といやらしく絡み合っている。テイラーによる『まがうことなき真実の返答、腐りきった無礼で馬鹿げた嘘つき野郎へ』（1641年）のタイトルページより。

中世初期のアイルランドでは、キリスト教の聖人などに関わる文書が「クウダハ」に保管された。クウダハとは豪華な装飾を施した金属製の聖遺物箱のことで、たいてい金属製の大きな十字架が表に取り付けられ、美しい宝石で飾られることもあった。クウダハを紐や鎖で首にかけて心臓近くに置くと、護身や治癒の効果が得られるとされ、特に「戦い用の聖書」を納めたクウダハは戦場で身に付けられた。現存するクウダハは5点しかない。最も有名なクウダハには銅と銀のメッキが施され、『聖コルンバのカハック』という重要な詩篇が納められている。これは、アイルランドの修道僧、聖コルンバの死の直後である597年に作られたとされ、現存するアイルランド最古の書といわれる。歴史的な書を納めたこのクウダハは、かつてアイルランドを支配したオドンネル一族が所有し、戦いの際に戦旗とともに高く掲げられた（カハックは「戦士」を意味し、その詩篇は鬨(とき)の声としても用いられた）。慣習では、修道士がそれを首にかけてオドンネル軍の周囲を歩いて3周することで、封印された守護力を解き放ったという。

誤記は楽しみの宝庫

　意外かもしれないが、1冊にまとまっていても分冊でも、聖書がまるまる書き写されることは滅多になかった。緻密な写本はあまりに手間とコストがかかるため、頻繁に参照される部分が優先され、1500年間にわたる手稿時代では福音

A Reply as true as Steele,

To a Rusty, Rayling, Ridiculous, Lying,

Libell; which was lately written by an impudent unsoder'd *Ironmonger* and called by the name of *An Answer to a foolish Pamphlet Entituled, A Swarme of Sectaries and Schismatiques.*

By IOHN TAYLOVR.

The Divell is hard bound and did hardly straine,
To shit a Libeller a knave in graine.

Printed *Anno Dom.* 1641.

間違いを誘う悪魔

「写字生のパトロン」と呼ばれた悪霊ティティヴィラスを描いた彩画。1510年頃のフランスの手稿より。

書4書だけを手写することが一般的だった。その際、どんなに腕のいい写字生でも（のちには印刷業者も）ミスを犯した。神の言葉に誤りはないかもしれないが、神ならぬ人間の写字生はそうはいかないのだ。語や文の写し忘れに気付いた場合は、行の上か横に書き加えられた。文字の分量が多いときには「挿入記号」（たいていは十字架マークや点や線）を付け、余白にその注を記した。これが現在の脚注の起源だ。誤記を見つけた場合には、ベラム紙の表面をナイフで削り、その部分に書き直した（英語の「消す（erase）」はラテン語の「削り落とす（eras）」に由来する）。

見落とされた間違いを鑑賞するのは実に面白い。『ケルズの書』（800年頃）は、インスラー（島嶼地方）様式*1という写本芸術の至宝で、非常に美しい装飾で知られるが、子牛皮を使った高品質のベラム紙340葉の中にミスの痕跡が残され

＊1 500〜900年頃にブリテン諸島で花開いた修道院芸術を指す。

ている。例えば同書の「ルカによる福音書」3章第26節には、イエスにつながる祖先の名が列挙されている。そこにIAEなる謎の人物が登場し、新たな祖先が加えられてしまった。写字生が原典のラテン語「MATHATHIAE（マタティア）」を、「MATHATH」と「IAE」という別々の人物と読み違えた結果だ。

どんなに熟練した写字生でも誤りを犯す不安から逃げられなかったため、いつしか本文や挿絵の誤りは擬人化されて悪魔の姿になった。「写字生の守護悪霊」ことティティヴィラスである。疲れた写字生を苦しめ、誤記を誘う、魔王ルシファーの手先だ。ティティヴィラスに初めて言及したのは、1285年頃のヨハネス・ガレンシス（別名ウェールズのジョン）の著書『改悛論』だった。この悪霊は、礼拝中の修道士の無駄話やボソボソと聞き取りにくい説教を盗み、地獄へ持ち帰って魔王に報告する役目も負っていた。1980年に『中世のカリグラフィー：その歴史と技術』を出したマーク・ドローギンは本にこう書いている。「過去50年間、『オックスフォード英語辞典』はすべての版で、よりによってティティヴィラスの初出年に言及した脚注の参照ページを間違って掲載していた」。どうやらティティヴィラスは現代でも活躍中のようだ。

余白に訂正や注を書き加えるのと同様に、文章の周囲を挿絵や文様で飾ることもあった。『スミスフィールド教皇令集』は実に626葉すべてのページに挿絵が描かれ、にぎやかな装飾の極致といえる（次の見開き参照）。この本は、グレゴリウス9世（在位1227～1241年）が公布した『教皇令集』の現存する注釈付き写本約675冊の1冊で、14世紀初頭に南フランスで制作されたとされる。1340年までにロンドンの持ち主の手にわたり、そこで雇われた画家たちによって、本文の理解に役立つ挿絵や記号で余白が埋め尽くされた。教皇令集は歴代教皇の教皇令（教会法の論点について教皇の解釈を示した書簡）をまとめたもので、中世の法学教育で重要なテキストだった。

ヘビに乗るマリア

世界の終わりに悪魔の化身のヘビに乗る聖母マリア。ハインリヒ・キルヒャーの『黙示録の書』（1676年）より。珍しいドイツの作品である。

単調な法文に添えられたお楽しみに、読者も感謝したにちがいない。この本にはもう一つ面白い特徴がある。1971通もの書簡や付随する書類を310葉にわたって（仲間とともに）書き写した写字生の叫びが、第314葉にこっそり書き込まれているのだ。疲れ切った写字生は「これですべて終わった」と歓喜の声を上げ、「この本の書記に一杯を」と結んでいる。

印刷された聖書の誤字

印刷が普及するにつれ、奇書収集家の関心は印刷された聖書の誤字脱字にも向かった。今日、その「ミス」を冠したニックネームで呼ばれる聖書はどれも収集家の垂涎の的である。思わず笑ってしまうようなものがほとんどだが、印刷業者にとってはさぞかし悪夢だっただろう。1631年にロバート・バーカーとマーティン・ルーカスという印刷業者が出版した聖書を見てみ

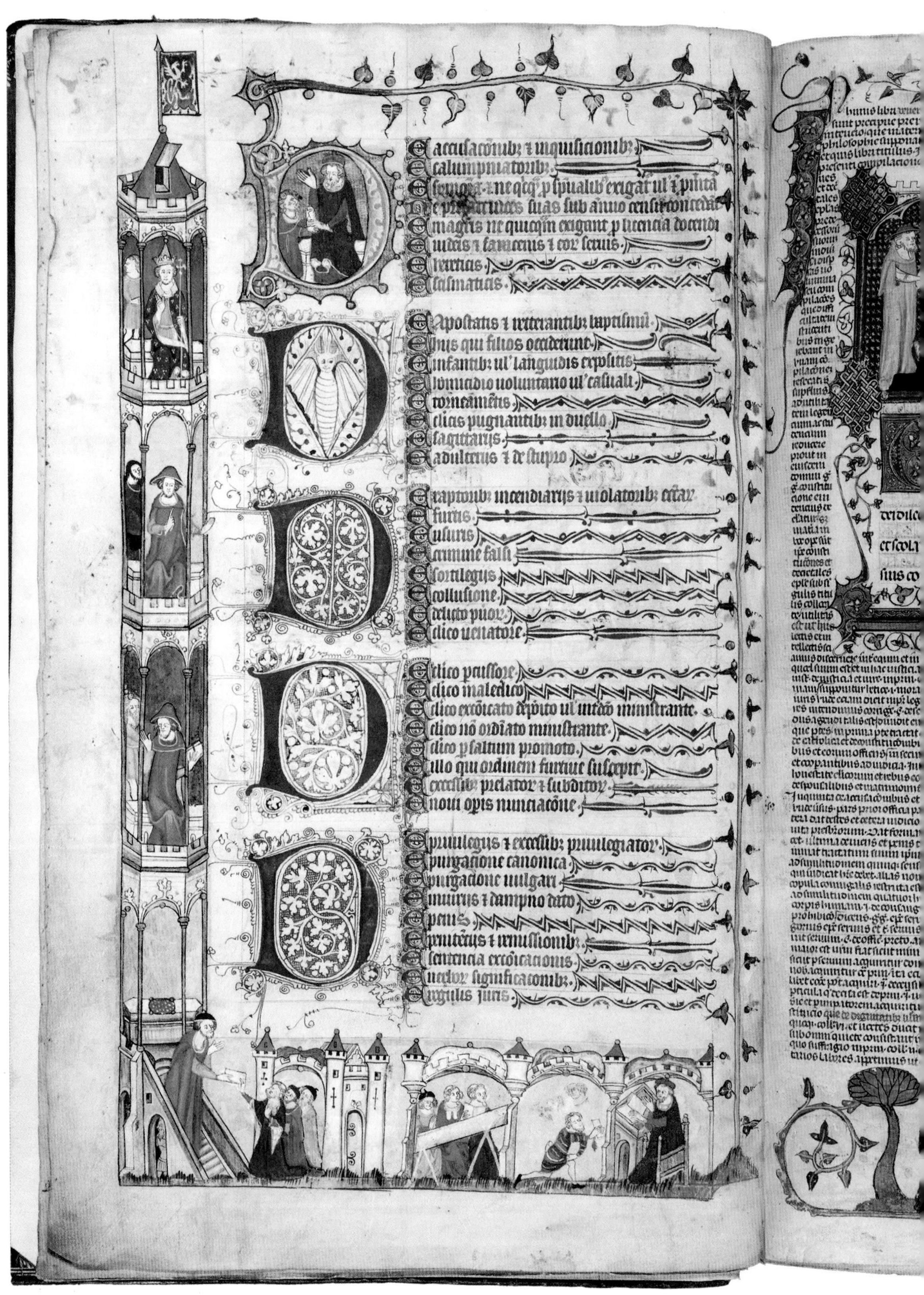

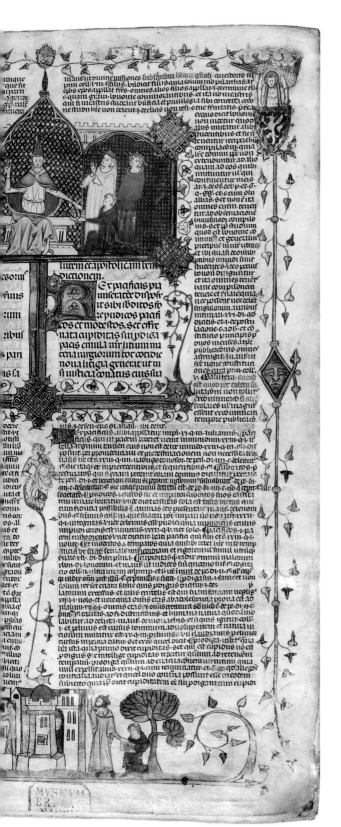

よう。「邪悪な聖書」、「姦淫聖書」、「罪人の聖書」などとあだ名されるこの本は、旧約聖書の「出エジプト記」20章14節にあるモーセの十戒の第七戒「汝、姦淫するなかれ（Thou shalt not commit adultly）」から極めて重要な「not」を落としてしまい、「汝、姦淫すべし」としたまま出版された。印刷業者はこの誤記で罰金300ポンドを科せられ、本の大半は廃棄されたが、今のところ7冊が現存している。同様に、1716年の通称「罪作りな聖書」では、「エレミヤ書」31章34節の「彼らの罪を思い起こすことはない（sin no more）」とすべきところ、「彼らの罪を思い続ける（sin on more）」としてしまった。誤記の発見以前にすでに8000部が刷られてしまっていたという。

1549年に著述家エドマンド・ベッケが注釈をつけた聖書は、「ペトロの手紙一」の注が有名だ。妻をいたわることを夫に説いた3章7節に「もし妻が夫に従わず役立たずだったら、神への畏怖を妻の頭にたたき込んでやらねばならない。そうすれば、妻は自らの義務を学ぶだろう」と記している。この一文によりその聖書は「妻たたきの聖書」と呼ばれるようになった。1613年の「ユ

挿絵満載の注釈

左：『スミスフィールド教皇令集』。右ページ上の挿絵には、枢機卿に囲まれたグレゴリウス9世が、教皇令集の配布を指揮する場面が描かれている。

写字生のつぶやき

下：「これですべて終わった。この本の書記に一杯を」。疲れ切った写字生が『スミスフィールド教皇令集』に書き込んだコメント。

誤字の修正

誤記部分が覆い隠された「ユダの聖書」。

ダの聖書」では、「マタイによる福音書」26章36節の、本来はイエスが弟子たちに「私が向こうへ行って祈っている間、ここに座っていなさい」と語りかける言葉が、ユダの言葉になってしまった。この聖書は、英国王ジェームズ1世の専属印刷業者ロバート・バーカーが出版し、間違いに気付かれないまま第2版まで出された。デヴォン州トットネスのセント・メアリー教会では、かなり前からその誤記部分に紙が貼られている（上写真参照）。最後に紹介したいのは1944年の「フクロウの聖書」だ。活字の「n」の一部が欠けていたため、「ペトロの手紙一」3章5節の「自身（own）」が「フクロウ（owl）」となり、「聖なる女たちも、このように装って、フクロウの夫に仕えた」となってしまった＊2。

地獄図の戒め

中世の手稿に描かれた地獄の光景、責め苦、動き回る悪魔たちといった想像図は、現代の私たちが見ても残酷さにぎょっとする。今ではほぼ忘れられているが、かつて人々が恐れた奇怪なイメージに「地獄の口」がある。巨大な獣の口の形をしていて、悪魔の地下王国へと続き、口の中では、責め苦を受ける地獄に落ちた魂が苦しみもだえて救いを求めている。現存するアングロサクソン期の作品が原型とされ、獣ではなく悪魔の口が描かれることもある。「ヘビのひしめく穴や、悪魔の化身である竜の口から出ることは不可能だった」と、10世紀後半に英国で作られた宗教書『ヴェルチェッリ写本』の中の「ヴェルチェッリ説教集」4章46～48節は書いている。右ページの絵は12世紀の作品『ウィンチェスター詩篇』（大英図書館コットン写本Nero C IV）の1枚で、最も迫力があるものの一つだ。大天使ミカエルが最後の審判で、鱗に覆われた悪魔らしき竜の口に鍵をかけている。ぽっかり開いた口の

最後の審判

右ページ：大天使ミカエルが「地獄の口」に鍵をかける。『ウィンチェスター詩篇』の彩画（大英図書館の書架番号コットン写本Nero C IV、f.39r）より。

＊2　聖書以外にも痛ましい誤記の例はある。英国の言語学者ロバート・フォービーの『イースト・アングリア地方の語彙集：姉妹州ノーフォーク州とサフォーク州における俗語の記録』（1830年）では、「序文（PREFACE）」のRがEに置き換わって「おしっこ顔（PEEFACE）」になっている。

ICI EST ENFERS ELI ANGELS KI ENFERME LES PORTES:

Descendant in infernum uiuentes Ne descendant morientes S. Bern.

地獄の拷問

左ページと上：イエズス会士アレクサンドル・ペリエによる『罪人の幻滅』（1724年）のタイトルページと挿絵。耳をつんざく地獄のラッパと吠えたてる地獄の番犬、（このページの挿絵にはないが）ねじ釘を目に打ち付ける悪霊など、地獄の罪人を待ち受ける「五感を刺激する拷問」が生々しく描かれている。

『地獄草紙』の鶏地獄

一番上：鶏地獄は十六小地獄の11番目の地獄で、『地獄草紙』第4段に描かれる（奈良国立博物館収蔵）。

『地獄草紙』の函量所

上：函量所は十六小地獄の10番目の地獄で、『地獄草紙』第2段に描かれる（奈良国立博物館収蔵）。

中には、ひしめく哀れな魂（槍で突かれる王や王妃の姿もある）と見張り役の魔物が見える。これが天国の楽園に入れなかった者を待つ永遠であり、その絵には現代人も恐れさせる効果がある。

ここで地球儀を回し、同じく12世紀の日本を見てみよう。そこでも、無名の絵師が地獄の戒めを伝えようと地獄絵の名品を仕上げていた。奈良国立博物館収蔵の国宝絵巻『地獄草紙』は、中国で隋代に漢訳された『起世経』にある十六小地獄を描いたもので、詞書と絵を組み合わせた6段と、絵のみの1段が現存している。絵巻には7つの小地獄が描かれ、どの地獄も「また別所あり」という詞書で始まっている。その7つとは、「屎糞所」、「函量所」、「鉄磑所」、「鶏地獄」（口から火を吐く巨大な鶏が治めている）、「黒雲沙」、「膿血所」、「狐狼地獄」で、それぞれの地獄で科される罰を詳しく知ることができる。絵巻は広げると全長4.55mに達し、息をのむような地獄のパノラマが広がる。

地獄の魔王とイエスの対決

地獄つながりでは、イタリアのヤコブス・パラディヌス・デ・テラモ（1349〜1417年）の作品も目を引く。有力なパラディーニ家の出身で、司教で教会法の学者でもあったデ・テラモは、カトリック司教ペトルス・ロンバルドゥスの『4巻の命題集』に対する注釈書『命題集』（1472年にドイツの

キリスト裁判の訴状

ヤコブス・デ・テラモの『ベリアルの書』の写本（1461年）より。地獄へ戻った魔王が、キリストを訴えた訴訟の開始令状を得意げに見せびらかす。配下の悪霊たちが隣で喜んでいる。

アウクスブルクで出版）など真面目な本で知られるが、私が特に気に入っているのは1382年頃に出された奇想天外な小冊子『罪人の慰め』、通称『ベリアルの書』だ。

この作品は、魔王ルシファーと地獄の軍勢が、イエス・キリストが地獄に不法侵入したとして、神の子イエスに損害賠償を請求した訴訟を描いたものだ。イスラエル王国のソロモン王が裁判官となり、イエスの弁護人にはモーセ、魔王の補佐役には法に明るい悪魔ベリアルがついた。裁判は控訴審にもつれ込む。そこではエジプト王の代理ヨセフが裁判官となり、イエスの弁護団には古代ギリシャの哲学者アリストテレスとユダ王国の預言者イザヤが、魔王側にはローマ皇帝アウグストゥスとユダ王国の預言者エレミヤがついた。結局、一審、二審ともイエスに有利な判決が出されたが、魔王側にも譲歩がなされた。最後

の審判で地獄へ落ちた者の魂を魔王が支配できることになったのだ*3。1461年制作の写本に唯一掲載された、この裁判をカラーで描いた小画（181ページの図参照）は、ライン川中流域で当代随一といわれた中世後期の写本装飾家「マスター・オブ・ザ・ハウスブック」の作品とされる。この本は教会法の形式に従って書かれ、かなりの人気を博し、何度も増刷されて数カ国語に翻訳された。

タイ仏教のサムット・コーイ

タイ文学では、サムット・コーイという折本経典に地獄の場面がよく描かれた。この折本は、愛する人を亡くしたばかりの家族が故人の来世のために制作を依頼するもので、18世紀から盛んになった。絵師の腕がよいほど、金をかけるほど、より多くの功徳を積めるとされた。美しく彩色された絵には、たいていプラ・マーライの伝説が描かれた。プラ・マーライは、瞑想と徳行によって神通力を得たとされる上座部仏教の僧である。「ナラカ」と呼ばれる地獄へ飛翔し、亡者に慈悲と慰めを与え、再び人間界へ戻ってから、亡者から伝え聞いた警告を人々に語って聞せたという。地獄へ落ちないよう、瞑想し、仏教の教えに従って功徳を積むことが必要と説いたという（現存最古の経典は18世紀のものだが、伝説自体はパーリ語の古い文献に基づいており、かなり古い時代からあったとされる）。

＊3　ちなみに近年、神も魔王も実際に裁判を起こされている。1971年、米国ペンシルベニア州ピッツバーグの州矯正施設に収容されていたジェラルド・メイヨーは、「憲法上の権利を奪われた」として魔王とその配下を訴えた。訴えは却下され、その理由として裁判所は「魔王は米国外の君主なので主権免除が与えられる」と述べた。1970年には、米国アリゾナ州の弁護士ラッセル・T・タンジーが、神に「過失」があったと主張し、タンジー自身の秘書の代理人として10万ドルの損害賠償訴訟を起こした。なんでも秘書ベティ・ペンローズの家が雷で壊されたらしい。被告である神が「法廷に現れなかった」ため、欠席裁判でペンローズが勝訴した。

経典はたいていコーイ（クワ科の常緑樹）の樹皮から作られた厚手の紙に黒インクで書かれた。高級なものには金のインクが用いられ、表紙も金箔や漆塗りが施された。この経典は広げた姿が実に素晴らしい。一般的なサイズは縦約15cm、横約70cmだが、完全に広げると全長13mを超えるものもある。伝統的に、僧侶たちは

タイの折本経典

左ページ：タイの折本経典サムット・コーイ。仏教僧プラ・マーライが地獄へ旅する伝説を描いている。

ドレミの起源「グイードの手」

下：「グイードの手」は、イタリアの音楽理論家グイード・ダレッツォ（991年頃〜1033年頃）が、聖歌隊に歌を教えるために考案した記譜法。古代ギリシャ、ローマ、中世初期を通して培われた体系を視覚化し、ヘクサコルド（6つの音による音階）を手の19個の関節に一音ずつ割り当てた。

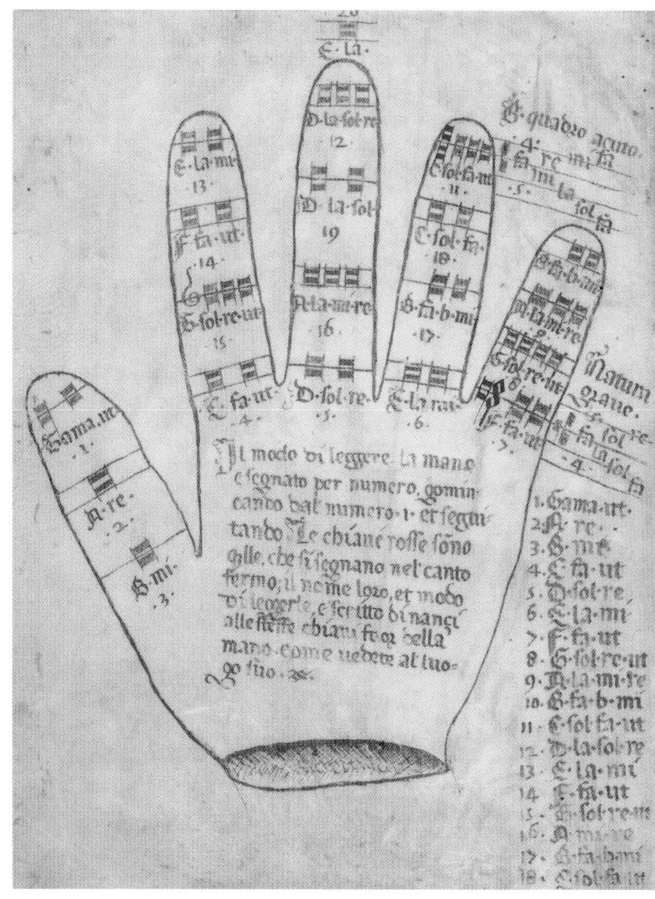

プラ・マーライの伝説を面白おかしく読み上げ、読経の作法を無視してきた。だが19世紀末になると、威厳を損なうとしてこうした行為が正式に禁止され、残念ながらサムット・コーイの人気も下火となっていった。

福音書の記憶術

地獄の絵はこの世で品行方正に暮らすべき理由を教えてくれるが、一方で天国へ導いてくれる本も存在する。まず、1470年頃にドイツのニュルンベルクで作られた『福音書を記憶する術』を見てみよう。この書はドミニコ会の托鉢修道士の間で特に人気を博した記憶術マニュアルで、教養がなくても挿絵を見れば福音書の内容を覚えられるように工夫されている。挿絵は驚くほど奇異だ。4人の福音書記者（マルコ、マタイ、ルカ、ヨハネ）はそれぞれ天使、ワシ、ライオン、雄牛で表わされ、キリストの生涯の出来事を象徴する物で飾られている。その隣ページには挿絵の意味を読み解く注釈がある。

「記憶術」つながりで17世紀の本も紹介しよう。フランスの聖職者クリストフ・ルーテルブルヴィが考案した『切り抜き懺悔（ざんげ）集：告解のための便法』は、1677年に出されたポケットサイズの本で、当時大変な人気となり、1751年まで何度も版を重ねた。物覚えの悪い罪人（つみびと）にとって、（そして恐らく懺悔することが見当たらない高潔な者にとっても）天の賜物ともいえる本で、思いつく限りのありとあらゆる17世紀の罪を、十戒に相当する章に分類して列挙している。

チベット仏教の楽譜

下：チベット仏教の儀式で使われる楽譜。声、太鼓、トランペット、ホルン、シンバルに相当するチベットの楽器のために独自の記譜法で書かれている。

福音書を覚えるための挿絵

右ページ：『福音書を記憶する術』（ニュルンベルク、1470年頃）にある奇怪な挿絵。印象的な絵は福音書を覚える手助けとなった。

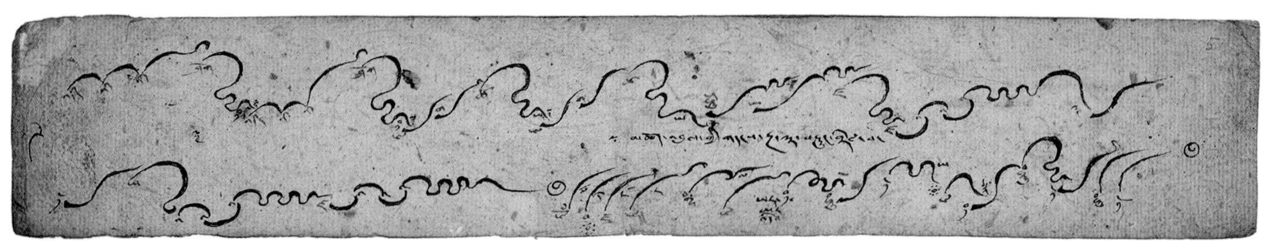

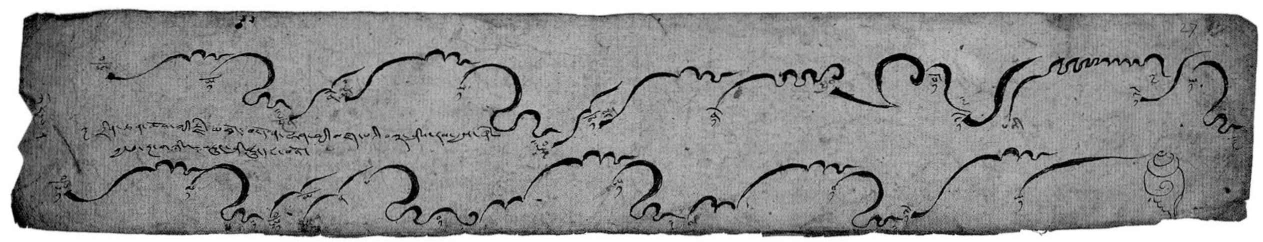

Johannes

quarta
luce

marci

mathey

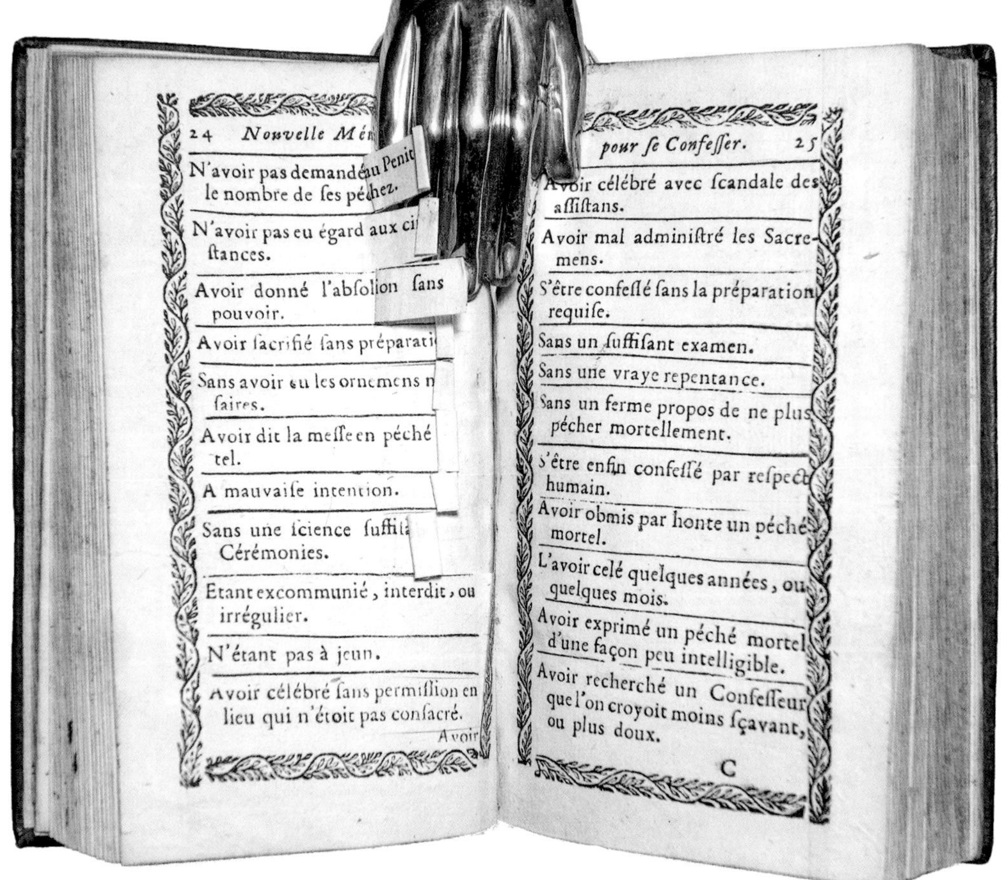
24 *Nouvelle Mém*

N'avoir pas demandé au Penit
le nombre de ſes péchez.

N'avoir pas eu égard aux ci
ſtances.

Avoir donné l'abſolution ſans
pouvoir.

Avoir ſacrifié ſans préparati

Sans avoir eu les ornemens n
ſaires.

Avoir dit la meſſe en péché
tel.

A mauvaiſe intention.

Sans une ſcience ſuffi
Cérémonies.

Etant excommunié, interdit, ou
irrégulier.

N'étant pas à jeun.

Avoir célébré ſans permiſſion en
lieu qui n'étoit pas conſacré.

Avoir

pour ſe Confeſſer. 25

Avoir célébré avec ſcandale des
aſſiſtans.

Avoir mal adminiſtré les Sacre-
mens.

S'être confeſſé ſans la préparation
requiſe.

Sans un ſuffiſant examen.

Sans une vraye repentance.

Sans un ferme propos de ne plus
pécher mortellement.

S'être enfin confeſſé par reſpect
humain.

Avoir obmis par honte un péché
mortel.

L'avoir celé quelques années, ou
quelques mois.

Avoir exprimé un péché mortel
d'une façon peu intelligible.

Avoir recherché un Confeſſeur
que l'on croyoit moins ſçavant,
ou plus doux.

C

懺悔の早見本

ルーテルブルヴィ・クリストフのポケットサイズ本『切り抜き懺悔集』(1721年版)の「罪」リスト。

それぞれの罪はページからはがせるようになっており(上の写真参照)、懺悔者はこの本を見て事前に準備したり、告解の場ですばやく目を走らせて自分の適当な罪を探したりすることができた。手稿の書き込みが以前の持ち主の人柄を想像させるように、この懺悔集も過去の持ち主が犯した罪を垣間見せてくれて興味深い。ちなみに手元にある1721年版を見ると、以前の所有者が選んだ自分の罪がわかる。それは、「虚飾のみを学び実践した」、「断食をしなかった」、「懲りずに罪を繰り返した」、「神を冒瀆する言葉を使った」だ*4。

修道院のひげ騒動

後述するように、印刷術の普及によって、好奇心旺盛で読み書きができる読者さえ見つかれば、どんなに風変わりな宗教家や思想家でも、自身の奇想天外な説を読者に届けることができるようになった。とはいえ、それ以前の手稿の時代にもおかしな説を扱った書は当然存在した。例えば「ひげの神学」を見てみよう。頻繁に話題にのぼることはないが、長く議論されてきたテーマだ。ひげについての初めての書『ひげ擁護論』は、1160年頃、フランスにあったシトー会のベルヴォー修道院の修道院長ブルシャーによって著された。現存する手稿はただ1冊のみで、大英図書館に収められている。

*4 ちなみに聖職者が説教を読み上げるときの「マニュアル本」を思いついたのが英国の牧師ジョン・トラスラーだ。1790年頃、手書きに似せた書体で説教のひな形を作って出版した。万一、教区民に印刷された説教を見られても、手書きだと思わせるように作られていた。

当時、修道院では修道士と平修士（修道院で生活しながら単純労働に従事する者）の間で、「ひげ」をめぐって激しい論争が巻き起こっていた。修道士はきれいにひげをそっているのに対し、地位の低い平修士はあごひげを生やしていたからだ。ブルシャー修道院長は、素行の悪い何人かの平修士を書簡で穏やかに叱責し、その際に古代ユダ王国の預言者イザヤの「民は火の燃えくさのようになり」を引用して、ひげを生やした男は比喩的な意味で「燃えくさのようになる」と書いた。平修士たちはそれを文字通り受け取り、自分たちのひげを燃やすという脅しだと解釈して騒動になった。怒れる平修士をなだめようと修道院長が書いたのが『ひげ擁護論』であり、滑稽なまでにひげの美徳を並べ立てている。「ひげは男の魅力の証」と持ち上げ、さらに「力、知恵、成熟、敬神の証」と続ける。では、ひげを剃っている修道士たちは？ 修道院長はこの問題にも迅速に対応する必要があった。そして出した答えが「内なるひげ」である。内面に生えているものこそが外面より重要なのだと説く。信仰心が「ある」という事実のほうが、信仰心を持っている「ふりをする」より大事なように、ひげそのものより、ひげの美徳を持つことのほうが重要だというのだ。

伝説のアトランティスはスウェーデンにあり

オラウス・ルドベックと古典古代の知の巨匠たち。地球儀の表面をはがし、新たに発見されたアトランティスの場所を指し示している。もちろんスウェーデンである。

アダムの言語はスウェーデン語

スウェーデンの科学者オラウス・ルドベック（1630〜1702年）もまた、一風変わった思想の持ち主だった。ウプサラ大学医学部の教授だったルドベックは、人体のリンパ管の発見者の一人であり、スウェーデン初の植物園を作った功績でも知られる。その一方で、3000ページ4巻にわたる大著『アトランティカ』（1679〜1702年）に世紀の大発見を誇らしげに書き記した。いわく、失われた伝説の文明アトランティスは実在し、ノアの子孫たちによってスウェーデン中央部に築かれた。スウェーデンこそが真の「文明のゆりかご」であり、スウェーデン語こそがアダムが話した人類最初の言語であって、ラテン語もヘブライ語もその他の言語もスウェーデン語から派生したという。何年もかけて国内各地を調査し、考古学的な証拠を独自に解釈した論考を順次出版した。アイザック・ニュートンもこの本を注文した記録があるが、科学や史実に伝説を組み込んだルドベックの思想は、総じて激しい非難を浴びた。それでもルドベックはくじけずに研究を続け、原稿を書き続けた。しかし1702年、ウプサラで大火災が起こり、ルドベックが燃え盛る自宅の屋根から町の人々に避難を促す指示を出している間に、手書きの著書は焼失した。

電気仕掛けの救世主

奇人といえば、ジョン・マレー・スピア（1804～1887年）も引けを取らない。米国の心霊主義を信奉する牧師だったスピアは、次の2点で知られている。一つは熱心な奴隷制度廃止論者だったことで、これは尊敬に値する。二つめは「新たな原動力」と呼ぶ電気仕掛けの救世主を作り、新たなユートピア到来の幕を開けようとしたことだ。書著『天界からのメッセージ：ジョン・マレー牧師の霊による交信を霊媒ジョン・M・スピアが筆記』（1853年）には、彼の名付けた霊の仲間「帯電者連合」から伝えられた人類への教訓やメッセージが詳しく述べられている。ちなみに彼の霊仲間には、ベンジャミン・フランクリン、トーマス・ジェファーソン、ジョン・クインシー・アダムズ、ベンジャミン・ラッシュ、そしてスピアと同名の牧師ジョン・マレーの霊がいた。

本が出版された1853年、スピアと信奉者たちはマサチューセッツ州リンのハイロック・ヒルの頂上にある人里離れた山小屋にこもり、機械仕掛けの救世主を作り始めた。銅、亜鉛、磁石、食卓などを材料とし、9カ月後、ついにその装置が完成した。スピアは大仰な儀式を行って、「新たな聖母マリア」と讃える女性信者に、その装置を「生む」ように命じた。読者の皆さん、出産は失敗だったと知ったら失望するだろうか。その後スピアは帯電者連合から速やかな引退を通告され、表舞台から姿を消した。だが、彼はのちにこう書き記している。「私はこの仕事を心底愛していた。周囲を取り巻く雲の向こうに、生き生きとした、知的で慈悲深い、お導きくださる神のご意思があるのだと気付かせてくれた。そのご意思とは、地上の人間を高潔にし、生まれ変わらせ、救済することである」

日本で生涯を送ったキリスト

機械仕掛けのキリストの失敗にがっかりした諸氏に、日本からとっておきの朗報をお伝えしよう。スピアの実験から80年ほど経った1935年、茨城県の神主の家に伝わる古文書（第二次世界大戦前か大戦中に紛失）を基に、青森県三戸郡新郷村で「キリストの墓」が発見された。

その古文書には、キリストは十字架の上で死ななかったと書かれていた。磔刑で死んだのは秘密の弟イスキリであり、密かにキリストの身代わりとなったという。イスキリが処刑された頃、キリストは切り落とされたイスキリの片耳と聖母マリアの毛髪を形見として、日本への逃避行を続けていた。シベリアのツンドラを横断してアラスカに至り、そこから船で青森県の八戸に上陸し、やがて新郷村へとたどり着く。逃避行は実に4年に及んだ。新郷村でのキリストは身分を偽り、穏やかな暮らしを楽しんだ。農家の娘ミユ子と結婚して3人の子をもうけ、ニンニク栽培に精を出すかたわら、困っている人を助けたという。風貌は、はげ頭に天狗のような顔立ちで、106歳で亡くなったとされる。古文書には、さらに以前、キリストが21歳のときにも来日しており、12年間（まさに新約聖書の空白の12年間に合致する）神学を学んだことも書かれている。富山県の尊師の下で神学修行に励み、日本語を学び、東洋文化にどっぷり浸ったらしい。そして33歳のとき、モロッコ経由でイスラエルに帰ったという。

特筆すべきことに、今でも日本にはキリストの墓がある。「十来太郎大天空」という日本名のキリストは現在、周囲を白い柵で囲まれ、大きな木製の十字架が建てられた塚に眠っている。東京から電車を乗り継いで7時間かかるこの村には、毎年2万人もの観光客が全国から訪れる。近くにはキリストの里伝承館という資料館もあり、入館料を払えばキリストゆかりの品を見学できるほか、キリストのコースターやマグカップも販売されている。村民の中には神聖な血を受け継いでいると伝わる者もいて、2008年、当時52歳だった沢口純一郎氏は取材にこう答えている。「（12月）25日に特に何かをする予定はないですね。キリストの子孫だとは思いますけど、仏教徒

青森県にあるキリストの墓

青森県の新郷村にある「キリストの墓」。案内板には「イエス・キリストは二十一才のとき日本に渡り十二年の間神学について修行を重ね」とあり、さらにこう続く。「イエスの弟イスキリが兄の身代わりとなって十字架の露と果てたのであります。他方、十字架の磔刑からのがれたキリストは、艱難辛苦の旅をつづけて、再び、日本の土を踏みこの戸来(へらい)村(現・新郷村)に住居を定めて、百六才の長寿を以て、この地に没しました」

ですから、(その日は)それほど重要ではないんですよ」

地獄の魅力は止まらない

この章に登場する書き手たちを虜にした様々な宗教的俗信は、現代人の想像力も変わらず刺激している。その代表例は、米国人ビル・ウィースの著書『地獄の23分間』(2006年)だろう。「そのときはまだ気付いていなかったが、私は地獄へ落ちたのだ」。ウィースの話はこう始まる。1998年11月22日、ごく普通の日曜日の夜、南カリフォルニアの不動産業者ウィースは妻とベッドで寝ていた。すると突然、「何の前触れもなく宙に放り投げられた。着地したのは刑務所の独房のようなところで、私は素っ裸だった。(中略)夢ではなかった」。そして、ひどい悪臭を放ち、神を冒瀆する言葉を吐く2匹の悪鬼に遭遇した。その後ウィースはキリストに出会い、その体験を人々に伝えるよう命じられる。ウィースが悲鳴を上げて目を覚ますと、リビングにいたという。

彼の本はキリスト教徒からも世俗的な批評家からも疑われた。地獄は灼熱で「とても生き物のすめる環境ではない」とウィースが書いたことに対し、米国の福音派の雑誌クリスチャニティ・トゥデイのロブ・モールは「地獄なのだからそれはさしたる問題ではない」と反論した。英国の著述家ジョン・サザーランドも、英国の高級週刊誌ニュー・ステーツマンでウィースの本を批判している。特に、果てしない苦しみの中で責め苦を受けるおびただしい魂の叫び声を「耳障りだ」と書いたことが気に障ったらしい。もちろん本はよく売れ、ニューヨーク・タイムズ紙のペーパーバック・ノンフィクション部門でベストセラーリストに3週にわたって載った。様々な批判や「まるで地獄のような(読書)体験ができる」というウィースのうかつな発言にもかかわらず、である。それにしても、地獄の悲惨さを伝えるために、なぜ神は不動産業者を選んだのか。まあ、神がお決めになることをどうして私たち人間に推測できようか。

9 And his ſons Iſaac and
Iſhmael buried him in the cave
of Machpelah, in the field of
Ephron the ſon of Zohar the
Hittite, which is before Mamre;
10 The field which Abraham
purchaſed of the ſons of Heth:
there was Abraham buried, and
Sarah his wife.
11 And it came to paſs after
the death of Abraham, that
God bleſſed his ſon Iſaac; and
Iſaac dwelt by the well Lahai-
roi.
12 Now theſe are the gene-
rations of Iſhmael, Abraham's
ſon, whom Hagar the Egyp-
tian, Sarah's handmaid, bare
unto Abraham:
13 And theſe are the names
of the ſons of Iſhmael, by their
names, according to their ge-
nerations: the firſtborn of Iſh-
mael, Nebajoth; and Kedar,
and Adbeel, and Mibſam,
14 And Miſhma, and Du-
h, and Maſſa,
15 Hadar, and Tema, Jetur,
ſh, and Kedemah:

16 Theſe are the ſons of Iſh-
mael, and theſe are their names,
by their towns, and by their
caſtles; twelve princes accord-
ing to their nations.
17 And theſe are the years
of the life of Iſhmael, an hun-
dred and thirty and ſeven years:
and he gave up the ghoſt and
died; and was gathered unto
his people.
18 And they dwelt from
Havilah unto Shur, that is be-
fore Egypt, as thou goeſt to-
ward Aſſyria: and he died in
the preſence of all his bre-
thren.
19 And theſe are the gene-
rations of Iſaac, Abraham's ſon:
Abraham begat Iſaac:
20 And Iſaac was forty
years old when he took Rebe-
kah to wife, the daughter of
Bethuel the Syrian of Padan-
aram, the ſiſter to Laban the
Syrian.
21 And Iſaac entreated the
LORD for his wife, becauſe ſhe
was barren: and the LORD

How to Study the Bible.

THE LANGUAGE OF COLOUR.

	Colour	Meaning
1	YELLOW.	God Speaking.
2	BLUE.	Good. Honest.
3	GREEN.	Bad. Evil.
4	RED.	Notice or Key of the Subject.
5	VIOLET.	Name of Place.
6	VERMILION.	Gentiles. Nations.
7	BROWN.	Quotations in the New Testament from the Old Testament.
8		Devil. Sin.

ALFRED WOODS,
INGATE LODGE, BECCLES.

JACOB

CHAP. XXV.

was entreated of him, and Re-
bekah his wife conceived.
22 And the children ftrug-
gled together within her; and
fhe faid, If it be fo, why am I
thus? And fhe went to inquire
of the LORD.
23 And the LORD faid unto
her, Two nations are in thy
womb, and two manner of peo-
ple fhall be feparated from thy
bowels; and the one people
fhall be ftronger than the other
people; and the elder fhall ferve
the younger.
24 And when her days to
be delivered were fulfilled, be-
hold, there were twins in her
womb.
25 And the firft came out red,
all over like an hairy garment;
and they called his name Efau.
26 And after that came his
brother out, and his hand took
hold on Efau's heel; and his
name was called Jacob: and
Ifaac was threefcore years old
when fhe bare them.
27 And the boys grew: and
Efau was a cunning hunter, a
man of the field; and Jacob was
a plain man, dwelling in tents.
28 And Ifaac loved Efau,
becaufe he did eat of his veni-
fon: but Rebekah loved Jacob.
29 And Jacob fod pottage:
and Efau came from the field,
and he was faint:
30 And Efau faid to Jacob,
Feed me, I pray thee, with that
fame red pottage; for I am
faint: therefore was his name
called Edom.
31 And Jacob faid, Sell me
this day thy birthright.
32 And Efau faid, Behold,
I am at the point to die: and
what profit fhall this birthright
do to me?
33 And Jacob faid, Swear to
me this day; and he fware un-
to him: and he fold his birth-
right unto Jacob.
34 Then Jacob gave Efau
bread and pottage of lentiles;
and he did eat and drink, and
rofe up, and went his way: thus
Efau defpifed his birthright.

Edom
1
1
2
2
3
3
Despised
70
70
ESAU

カラフルな聖書の注釈

英国イースト・アングリアの商人アルフレッド・ウッズ（1836〜1912年）は、20年以上かけて、独自の決まりに従って色分けした注釈を、自分の聖書に書き込んだ。左ページ下の「指針」には、黄色（神の言葉）、青（よい、正当）、緑（悪い、邪悪）、紫（地名）、黒（悪魔、罪）などの説明がある。ウッズはときおり、「4時間45分かけて目を通した。1888年」、「通読して様々な色を塗った。1909年2月10日完了（73歳）」などの読書記録も書き込んでいる。

科学の奇書

科学の進歩を裏側から見ると

史上最も偉大な科学者の一人はギリシャの医師ガレノス(129年頃〜216年頃)だろう。各地を遊学して広く医学を修めたのち、ローマに移住して数多くの著作を残し、ついには代々の皇帝の侍医にまで上り詰めた。奇書の分野でも大いに貢献している。奇想天外な学説を数多く唱え、しかもそれが長きにわたって信じられた。珍説が生まれた背景には、当時、人体の解剖がローマ法で禁止されていたことがある。ガレノスは、動物は解剖学的に人間に似ているというとんでもない前提の基に、豚やバーバリーマカク(オナガザルの仲間)、その他の霊長類を解剖に使っていた。ガレノス医学の根本には、著書『医術』や『自然の諸力について』で説いたように、身体と気質の働きは黒胆汁、黄胆汁、血液、粘液という4つの体内物質に左右されるという「四体液説」がある。もっとも、この説を初めて医療に用いたのは古代ギリシャの医師ヒポクラテス(紀元前460年頃〜370年頃)だと考えられている。

血液の「煤(すす)」が毛になる

ガレノスはとりわけ血流の仕組みに強い関心をもっていた。「血液は常に体の各部位で消費され、肝臓で新たに作られる。それは異なる2つの血管系を通って再び各部位に送られる」と唱えている(血流への強い興味は、若い頃に小アジアのペルガモンで剣闘士の主治医をしていた経験から生まれたらしい。死にかけた剣闘士の、むき出しになった脈打つ心臓を目にしたという)。

血流の正しい理解は、何世紀ものちのイングランドの医師ウィリアム・ハーヴィの書を待たねばならなかった。1628年に発表された『動物の心臓ならびに血液の運動に関する解剖学的研究』である。ここで提唱された「血液循環論」は大きな反響を得て、興味深い科学的小話をいくつも生み出した。まずは、ロンドンのセント・ポール大聖堂の設計で有名な建築家、サー・クリストファー・レン(1632〜1723年)の話。彼はハーヴィの説を確かめようと、結紮(けっさつ)した犬の静脈にアヘンを溶かしたワインを注入する実験を行った。英国コーンウォール地方の医師リチャード・ロウアー(1631〜1691年)のこんな話もある。化学者ロバート・ボイルと1666年に交わした手紙によれば、スープを犬の静脈に注入し、栄養を補給できるか調べたという。実験は即座に失敗に終わったが、ロウアーはあきらめなかった。被験者に志願した、精神に問題を抱えるアーサー・コガに子羊の血を輸血したのだ。「羊」の血には象徴的な力があり、彼はコガの「少々温かすぎる」脳をそれで治せると考えた。キリストは「神の子羊」だから、羊の血はキリストの血だというわけである。コガはどうにか生き永らえ、彼の問題もまた生き永らえた。

骸骨と遺言

右ページ:フランスの啓蒙思想家ディドロの『百科全書』(1751〜1772年)にある骸骨の図版。18世紀にイタリア人弁護士がこのページをメモ用紙代わりにし、依頼者のために作成した遺言書を走り書きしており、ユーモアを感じさせる。

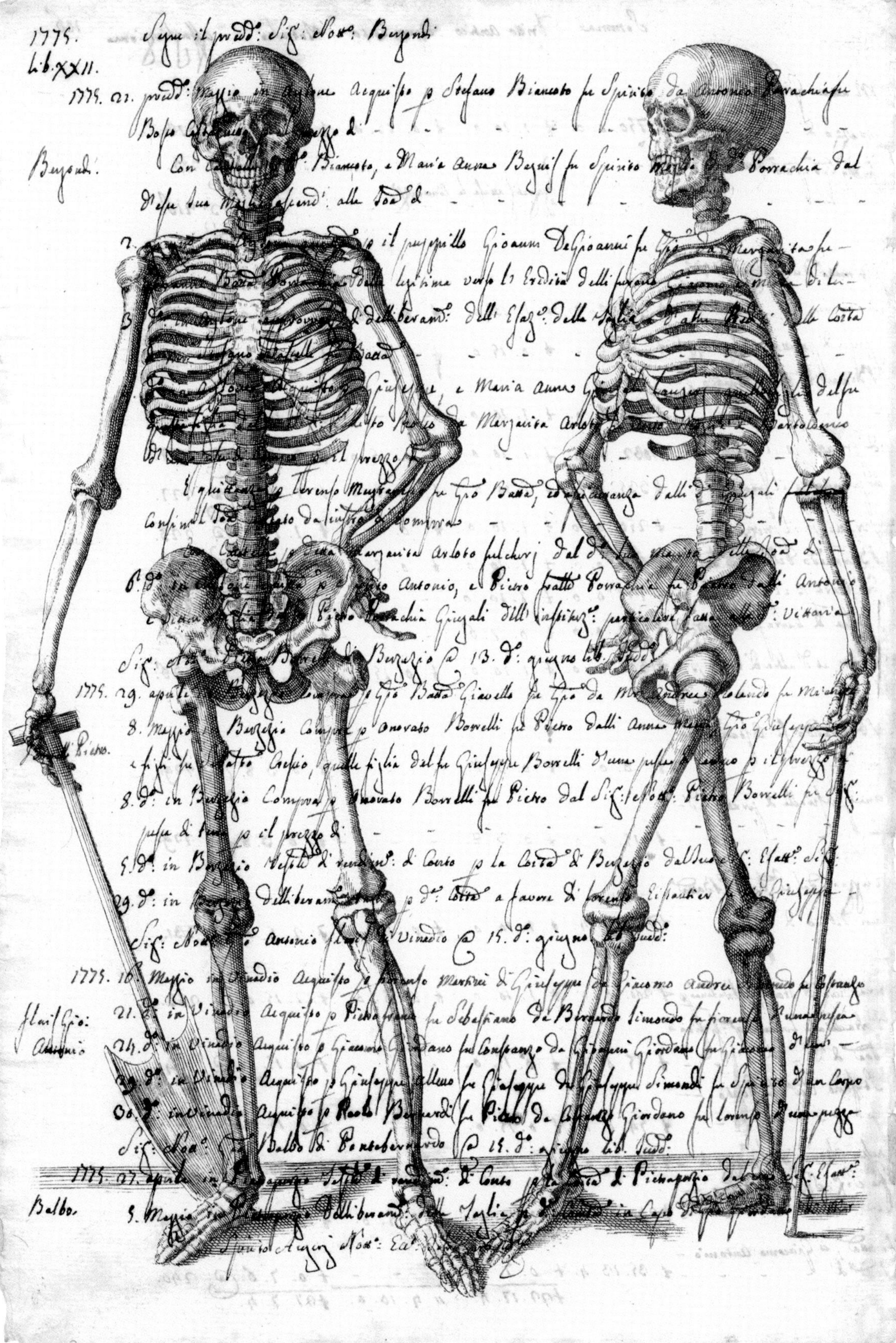

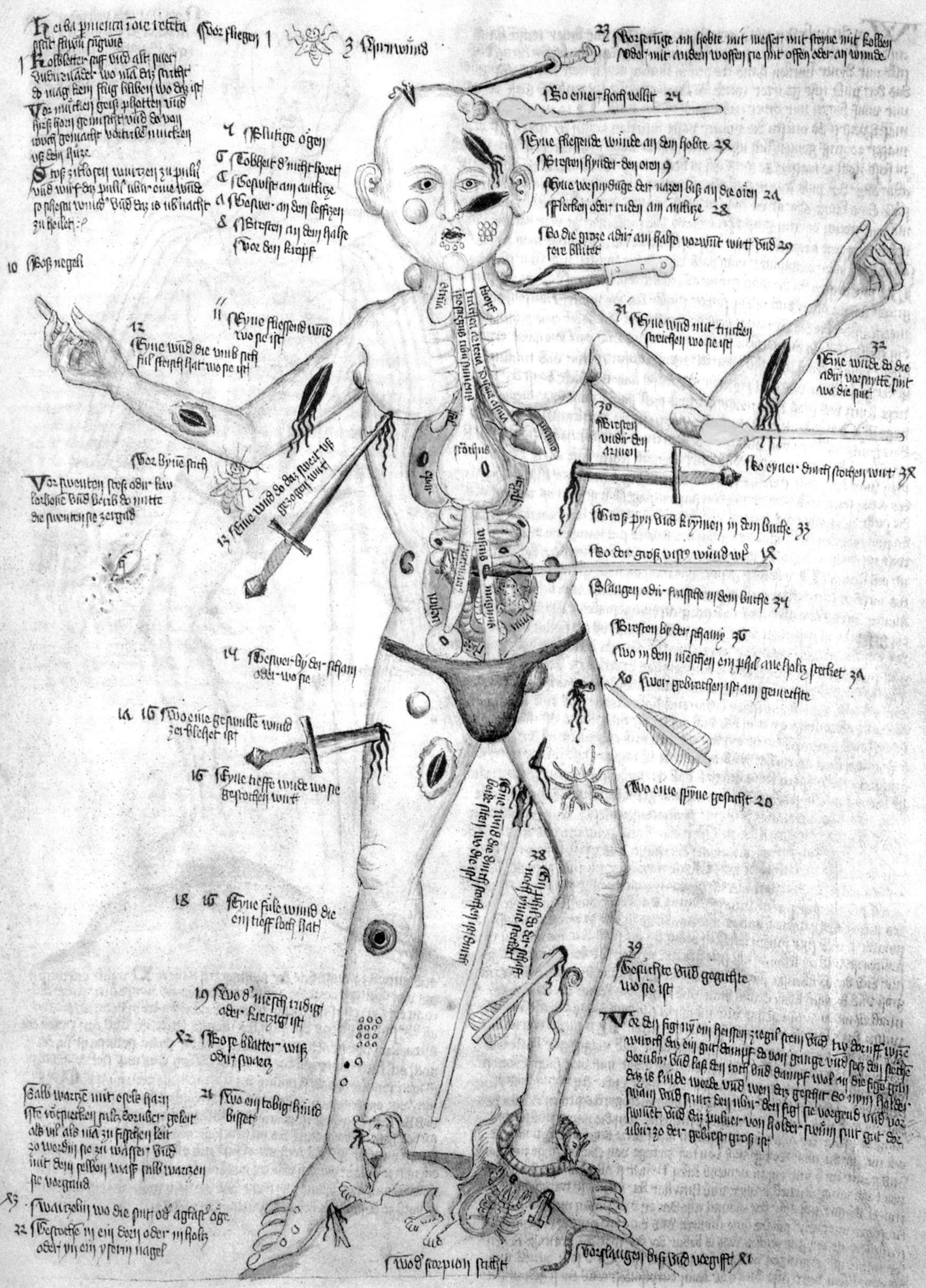

15世紀の一般的な怪我

ドイツのバイエルン地方の医学書（1420年頃）から「傷を負った人」の挿絵。身体各部の一般的な傷が示されている。

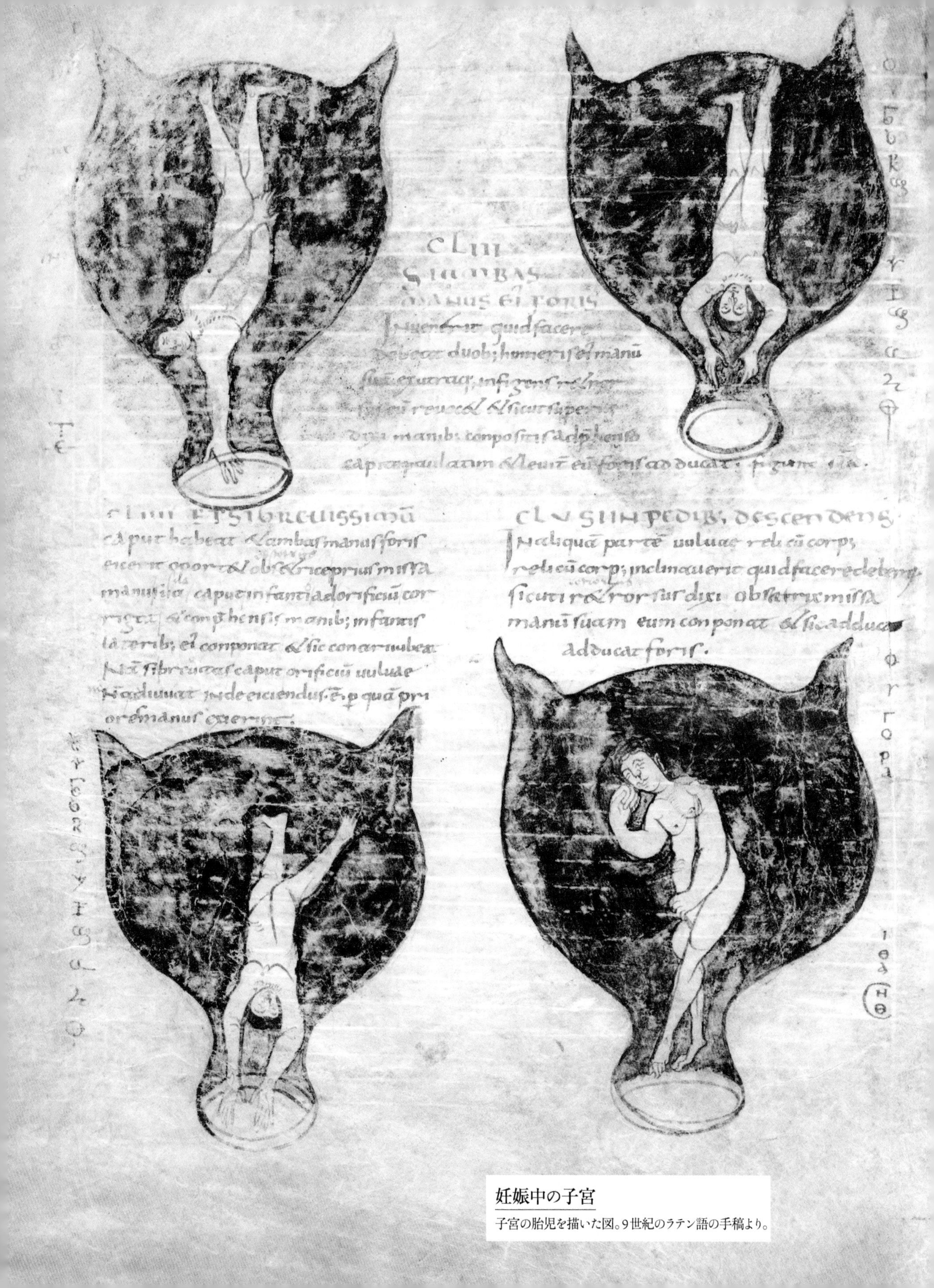

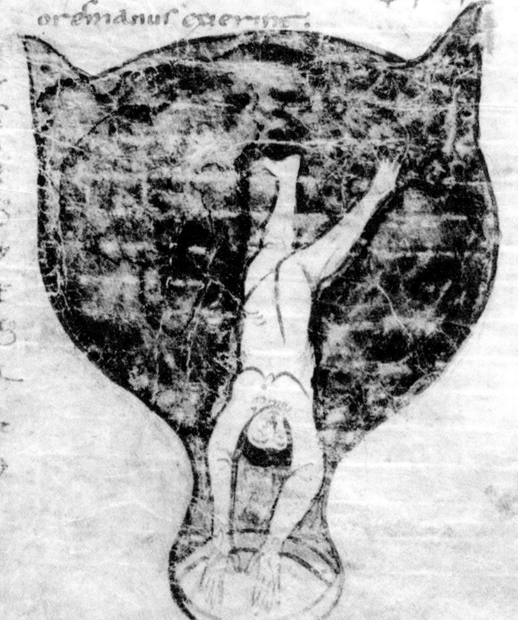

妊娠中の子宮

子宮の胎児を描いた図。9世紀のラテン語の手稿より。

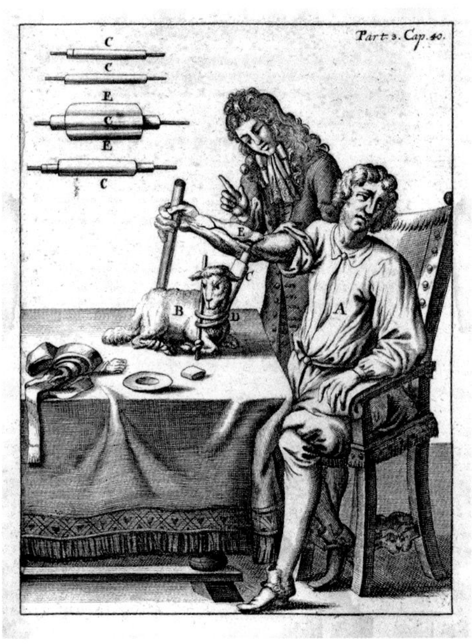

子羊の血を輸血

初期の輸血の様子を描いたマティアス・ゴットフリート・プアマンによる挿絵。子羊の血が人間に注入されている。

偉大なるガレノスに話を戻すと、彼は次のような説も打ち立てた。温かい血は煤のような微粒子を生み出し、毛穴を詰まらせる。やがて溜まった微粒子が毛穴の内部を押し上げると、固い繊維となって外に吹き出す。それが毛だ。つまり、人間を「歩く煙突」と考えていたわけで、毛髪の色は体内温度を表しているという。色が濃ければ濃いほど煤の量が多く、体内温度も高くなる。それゆえ、金髪の人間は生来温かさを欠いていると結論付けた。

奇想天外な治療本

英国では1523年、つまりガレノスから1300年ほども経ってようやく、ガレノスの著書『自然の諸力について』のラテン語版がロンドンで出版された。もっともガレノスの説は、それからわずか20年後の1543年にアンドレアス・ヴェサリウスが出版した画期的な著書『人体構造論』によって覆される。それよりも前の700～1200年の間、大陸の進んだ医学書はほとんど英国に入ってこなかった。多くの人は読み書きができず、知識は口承で伝えられた。この時期に、ひと味違う医療書が国内で誕生している。「リーチブック」と呼ばれる本で、書名の由来は、古英語で「医学的処方の書」を意味する「レーチェボーク」だ。人の血を吸う「リーチ（ヒル）」ではない。

とりわけ有名なのが『ボールドのリーチブック（ボールド医典）』（925年頃～950年）で、現在は大英図書館に収められている。本で紹介される治療法は、古代ギリシャ・ローマの医師や、「オクサ」や「ダン」というアングロサクソン系の名をもつ医師の知恵を拝借したもので、読み物としても実に面白い。当時の治療法が頭から足の指先まで順に載せられ、クモの咬み傷からはげ治療に至るまで、あらゆる種類の怪我や病気が掲載されている。いくつか例を挙げてみよう。まずは鼻血から。「もし鼻血が大量に出たら、大麦の穂の束で耳をつつくとよい。そうすれば鼻血に気を取られなくなる」。次にしゃっくり。様々な治療法が紹介されるが、どれももっぱら患者に温水を飲ませて吐かせることが基本で、例えば「鳥の羽を油に浸し、吐き出すまでそれで喉をつつくとよい」とある。肩の痛みには「放し飼いにした年老いた豚の糞と古いラードを混ぜ合わせたもの」、イボには「犬の尿とネズミの血を混合したもの」をそれぞれ患部に塗るとよいという。さらに、悪魔憑きには薬草から作った薬を教会の鐘に入れて飲ませるのがよいと、なかなか気の利いたアドバイスをしている[*1]。

尿預言者の診断

西欧のいわゆる「12世紀ルネサンス」期、修道士たちは古典古代やイスラムの医学書を必死に探して蔵書を充実させていった。こうして新たに仕入れた知識の中に「焼灼法」があった。高熱の焼きごてを皮膚に押し当て、四体液（黒胆汁、黄胆汁、血液、粘液）を排出させる治療法だ。もっとも、あまり人気のある治療法ではなか

＊1 本に載っている薬や治療法の多く（例えば白内障をノウサギの生の肝臓で治療するなど）は取り合わないほうがよさそうだが、意外な発見もある。2015年、ノッティンガム大学のヴァイキング研究者クリスティーナ・リー率いる研究チームは、この本を翻訳し、眼の治療薬の抗菌効果を試した。ニンニク、ニラ、ワイン、牛の胆汁から軟膏を作り、抗生剤の効かないメチシリン耐性黄色ブドウ球菌（MRSA）に使ってみたところ、驚いたことに、アングロサクソン時代の治療薬が、現代の薬では対処できないこのウイルスの大半を死滅させることに成功した。

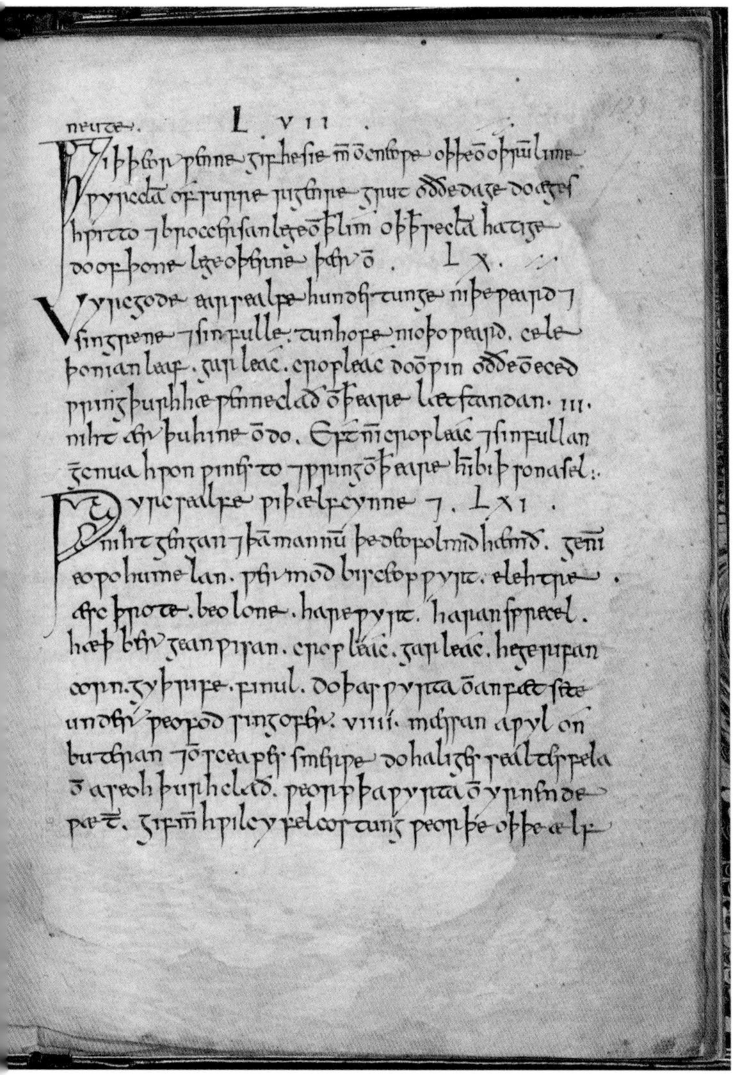

10世紀の医学書

10世紀半ばの『ボールドのリーチブック（ボールド医典）』。流麗な文字が並んでいる。

ったようで、関連する書物はほとんど残されていない。その代わり、中世の診断医は、四体液の濾過液とされるものの色を分析する方法を好んで用いた。「濾過液」を排泄するために焼きごては不要だ。

濾過液の診断医は俗に「尿預言者」と呼ばれた。フランシス・グロースの『本格俗語辞典』（1785年）の適切な定義によると、「尿を調べるだけで病気を診断する医師」のことである。尿を調べ、においをかぎ、喜んで味見までする。テオフィロス・プロトスパタリオスの『検尿論』（7世紀）や、尿の色で分けた尿診表（198ページの図参照）が載る本などを参考にし、診断を下した。尿診断法は17世紀に入っても続けられたが、医学の進歩とともに時代遅れとなり、トマス・ブライアンの『尿預言あるいはある尿瓶講義』（1637年）などの風刺的書物の批判を受けて次第に下火となった。

おねしょにネズミの死骸

新たな診断法が導入されたからといって、リーチブックに見られる古い時代のお粗末な民間療法がなくなったわけではなかった。ジョン・パートリッジは『未亡人の知恵』（1595年）でこうアドバイスしている。「子供のおねしょを治すには、

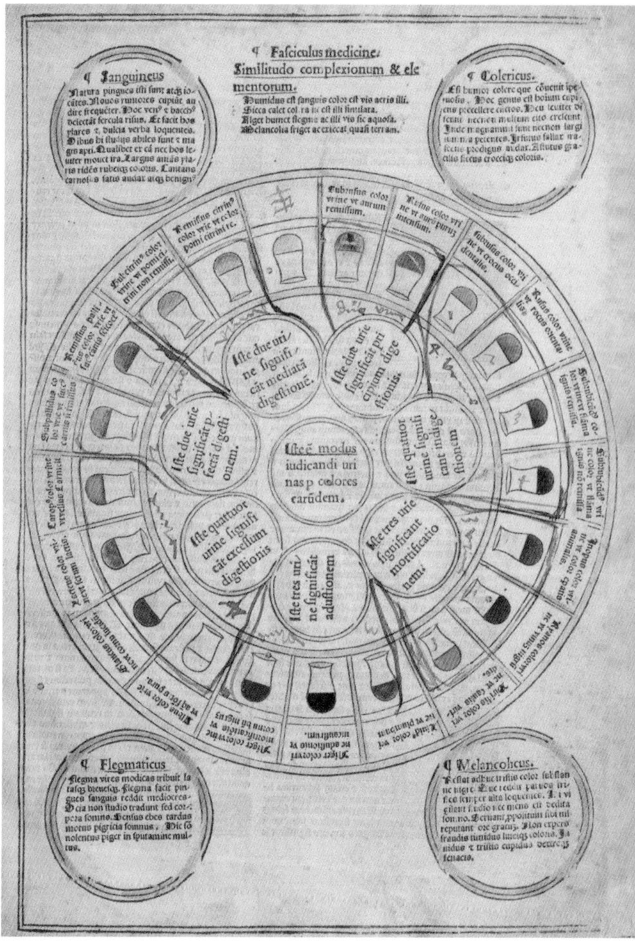

腐ったネズミの死骸を食べさせるとよい」。さらに、「シラミを取り除くには、熱した水銀の蒸気を服に当てればよい」（そんなことをしたら脳の高次機能まで取り除かれてしまうだろうが）。フランスの医師ベルナール・ド・ゴルドン（1258年頃〜1318年）は、昏睡状態の人を目覚めさせるショック療法として、患者に向かって張り裂けんばかりの声で叫ぶ、顔のそばで楽器を大音量でかき鳴らす、キーキー鳴きわめく豚を患者の面前に突き付けるなどを提案している。あらゆる方法を試してもうまくいかなければ、胸毛を抜くとよいという。

ドイツの医師で錬金術師のヒエロニムス・ブランシュヴァイクが著した『家庭的で最善の治療薬』（1561年）は、15〜16世紀のヨーロッパで最も広く読まれた「治療薬集」だが、悪魔に取り

尿を吟味

左上：「尿預言者」と呼ばれる診断医。フラスコ内の尿を吟味している。6本の論文からなる医師の手引き書『医学論集』の初版（1491年）より。

色を診る「尿診表」

右上：同じく『医学論集』（1491年）より「尿診表」。大きな円の中に、くびれた21個の尿フラスコが描かれている。医師が尿の色で病気を診断する際に使われた。

占星術に従った外科治療

右ページ上：イングランドの町ヨークの床屋外科医向けに出された治療ガイド（1475年頃〜1499年）。左側の「獣帯人間」には、占星術の12星座が身体の各部位に描かれている。右側はボルベルと呼ばれる紙製の回転円盤で、暦月と12星座が描かれている。外科治療に入る前には月の位置などを考慮しなければならなかった。

15世紀の解剖図

右ページ下：人体の筋肉図と妊婦の解剖図。「偽ガレノス」によるイングランドの医学書（15世紀半ば）より。

Aries
Taurus
Cancer
Virgo
Libra
Aquarius
Pisces

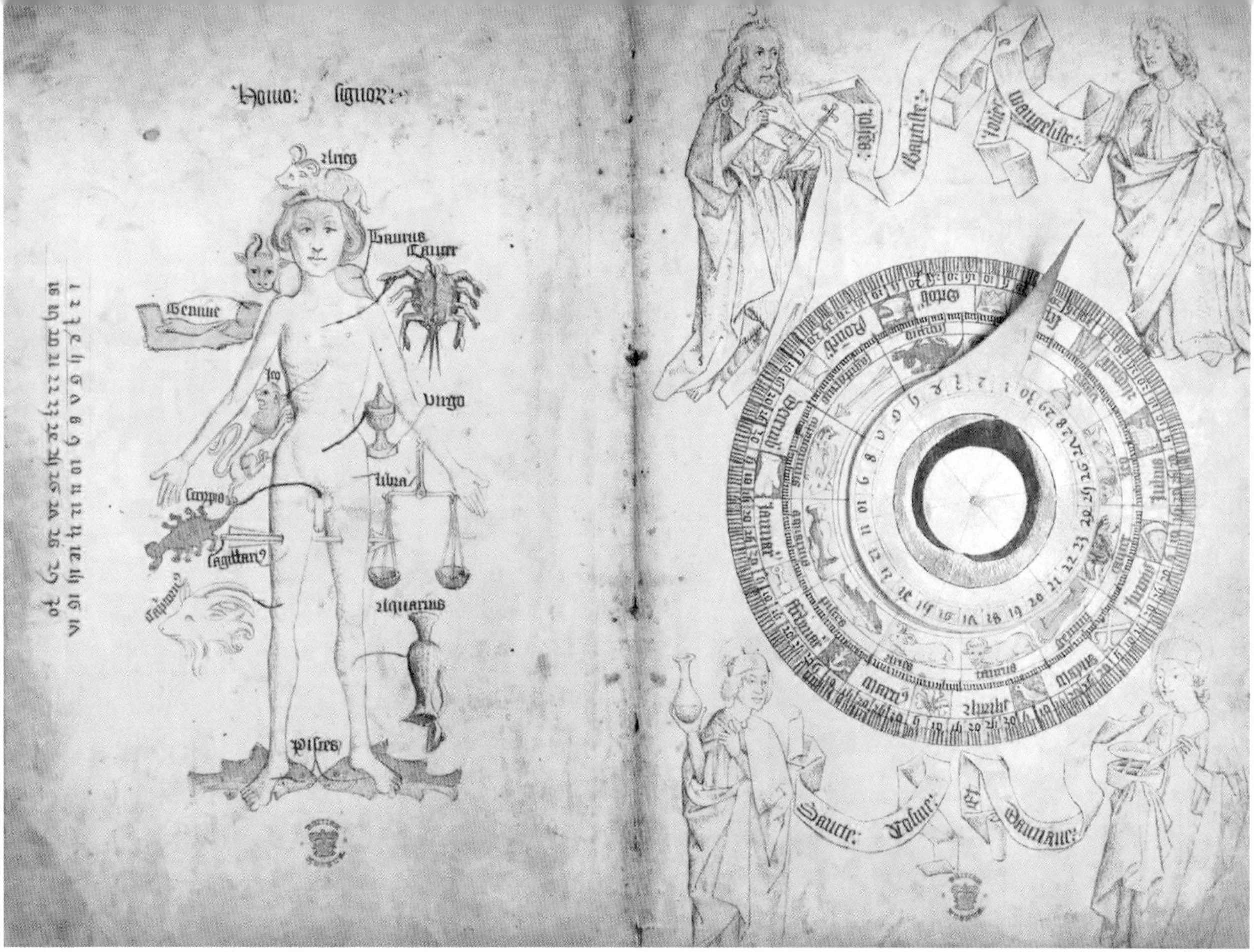

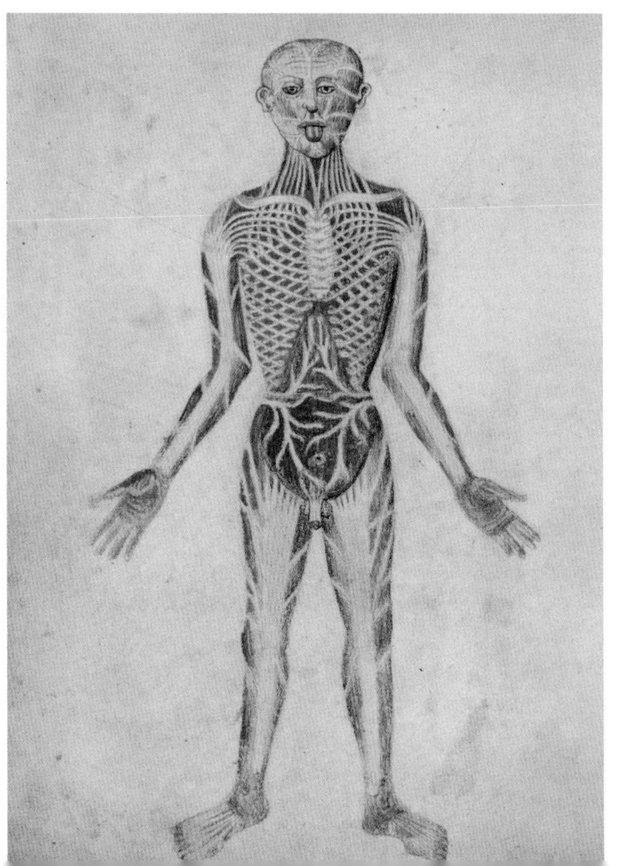

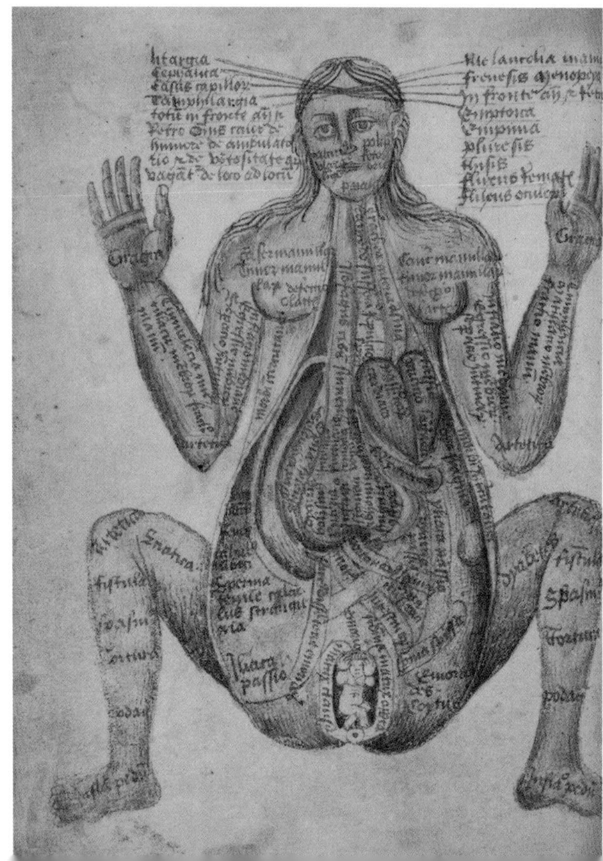

錬金術の書

賢者の石のレシピ

このページ：賢者の石を作る方法を記した壮麗な錬金術の書『リプリー・スクロール』。賢者の石とは、鉛のような卑金属を金などの貴金属に変えることのできる物質のこと。これは英国の錬金術師ジョージ・リプリー（1415年頃〜1490年）に由来する巻物で、全長は約6mもあり、神秘的な象徴表現で埋め尽くされている。リプリーの書物はジョン・ディー、ロバート・ボイル、アイザック・ニュートンなどの著名人が熱心に研究した。

四元素を求める

右ページ上左：フラスコを持つ錬金術師。史上最も美しい錬金術書の一つ、『太陽の輝き』（1532〜1535年、作者不詳）のドイツにおける写本（1582年）より。フラスコから現れ出るリボンには「我ら、四元素を求めん」とラテン語で書かれている。

最古のイラスト解説本

右ページ上中央：『七気候の書』の18世紀の写本より。『七気候の書』は1200年代にバグダッド出身のイスラム錬金術師アブー・アル＝カースィム・アル＝イラーキー・アル＝シマーウィが著した錬金術と魔術の本。挿絵によって錬金術を解説した最古の本でもある。

不老不死の薬を作る

右ページ上右：中国の『外科圖説（ずせつ）』（1856年）より煉丹術の図。水銀入りの霊薬を作る際に必要な炉や器具が描かれている。古代中国では、長寿を願って貴金属を服用することが推奨された。ちなみに、明代の嘉靖帝（かせいてい、1507〜1567年）は、道士の製造した水銀入りの「不老長寿の霊薬」を飲んで亡くなったとされる。

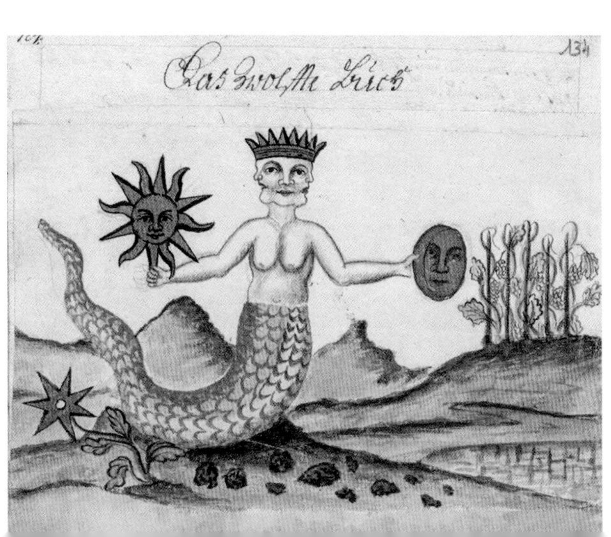

ゾロアスターの錬金術

上から2段目と左:『クラヴィス・アルティス』は17世紀後半から18世紀前半の間にドイツで作られた錬金術書で、素晴らしい水彩画で知られる。内容はゾロアスターに拠るとされ、もとは「竜の皮に書かれていた」らしい。この作品の由来はほとんどわかっていない。

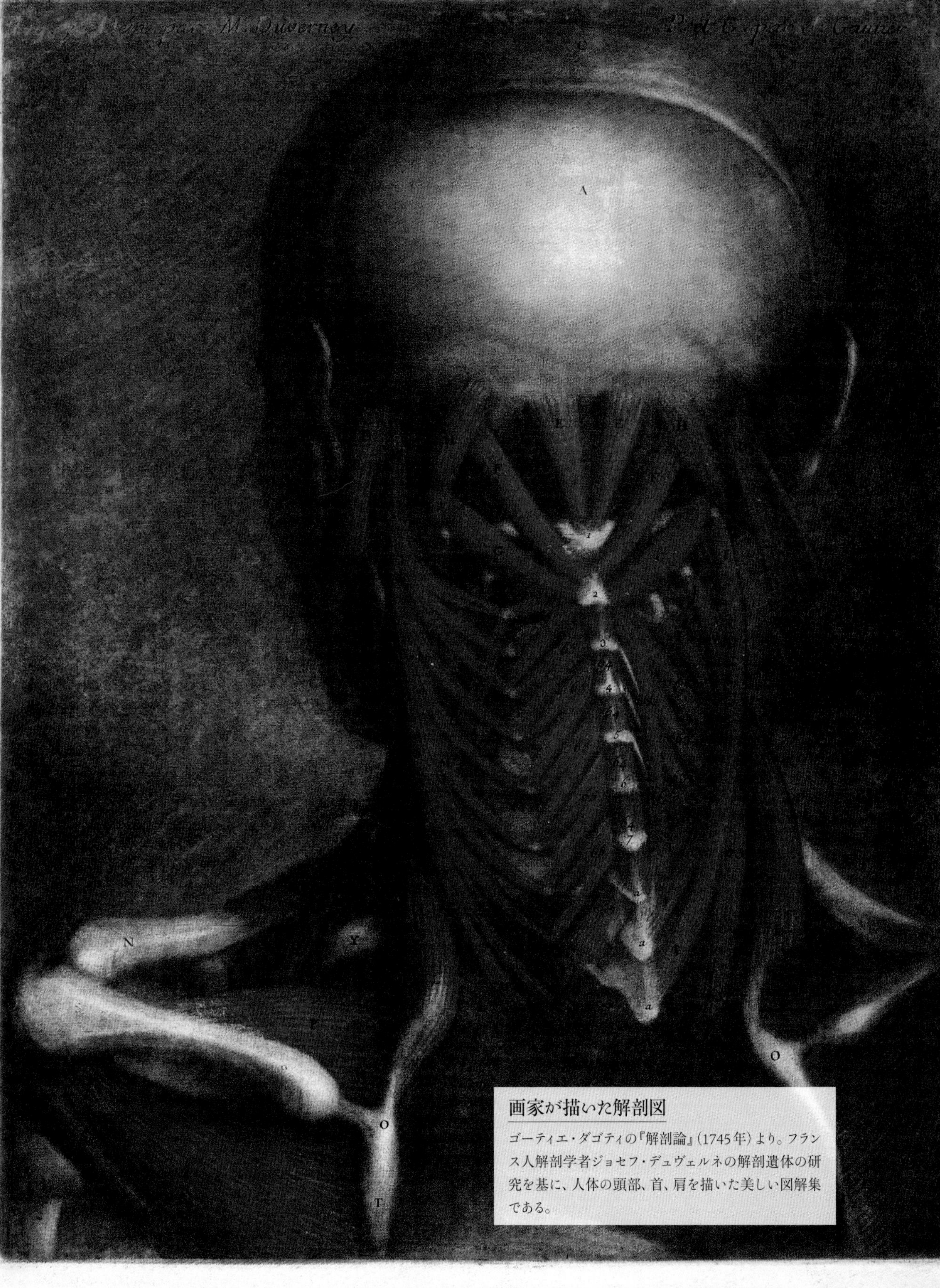

画家が描いた解剖図

ゴーティエ・ダゴティの『解剖論』(1745年)より。フランス人解剖学者ジョセフ・デュヴェルネの解剖遺体の研究を基に、人体の頭部、首、肩を描いた美しい図解集である。

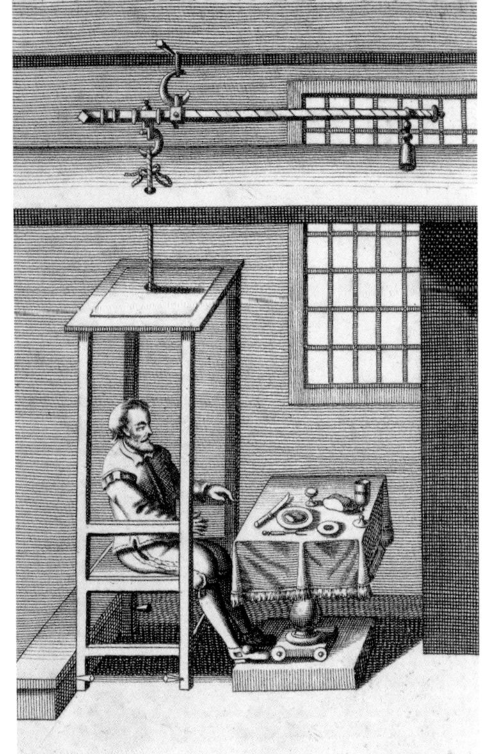

食事量、排泄量、体重を計る

ヴェネチアの生理学者サントーリオ・サントーリオの『医学静力学』(1614年)の口絵。体重を計る大きな天秤の皿に著者自身が腰掛けている。彼は30年間、毎日この巨大な天秤の上で食事をとり、仕事をし、眠ったという。摂取量と排泄量をもれなく計測し、排泄物(便と尿)に対する自身の体重の変動を調べ上げた。体の代謝の研究はこうして始められた。

憑かれているか否かを判断する確実な方法をこう示している。「カワカマスという魚の心臓と肝臓を取り出し、熱した石炭とともに鍋に入れ、その煙を吸い込むように患者の鼻に近づける。悪魔に取り憑かれていたら、煙に耐えられずに怒り出すだろう」

観察に基づいた解剖書

16世紀になると新たな解剖学の書が登場する。これらの本は、実地の観察に基づいて古典古代の説を覆し、人体の構造を華々しく解き明かして見せた。その口火を切ったのが、フランドル出身でパドヴァ大学の医師アンドレアス・ヴェサリウス(1514〜1564年)の『人体構造論』(1543年)だ。7巻からなる医学の金字塔で、ルネサンス期に木版画技術が改良されたことから、その解剖図は前例のない精緻さを誇っている*2。パドヴァ大学での講義を基に書かれ、講義では解剖を実演しながら議論が交わされたという。当

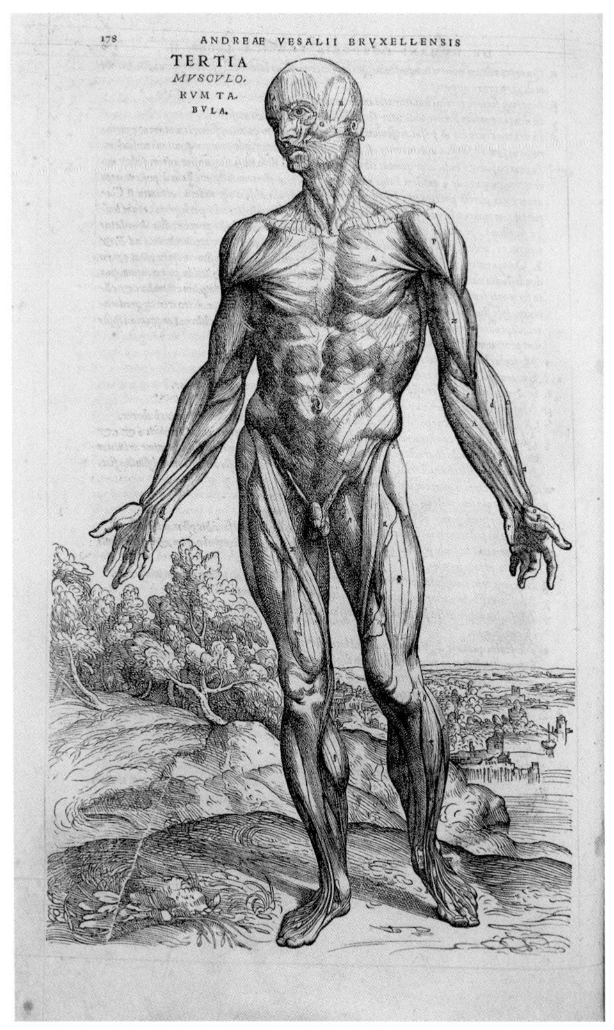

絵画のようなポーズ

ヴェサリウスの『人体構造論』より「筋肉人第3図」。

*2 中世では教会により解剖が禁止され、ヴェサリウス、レオナルド・ダ・ヴィンチ、その他の解剖学者は大変な危険を冒して解剖を行った。長い間こう信じられてきたが、事実とは異なるらしい。ハーヴァード大学のキャサリン・パーク教授は「解剖学者が罪に問われた例は聞いたことがない。教会が(解剖を許可する)特免状の発布を拒んだ事例も一つもない」と指摘している。

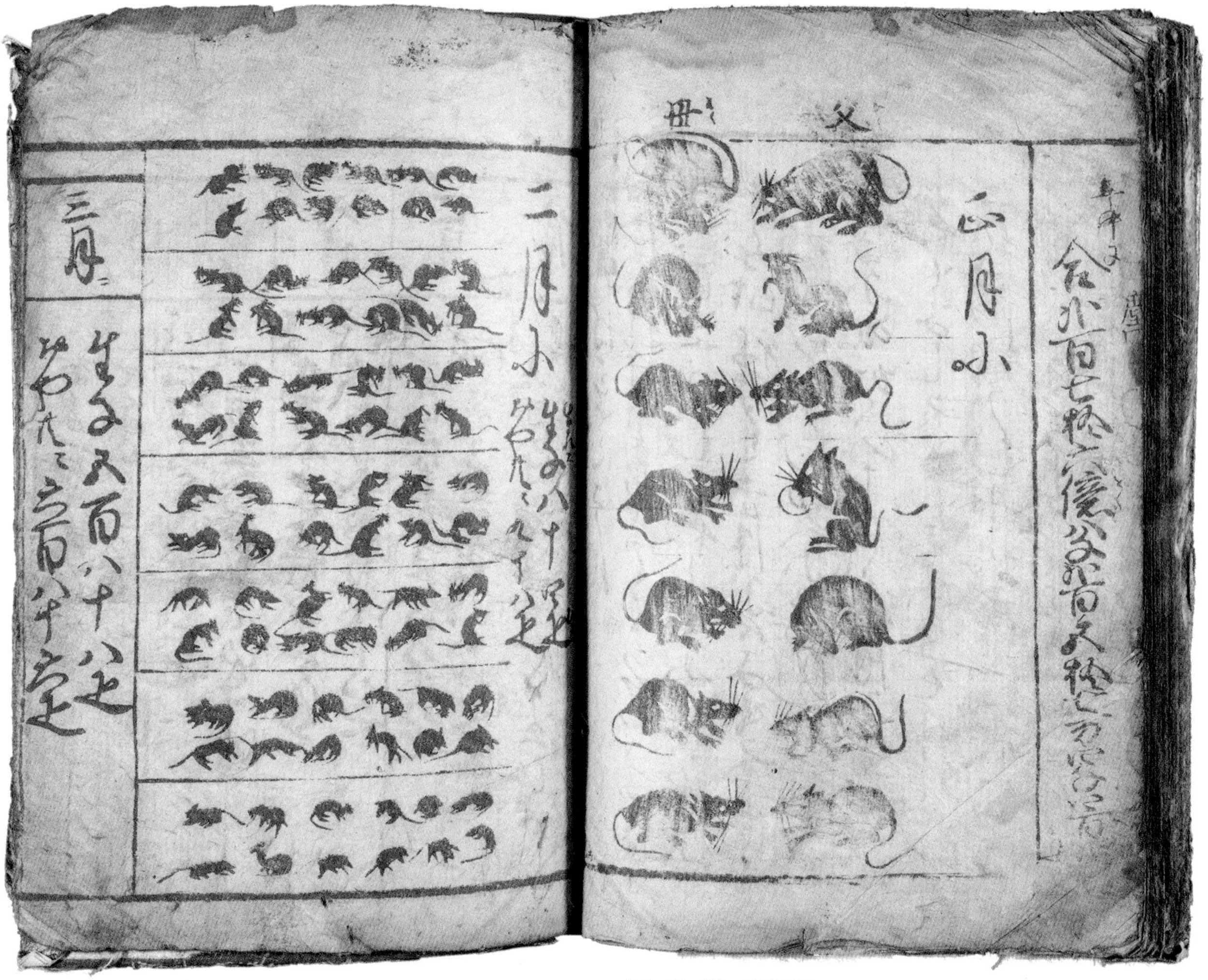

江戸初期の算術書

上：日本の優れた算術書『塵劫記（じんこうき）』（17世紀初期）より。著者は吉田光由（よしだみつよし）とされる。複雑な等比数列と立体の体積の求め方を、直線図ではなくネズミの絵を使って解説している。

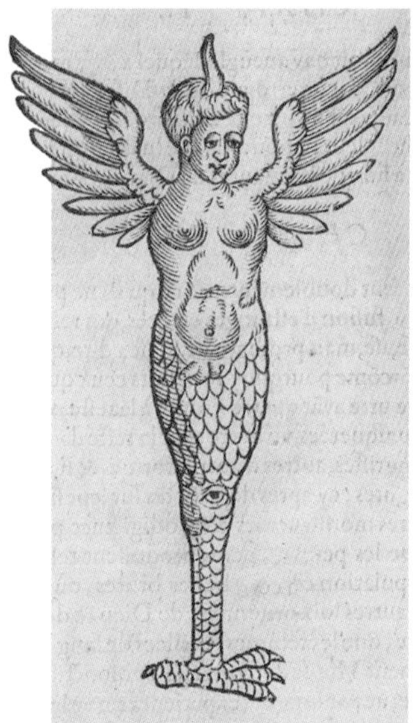

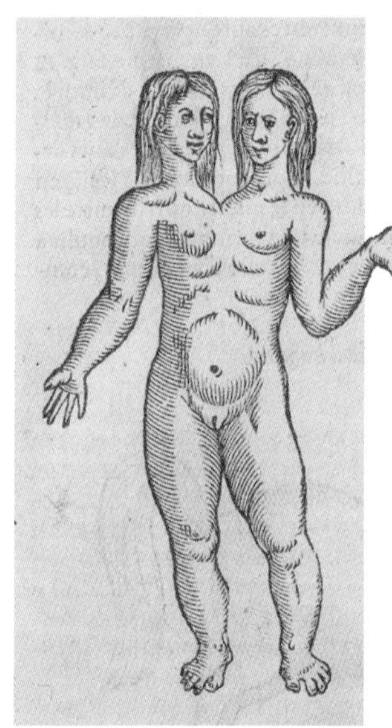

外科医が描いた異形

一番左：「ラヴェンナの怪物」。1512年、イタリアのラヴェンナ近隣でフランス軍が教皇軍とスペイン軍を追い払った戦いの前兆として誕生したといわれる怪物。最も有名な「驚異の書」の一つであるアンブロワーズ・パレの『怪物と驚異について』（1585年）より。

左から2番目：アンブロワーズ・パレの『怪物と驚異について』（1585年）より「双頭人」。

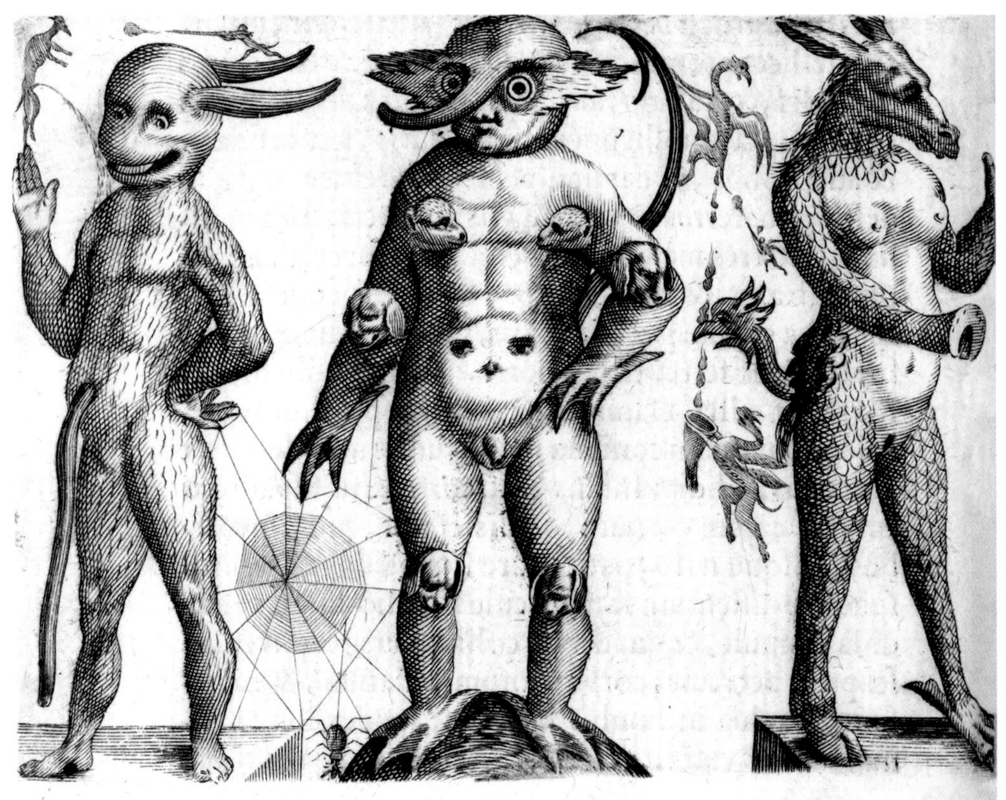

発達異常による多様性

フォルトゥニオ・リチェティの『怪物の性質、原因、相違について』より。1616年にイタリアのパドヴァで出版され、1634年には精緻な挿絵とともに再版された。

時、解剖は肉体労働とみなされ、学者のような地位の高い人間のすることではなかったこともあって注目を集めた。なお、解剖されたのはたいてい死刑囚の遺体だった（そのことはガレノス派による格好の批判材料となり、犯罪者の解剖に拠っているからヴェサリウスの説は「逸脱」していると揶揄された）。ヴェサリウスの解剖図が印象的な理由には、モデルの独特な寓話的ポーズのせいもあるだろう。牧歌的な景色を背景に、人体がまるで生きているかのようにポーズをとっている姿は、生のはかなさと死すべき運命をいやが応でも思い起こさせるのだ。

虫を吐く少年、ウサギを産んだ女

16世紀は「驚異」への科学的関心が高まり、それにまつわる大衆文化が花開いた時代だ。奇々怪々な出来事や症例を詳細に述べた「驚異の書」が次々と生まれ、「怪物」の出産、奇形、小人、人魚、自然の不思議など、ありとあらゆるテーマが取り上げられた。例えば、フランスの高名な外科医アンブロワーズ・パレ（1510年頃〜1590年）は奇怪な例を満載した症例集を出し、双頭の人間や、1512年に誕生した「ラヴェンナの怪物」（左ページの図参照）などを紹介している。

ザクトゥス・ルシタヌスの『医学実地驚異』（1637年）には、サンショウウオを生んだ女、用を足そうとして尿ではなくハエの大群を排泄した男などが登場する。ゲオルク・アブラハム・メルクリンの論考『まじない』（1715年）の口絵には、ドイツの12歳の少年の身に起きた出来事が描かれている。1694年のある日、テオドールス・デーデルライン少年は突然虫を吐き始めた。吐き出されたものは、数週間後にはワラジムシ162

動物を吐き出す少年

滝のように動物を吐き出すテオドールス・デーデルライン。

匹、イモムシ32匹、ヤスデ4匹、ぜん虫2匹、蝶2匹、アリ2匹、甲虫1匹までになった。やがて虫に続いて両生類も吐き始める。イモリ21匹、アマガエル4匹、ヒキガエル数匹といった具合だ。牧師の息子であるこの少年が悪魔に取り憑かれていることは明らかだった。祈りも何も少年を治すことはできなかった。診察にあたった医師は、思い切って魔物を胃から取り除く伝統療法を試すことにした。その名も「馬の尿」療法。大桶いっぱいの鼻を突く馬の尿が、次から次へと気の毒な少年の喉に注ぎ込まれた。するとどうだろう、まさに奇跡が起き、少年はもうよくなったと宣言した。みんなよくやった、ありがとう、馬のおしっこは実によく効いた、というわけで、少年はもう二度とこの治療を受けずにすんだ。

英国にもよく知られた奇怪な事例がある。ジョージ1世の王室外科医ナサニエル・セント・アンドレは、小冊子『ウサギを生んだ事例の概要、ギルフォードの外科医ジョン・ハワードによって処置された異常分娩』(1727年)で、彼が目撃した異様な事件「ゴダルミングの奇跡」を報告している。1726年9月27日の夜、ロンドン郊外の町ギルフォードの外科医で男性助産師のジョン・ハワードは、メアリー・トフトの往診に出かけた。するとトフトが産気づき、豚の一部を出産した。10月には猫の足先や頭部とともにウサギを1匹出産し、その後何匹ものウサギを産んだ。国王は、セント・アンドレと秘書サミュエル・モリノーにこの事件を調査するよう命じた。

現場へ出向いた2人は、トフトの出産に立ち会うことができ、15匹目のウサギが生まれるところを目の当たりにした。しばらくして生後4カ月ほどの毛のない雌ウサギ、その晩遅くには、大きな毛の塊とウサギの頭部も産み落とされた。2人はウサギを調べ、トフトを調べ、そしてこう結論づけた。ウサギはトフトの卵巣で育ったのち、卵管へ跳びはねていったと。セント・アンドレが確証を持って出版したその小冊子は、発売後すぐベストセラーとなった。ロンドン中が「サリー州のウサギを生んだ女」の噂で持ちきりとなり、トフトを魔女だと言う者もいれば、人間の姿をしたウサギの悪魔だと断言する者、いや雄のウサ

ウサギを出産

ウサギを何匹も出産したメアリー・トフト。W・ホガースの銅版画(1726年)より。

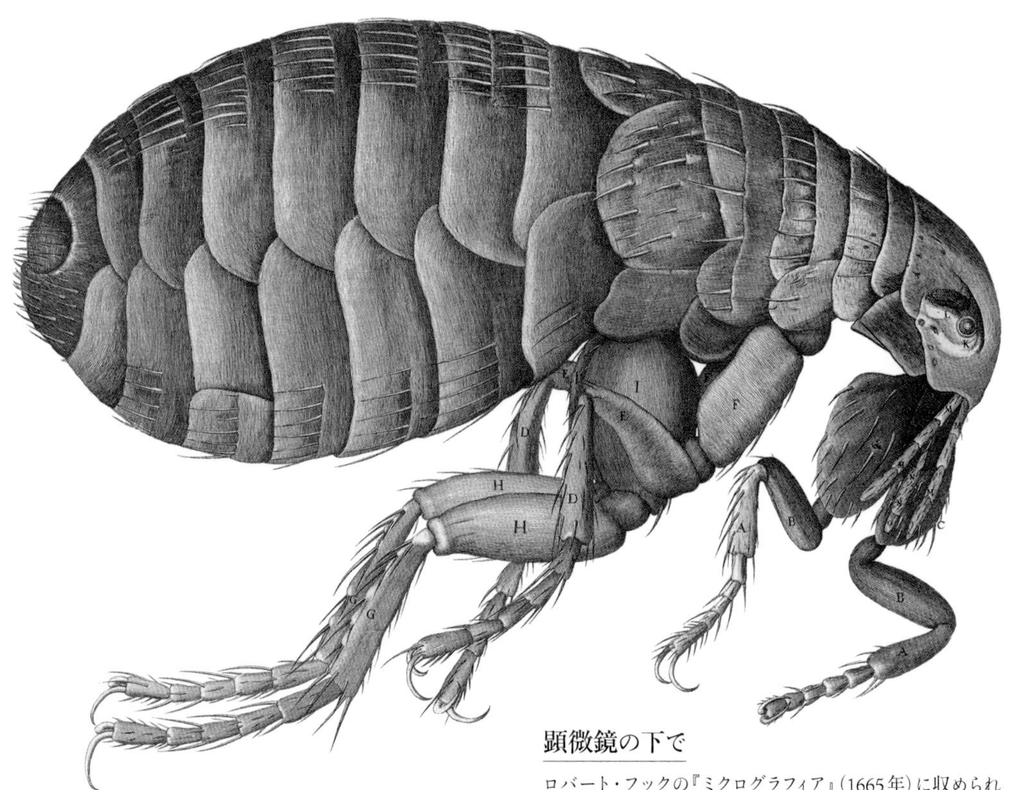

顕微鏡の下で

ロバート・フックの『ミクログラフィア』(1665年)に収められたノミの巨大な拡大図。身体の各部位を詳しく調べてノミの絵を描いた。この図版はその後200年にわたってたびたび盗用された。

ギと密通していたのだろうと言う者までいた。トフトはロンドンへ連れられ、高名な産科医サー・リチャード・マニンガムの診断を受けることになった。ウサギの胎盤を調べたマニンガムは、その一つが豚の膀胱であることをすぐに見抜いた。するとどうしたことか、トフトはわっと泣き出し、服のポケットにウサギの一部を隠し持っていたことを認めた。今日、この詐欺事件に関するトフトの自白はグラスゴー大学図書館のハンターコレクションで見ることができる。

ミクロの世界とマクロの世界

この何十年も前に科学の観察力が大いに進歩していたことを思うと、トフト事件は時代遅れの感が否めない。科学の進歩をもたらしたものは、歴史的な2つの発明、1590年頃にヨーロッパで生まれた複式顕微鏡と、1608年に登場した望遠鏡だ。1665年、同時期に2つの科学書が現れた。1冊はドイツ語、もう1冊は英語の文献で、どちらも奇書収集家の目録には欠かせない大物だ。ただし、それぞれの本が扱う主題のスケールは正反対である。

まずは、多才な科学者ロバート・フックの『ミクログラフィア、あるいは拡大鏡による微小物の生理学的記述』を紹介しよう。この本の素晴らしさは、簡単な説明ではとても伝えきれない。言うなれば、未知なる世界の扉を開けた本であり、解説や30点以上の美しい図版で隠された秘密を次々と解き明かしている。昆虫、植物、身の回りの物を、顕微鏡の接眼レンズを通して微細に描き出したのはフックが初めてであり、それ以前に肉眼で見ることのできた最小物は、髪の毛1本の太さ程度のものだった。この本を開けば、この世で最もありふれた住人たちが見せる驚異のミクロ世界へといざなわれる。「大きく腹の膨らんだブヨ」の精緻な翅、「灰色のヒラタアブの複眼」の複雑な構造……。だが何といっても最大の見所は、ありふれた害虫ノミである。折り込み式の幅50cmもの図版にその姿が見事に再現されている（前ページの図参照）。

フックは細胞（cell）の名付け親でもある。コルクを薄く切って顕微鏡で覗いたところ、微小な構造が見えた。それが修道院の僧房（cell）を思わせたことから「セル（cell）」と名付けたという。収録された図版の目次を拾い読みするだけで、目に見えない世界を発見したフックの興奮が伝わってくる。「鋭く細い針の先端について」、「カミソリの刃について」、「火打石や鋼（はがね）から飛び出る火の粉について」、「小さな砂粒に見られる形について」……。酔っぱらって上機嫌になった男が、手元にある物や植物や昆虫を片っ端からレンズの下に置き、予想もつかぬ精緻な姿に変貌させて楽しんでいるかのようだ。「木炭つまり蒸し焼きにした植物体について」、「コケについて」、「海藻の好奇心をそそるような組織について」、「イラクサ、その他の有毒植物のトゲの先端とその毒液について」、「ケシの種子について」、「ハエ、その他2、3の昆虫の脚について」、「ハチの針について」、「カタツムリの歯について」とまだまだ続く。そうした果てしない発見に興奮する様子はうらやましいばかりである。

同1665年、フックの本とは対照的に、ドイツのイエズス会士アタナシウス・キルヒャーは、その著書『地下世界』の中で、壮大なマクロ世界を示してみせた。その本は地質学上の謎を見事に解き明かしたはずだったが、実際には、恐ろしく風変わりな理論が雑然と並べ立てられている。失われた大陸アトランティスの位置が「正確に」示されているのもその一例だ。大西洋の真ん中にあるとするプラトンの説を踏襲し、地図まで付けているのだ。さらに、長年の謎だったナイル川の源流を「（実在しない）ムーン山脈」に特定し、化石は「埋められた巨人の体の一部」であるとし、洞穴に暮らす人々の社会を調べて地下世界の生き物に関する理論まで立てた。その世界には竜も住んでいるという。

なかでも圧巻は「地球の火山系の研究」（右ページ上の図参照）だ。地球は「中身が詰まっているのではなく、あちこちにぽっかり穴が開き、中は隙間だらけの空洞で隠れた穴もある」といい、恐ろしい火山は「自然の通気口、すなわち自然の呼吸する管にほかならない」と結論付けた。キルヒャーがこうした考えをもつに至ったきっかけは、噴火からわずか7年後のヴェスヴィオ火山に好奇心から訪れたことだった。噴火口の縁に腰掛けて観察し、のちにこう書き記している。「地獄の光景を見たと思った。まさに思い描いていたイメージそのものだった。恐ろしい悪魔の幻影が見当たらなかったことを除いては」

地球の内部

右ページ上：アタナシウス・キルヒャーの描く地球内部の「炎の運河」、すなわち火山系である。『地下世界』（1665年）より。

猫の声で奏でるピアノ

右ページ下：アタナシウス・キルヒャーの『普遍音楽論』（1650年）にある「猫ピアノ」の話を基にして、後世に描かれた挿絵。同著第6巻第4部第1章にはこうある。「イタリアのとある王子の慰みに、ある音楽家が猫ピアノなるものを発明した。箱の中に猫を並べ、鍵盤をたたくと猫の尾に鋭い釘が刺さる仕組みになっている。猫は次第に必死になり、その鳴き声がにぎやかな音楽を奏でるのだ」

マインド・コントロールする装置

フックがミクロの世界を探求し、キルヒャーが広大な野外劇場を楽しんでいた頃、精神科学の歩みはといえば、実にのろのろとしていた。それでもようやく注目すべき本がいくつか登場する。その一つが、精神医学史でひときわ輝きを放つ、ジョン・ハスラムの『狂気の図解：精神病の特異な事例』（1810年）だ。1人の患者の症例だけを研究した初めての出版物で、ロンドンのベスレム病院の入院患者ジェームズ・ティリー・マシューズの特異な物語である。マシューズは、

Systema Ideale
PYROPHYLACIORUM
Subterraneorum, quorum montes
Vulcanii, veluti spiracula
quædam existunt.

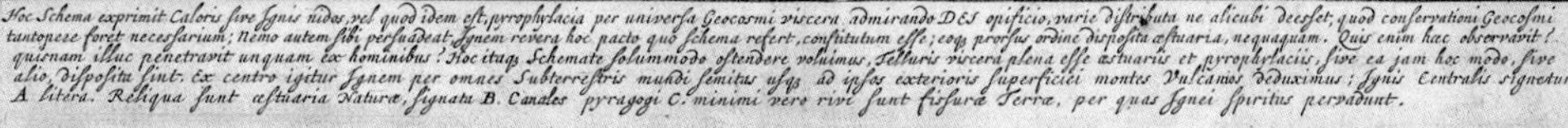
Hoc Schema exprimit Caloris sive Ignis nidos, vel quod idem est, pyrophylacia per universa Geocosmi viscera admirando DEI opificio, varie distributa ne alicubi deesset; quod conservationi Geocosmi
tantopere foret necessarium; Nemo autem sibi persuadeat, Ignem revera hoc pacto quo schema refert, constitutum esse; eoq; prorsus ordine disposita æstuaria, nequaquam. Quis enim hæc observavit!
quisnam illuc penetravit unquam ex hominibus? Hoc itaq; Schemate solummodo ostendere volumus, Telluris viscera plena esse æstuariis et pyrophylaciis, sive ea jam hoc modo, sive
alio, disposita sint. Ex centro igitur Ignem per omnes Subterrestris mundi semitas usq; ad ipsos exterioris superficiei montes Vulcanios deduximus; Ignis Centralis signetur
A litera. Reliqua sunt æstuaria Naturæ, signata B. Canales pyragogi C. minimi vero rivi sunt fisuræ Terræ, per quas Ignei spiritus pervadunt.

POYET

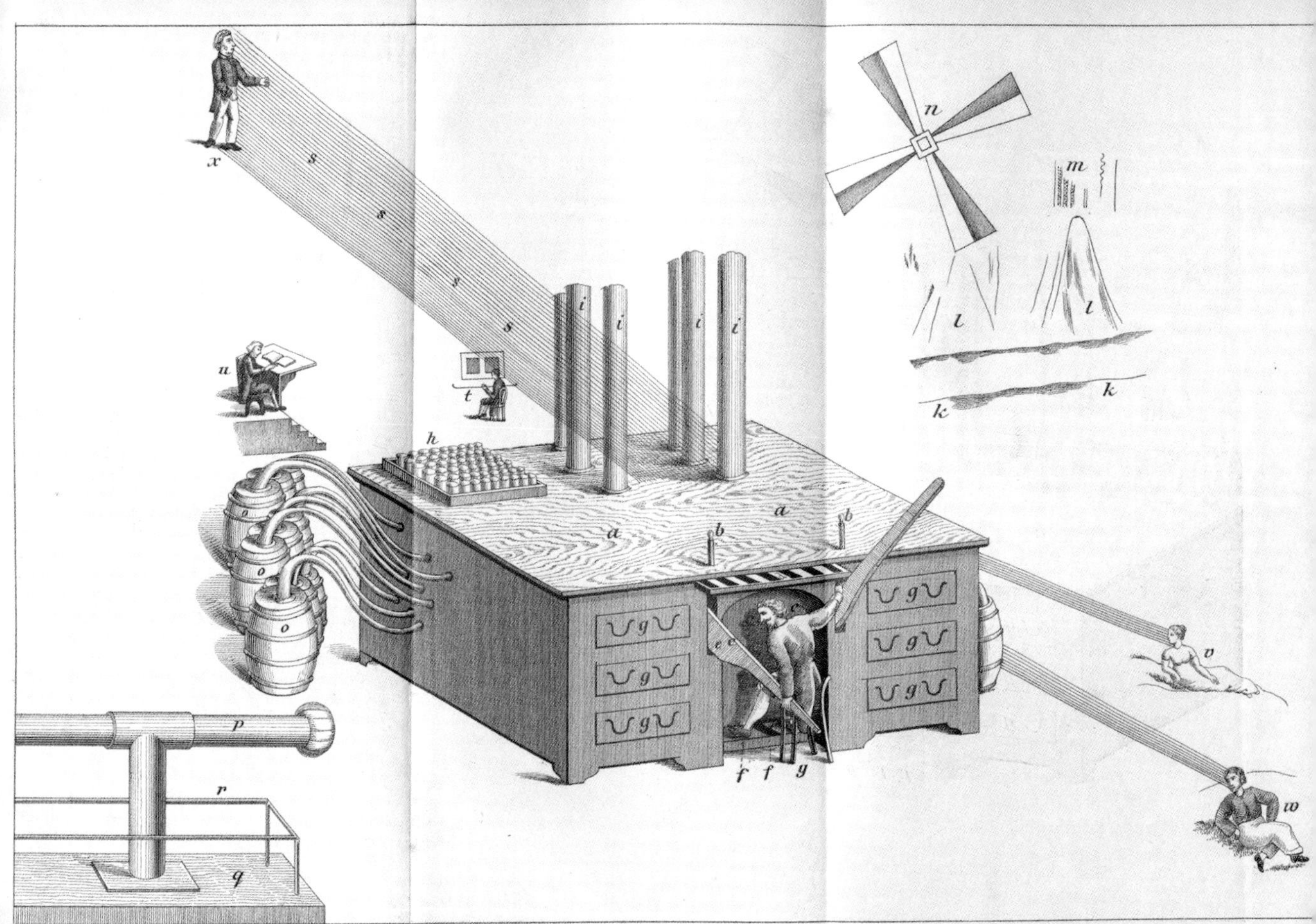

マシューズの「気体織機」

マインド・コントロールをするための巨大な装置「気体織機」。ジェームズ・ティリー・マシューズの想像の産物である。

庶民院議会の審議中、傍聴席からハークスベリー男爵（のちのリヴァプール伯爵）に向かって「国賊！」と叫んだため逮捕され、1797年1月に同病院に収容された。俗に「ベドラム」と呼ばれていた悪名高い精神病院だ。1809年には家族が退院を申し立てるが、ハスラムは『狂気の図解』を出版してマシューズの異常さを露わにし、治療の必要があることを認めさせた。

マシューズの妄想は、彼が「気体織機」と呼ぶ邪悪な装置を中心として展開していた。気体化学（気体と化学反応を研究する学問）に精通した悪党が、ガス発生機のような装置をベスレム病院の近くに作り、毎日有害な光線を浴びせてマシューズを苦しめているという。マシューズはその光線による影響を「ロブスターが殻を割られるような」、「胃の粘膜をめくられるような」、「ナツメグおろし器で脳卒中を引き起こされるような」と表現している。気体織機を使う仲間には、装置の操作担当のミドルマンをはじめ、キャサリン、ジャック校長、サー・アーチーなどがいて、ビルと呼ばれる「王様」に率いられている。そのスパイ集団は、やはり気体織機で武装した部隊をロンドン中に送り込み、政界を牛耳っているらしい。それぞれの部隊には「気体化学の実践者」がいて、攻撃対象に「発揮性の磁性流体」で「あらかじめ磁気を与え」、洗脳しやすくしている。英国の首相ウィリアム・ピットなど政府の要人がこうした攻撃を受けており、悪党に心を読まれ、操られているという。

ハスラムの本は、精神病院の収容者による芸術作品として初めての出版物でもある。本にはマシューズの妄想が事細かく記録されているが、最も効果的なのはマシューズ自身による気体織機の挿絵だ（左ページの絵参照）。その絵には、巨大な機械の前に座って操作するミドルマン、光線を浴びせられる被害者（左上）、ジャック校長（左側のガスの入った樽の真上）、さらにサー・アーチーとキャサリン（右下）などが描かれている。1814年、マシューズはハックニー地区にある私営の精神病院フォックス・ロンドン・ハウスへの転院が許可された。ベスレム病院を離れたとたん、彼の妄想は消えたようだった。転院先では人に好かれ、翌1815年に亡くなるまで病院の簿記や庭仕事を手伝って過ごしたという。

神が創造した地球の年齢

こうして時代は20世紀へ向かって突き進んでいく。科学の奇書の棚にはどんな本が新たに加わるのだろうか。有力候補は科学的事実に珍妙な理論で立ち向かう作品であり、その筆頭に挙げられるのは『オムファロス：地質学の難題を解く試み』だ。優れた動物研究家で科学作家のフィリップ・ゴス（海水水槽（アクアリウム）の発明や蝶の生殖器の世界的権威としても知られる）が1857年に著した本である。チャールズ・ダーウィンの『種の起源』が出版される2年前のことだ。

当時、「ヴィクトリア朝の地質学者が示す地球の年齢」と、「聖書の天地創造が示す、より若い地球の年齢」をめぐって争いがあった。敬虔なクリスチャンだったゴスは「オムファロス（ギリシャ語で「へそ」の意）」仮説で簡単に解決できると主

脳の研究

下：『生命の書：人体の精神的・肉体的構造』（1898年）から「脳の計画」。疑似科学や神秘主義の描く「脳地図」の一種。著者「アリーシャ・シヴァルサ博士」はどうやら筆名で、米国カンザス州の医師アーサー・E・マートンが本当の著者とされる。

右下：同著より「手の図」。

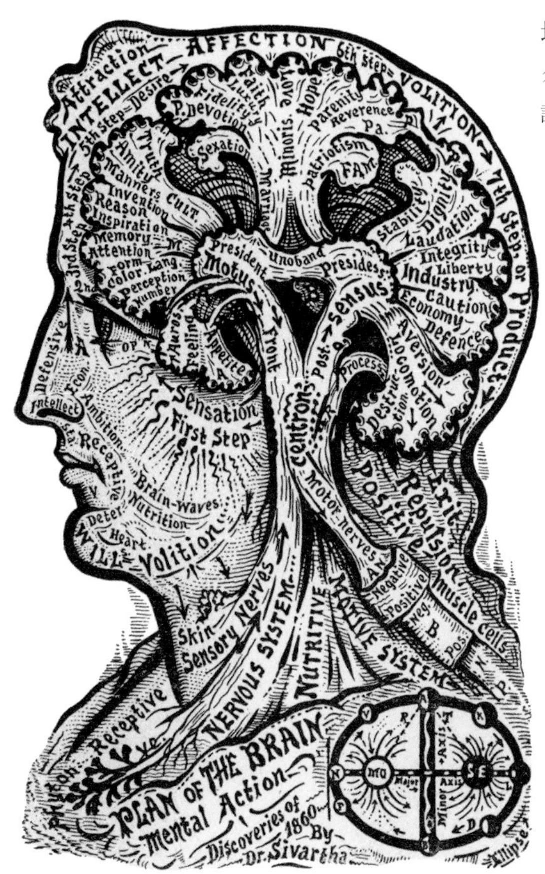

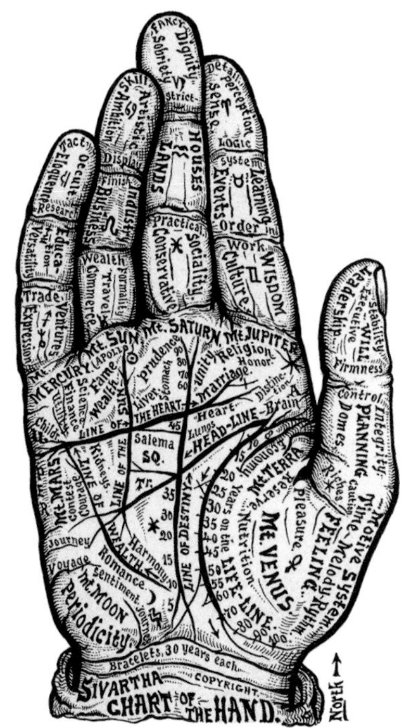

張した。その説によれば、最初の人類アダムにはへそがあったはずだという(なぜなら私たちがそれを受け継いでいるからだ)。アダムは神に作られたのだから、へそなど必要ないはずだが、それはともかく、神はアダムに人間の祖先に見えるような証を与えたのだという。その理論を化石にも当てはめ、大昔の化石も神が創造したものであり、歴史が長く続いているように見せかけて、我々の信仰心を試そうと神が地上に置いたものなのだという。この本の売れ行きはよくなかった。批評家の反応は、リベラル誌ウェストミンスター・レビューの次の言葉に的確に表されている。「あまりに奇怪で信じるに足りぬ」

動物や植物にテレパシーは通じるか

20世紀になると、人間の超能力を扱った珍奇な科学書が数多く登場する。なかでも個人的に面白いと思うのは次の2冊だ。まずはロシアの本。テレパシー研究者のベルナルド・ベルナルドヴィッチ・カジンスキーは、高名なサーカスの調教師ウラジーミル・L・ドゥーロフの力を借りて、ある実験を試みた。「思考暗示」で動物を意のままに操るというドゥーロフが、動物をマインド・コントロールできるかどうか調べたのだ。カジンスキーはそれを「生物学的無線通信」と命名し、同名の奇書を1963年に出版した。その本は、20カ月にわたって行われた1278回もの実験記録である。元サーカス団員のドゥーロフは何時間も犬を見つめ続け、テレパシーによって犬と意思疎通を図ろうとした。

カジンスキーとほぼ同時期に、こうした超感覚的知覚(ESP)が植物にもあるか否かに関心を寄せたのが、グローヴァー・クリーヴランド・バクスター・ジュニア(通称クリーヴ・バクスター)である。米国中央情報局(CIA)で催眠術を使って尋問する専門官だったバクスターは、1966年2月2日の夜明け前、何をするでもなく室内にあった観葉植物ドラセナ・フラグランスを嘘発見器にかけようと思い立った。葉を燃やしたら植物はストレスを感じるだろうかと、ふと思ったのだ。彼がマッチを取りに行ったところ、植物が反応を示した。植物は恐れを示し、さらに彼の心を読んだこともわかったという。

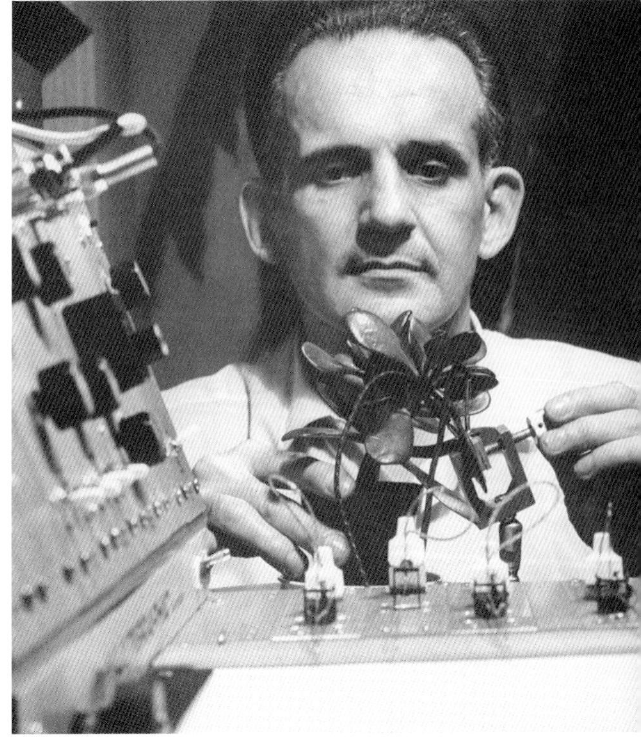

植物の思考実験

観葉植物を嘘発見器につなぐクリーヴ・バクスター。

植物には人の考えていることを読み取る隠れた能力「根源的知覚」があるというバクスターの発見が、ピーター・トンプキンズとクリストファー・バードによる『植物の神秘生活』(1973年)で取り上げられると、バクスターは一躍時の人となった。あちこちのトークショーに呼ばれ、ジョニー・カーソンやデヴィッド・フロストといった米、英のテレビ番組司会者からインタビューを受けた。本と同名の記録映画まで作られ、米国の映画会社パラマウント・ピクチャーズに配信され人気を博した。サウンドトラックにはスティーヴィー・ワンダーの歌が使われている。こうして世の人に受け入れられたにもかかわらず、バクスターの研究も、それを取り上げた本自体も、疑似科学として科学界からは相手にされなかった*3。

倫理のない科学を防ぐ

最後に紹介したいのが米国の弁理士パット・ケリーの本だ。出版のきっかけは、1977年に「切断された頭部を生かしておくことが可能かと考え始めた」ことだった。この難題は、チェット・フレミングという筆名で書かれた461ページもの本『切断された頭部を生きた状態に保つには：頭部切断（ディスコーポレーション）と米国特許第4,666,425号』として1988年に実を結んだ。著者はこう書いている。

「私には医学的な知識は何もなく、強いて言えば生化学を少しかじった程度だった。もちろん切断された頭部の研究などしたこともなかった。（中略）このテーマは降ってわいたように不意に頭に浮かんだのであって、一連の難問と格闘する日々が始まった」

この本は、ケリーの「仮想特許」（まだ存在していない発明への特許）に対する執着の表れともいえる。「切断された」（すなわち、体から切り離された）頭部を物理的・生化学的に生きた状態に保つ装置「陳列棚」は、1987年5月19日、ミズーリ州セントルイスのディスコーポレーションという会社を開発者としてケリーによって特許申請され、米国特許第4,666,425号という番号を付与された。その一部始終を詳しく解説したのがこの本で、「科学と歴史」「法的問題」「仮定の分析」「宗教問題」「技術と倫理」という大きなテーマのもとに数章に分けられている。

「私はそれを奨励しようとしているわけではない。議会や国民がこうした技術を制御できるように、むしろ時間をかせいでいるのだ。このメッセージを広めるためのご協力を仰げれば幸いである」とケリーは書いている。これに賛同した免疫血液学者テレンス・ハンブリンは、英国の医学誌ブリティッシュ・メディカル・ジャーナルでこう評している。「フレミング氏は我々の関心をこの問題に向けさせてくれた。目下、将来の開発を食い止めようとする彼の独創的な方法は、むしろ愉快でもある」

初回の販売促進キャンペーンで無料配布された1冊（ナンバリングは「88の1番目」）を入手して以来、私はこの本に魅了されてきた。手元の本には直筆のサインがあり、化学会社の元重役で「最も偉大な科学者で経営者」だというモンテ・C・スローダル氏への献辞が載せられている。確かに寝る前に手に取る1冊ではないかもしれない。だが、タイトルに驚いてもう一度確認してしまうような、こんな変わった本があるぞと話さずにはいられなくなるような本には、ほかに出合ったことがないのだ。

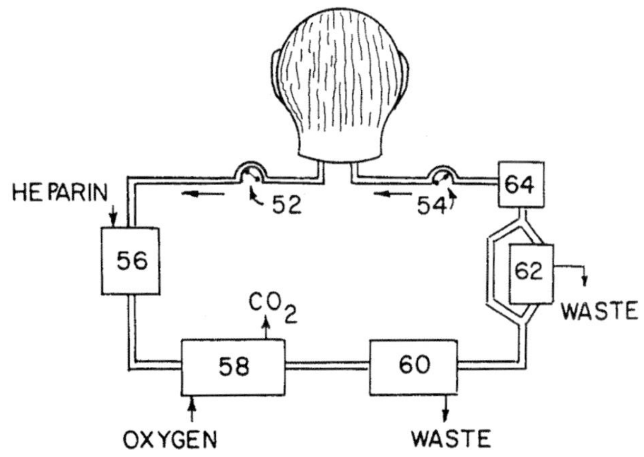

頭部の陳列棚

「チェット・フレミング」ことパット・ケリーが考案した「陳列棚」の設計図。切断された頭部を生かしておくことができるという。

*3 スウェーデンの作家アウグスト・ストリンドベリ（1849～1912年）も、科学の専門家でないにもかかわらず、自らの信じる理論に基づいて実験を行った。「植物にも神経系がある」という主張はとりわけ有名だ。それを証明しようと、垂れさがった枝のリンゴにモルヒネを注入して警察に捕まっている。実験の趣旨を説明し、果物に毒を盛るつもりではなかったことが認められると無事釈放されたという。

Books of Spectacular Size

並外れたスケールの本

本のサイズや長さに作者の執着が見える

まずは小さいところから始めよう。簡潔な文章の極と賞賛されるのは間違いなく「m」だろう。この四本足のmは、1960年代にアルメニア系米国人の詩人アラム・サローヤンが作った詩で、出版物としては世界一短い詩といわれる。詩の意味するところは不明だ。アルファベットの「m」と「n」が細胞分裂をしているように見えるので、数学詩人で批評家の故ボブ・グラマンは「今まさに生み落とされようとしているアルファベットの接写」と表現した。サローヤンは短い詩が得意で、1965年にもやはり一語詩「Lighght」を書いている。のちに「史上最も高価な語」として有名になる言葉だ。サローヤンはこの詩で賞を受け、米国の国立芸術基金から500ドルが支給された。だがこのことで、公金の無駄遣いだと米国内で国民的議論が起こった。ある議員は「もし私の子供が、そんな綴り間違い（の単語）を書いて学校から帰ってきたら、低能帽をかぶらせて部屋の隅に立たせるでしょう」と言い放った。元米国大統領のロナルド・レーガンは、25年も経ってから、その言葉について皮肉をほのめかしている。サローヤンはこうした周囲の反応に肩をすくめる。「個々の語がどのように見えるかに非常に興味をひかれる。例えばguarantee（「保証」の意味）という語は、私にはなんとなく南米の昆虫のように見える」

最も短い詩

サローヤンが知ってか知らずか、短い詩にはオランダの劇作家で詩人のヨースト・ファン・デン・フォンデル（1587～1679年）という先例があった。英国の詩人ジョン・ミルトンに影響を与えたこの詩人は、1620年、回文を書いてコンテストで入賞した。一時は史上最も短いとされたその詩の全文を記そう。「U nu!」（「さあ、君の番！」の意）。それから400年後、米国の詩人ストリックランド・ジリアンも短い詩を作った。「いにしえの微生物の詩」という二行連句で、通称「ノミ」と呼ばれる。それは「Adam / Had'em（アダムにも／いた）」である。1975年6月4日、ボクサーのモハメド・アリはハーヴァード大学でのスピーチ後、同じ壇上で米国の作家ジョージ・プリンプトンと詩について談義した。プリンプトンが例の「ノミ」を朗誦すると、アリはこう応じた。「俺にもありますよ。Me? Whee!（俺？イエーイ！）」*1

演劇の世界では、フランスの劇作家トリスタン・ベルナール（1866～1947年）の『逃亡者』が史上最も短い戯曲に数えられている。舞台の幕が上がる。そこは国境近くの山小屋。小屋の主人が火のそばに座って暖を取っている。するとドアがノックされ、逃亡者が部屋に入ってくる。次のセリフがこの劇のすべてだ。

> 逃亡者：あんたが誰でもいいから、追われている男を憐れんでくれ。俺の首には賞金がかけられてるんだ。
> 山小屋の主人：いくらだ？
> 幕が下りる。

次は本そのものの大きさに着目しよう。このジャンルの奇書収集家は、『ガリヴァー旅行記』の主人公のように、正反対の世界を探検しなければならない。小型本の愛称でもある「小人国リリパットの本」の世界と、「巨人国ブロブディンナグの本」の世界だ。摩天楼のようにそびえ立つ巨人国の書棚をのぞく前に、まずは眼鏡を磨いてピンセットを準備し、身体を縮めて「小人国の本」の世界へ入らせてもらおう。

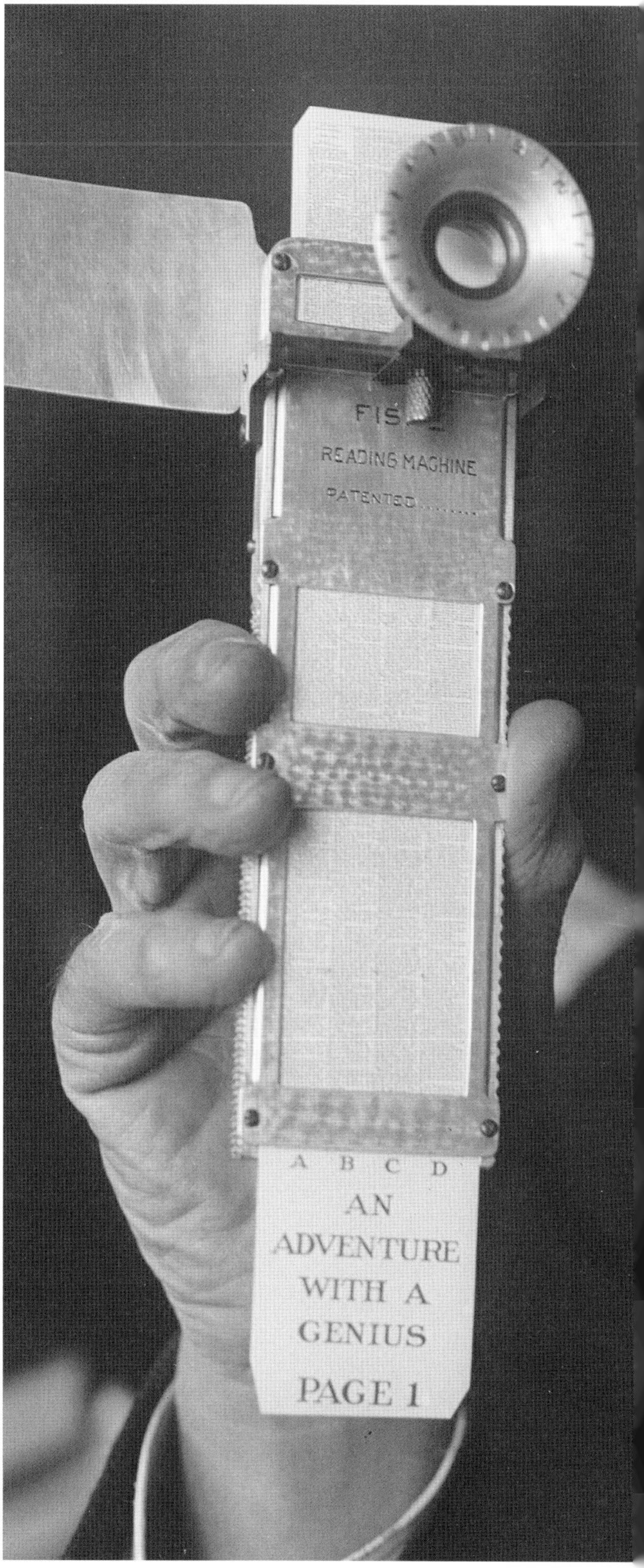

本を縮小印刷した携帯用読書機

上と右：電子書籍が現れる前の1922年、米国の海軍少将ブラッドリー・フィスクは携帯用の読書機を発明した。長さ約15cmの細長いカードに本を縮小して印刷し、肉眼では読めない極小文字を、金属の装置に取り付けた拡大鏡で読み取る。フィスクは、13枚のカードにマーク・トウェインの『地中海遊覧記』第1巻（約9万3000語）を印刷し、記者たちの前で読み方を実演してみせた。

＊1『ジョンソン伝』を書いたジェームズ・ボズウェルによれば、1755年に『英語辞典』を出版したサミュエル・ジョンソンもまた簡潔さを好み、ウィットに富んだ方法で示してみせた。ジョンソンは、自分は記憶力がいいから、ニルス・ホレボウの『アイスランド博物誌』（英語版は1758年）のある章を全文暗唱できると言う。ちなみにその章は「第72章　ヘビのこと　全島にヘビなし」である。第42章はさらに短く、「梟（ふくろう）なし」だった。

小人国リリパットの本
より精巧な技への挑戦

1626年のある日、英国王チャールズ1世の妻ヘンリエッタ・マリア王妃のための晩餐会がバッキンガム公爵邸で開かれた。王妃の前に鹿肉のコールドパイが運ばれてきたと思うと、パイの中から身長45cmのジェフリー・ハドソン（1619〜1682年頃）が飛び出した。小さな甲冑を身にまとい、剣を振り回してみせる。王妃はこの7歳の小さな少年をたいそう気に入り、自分が住むロンドンのデンマーク・ハウスに連れ帰った。ハドソンは王室の「なぐさみ者」の一団に加わり、「小人卿」、「王妃付き小人」と呼ばれた。一団には猿のパグや、ウェールズ出身の巨人ウィリアム・エヴァンズもいた。巨人エヴァンズは、片方のポケットからパン、もう片方のポケットからハドソンを取り出し、「サンドイッチ」を作ることが得意芸だったという。

王妃と小人卿の肖像

王妃ヘンリエッタ・マリア、ジェフリー・ハドソン卿、ペットの猿のパグ。アンソニー・ヴァン・ダイクの作品より。

小人卿の小さな本

成長するにつれ、ハドソンは身体の小ささを笑いものにされることに耐えられなくなった。ある日、王妃付き主馬頭（しゅめのかみ）の弟チャールズ・クロフツにからかわれて決闘を申し込む。当日、クロフツは群衆を楽しませるため「水鉄砲」（水をたっぷり入れた大きな注射器のような消火器）を持って現れた。面白がる見物人をよそに、身長106cmの小人卿はピストルを抜き、クロフツの頭を撃ち抜いた。ハドソンは63歳で亡くなったとされ、今日、小さな青いサテンのチョッキ、ズボン、長靴下などをオックスフォードのアシュモリアン博物館で見ることができる。

その小人卿の冒険談が10cm足らずの小さな本に書かれている。『令嬢パルヴラから「小さなジェフリー」こと小人卿へ宮廷の新年の贈り物』という題で、「小さきものを愛する者（マイクロフィラス）」の筆名で1636年に出された[*2]。執筆目的は明白であり、英国の詩人サー・ウィリアム・ダヴェナントの嘲笑から「小さなジェフリー」を守るためだった。ダヴェナントは「ジェフリドス」という詩で、ハドソンと蹴爪（けづめ）をもつ雄の七面鳥の想像上の決闘シーンを微に入り細をうがって描き、ハドソンを笑いものにしたのだ。ただ、小型本という存在はこの本が初めてではない。小型本は本の歴史の始まりとともに存在し、長きにわたって広く作られてきた。

＊2 英国の出版業者トーマス・ボアマンは、大きなテーマの小さな児童書を1740〜1743年にかけて出版した。扱うテーマはロンドンの歴史的建造物などだ。この2巻本『巨大な歴史』はわずか64mmの大きさで、子供がポケットに入れて持ち歩けるサイズだった。「『巨大』な本だが心配ご無用、左右のポケットに1巻ずつ入れればバランスが取れる」

世界の「豆本」

いつの時代も人々は小さな物に魅了され、職人はここぞとばかりに自慢の腕を振るう。とりわけ小型本の魅力は世界共通のようだ。フランクリン・D・ルーズヴェルト元米国大統領は750冊もの小型本コレクションを有していた。また、アゼルバイジャンのバクーには、64カ国から収集した6500点以上の世界最大の小型本コレクション、バクー小型本博物館がある。小型本は日本では「豆本」と呼ばれ、1670年代から19世紀後半にかけて豆本文化が花開いた。人気は今でも健在のようだ（東京を訪れたら「豆本ガチャポン」を探すといい。100円を入れるとカプセルに入った豆本がガチャンと出てくる自動販売機のことである）。小型本は地球を脱出したこともある。1969年、人類初の月面着陸計画で、宇宙飛行士バズ・オルドリンは『宇宙時代の父、ロバート・ハッチングス・ゴダードの自叙伝：幼年期から1927年まで』（1966年）という小型本を宇宙に連れて行った。ゴダードが発明した液体燃料ロケット打ち上げ40周年を記念して出版された本だった。

小型本とはどのくらい小さな本をいうのだろう。収集家の間では「縦横が76mmを超えないこと」が一応のルールだ。「ボンディの指針」といわれ、古書店主で小型本コレクターだったルイス・ボンディにちなむ。専門的にいえば、「64切」の大きさ、すなわち64ページ分が表と裏に印刷された1枚の紙を折りたたんで作る本の大きさを指す。こうした小さな本に、なぜ人々はいつの世も夢中になるのだろう。ロンドンの競売会社ボンハムで書籍・手稿部門を率いるマシュー・ヘイリーに聞くと、こんな答えが返ってきた。「人間の脳には並外れたサイズのものに刺激される神経細胞があるんじゃないかな」。そう言って彼は、わずか58×40mmの「懺悔の詩篇」の小型本セット（右図参照）を指さした。「まさに至宝だろう？」。後日その詩篇は競売にかけられ、2万5200ポンド（約350万円）で売れたそうだ。

神に懺悔とゆるしを請う

「懺悔の詩篇」の小型本（1598年）。水晶に施された手描きの絵や銀の装丁が驚くほど美しい。聖フランチェスコが聖痕を受ける場面が描かれている。

ハンディサイズの聖務日課書

「悪魔と戦う大天使ミカエル」の挿絵。ネーデルラントの画家シモン・ベニングによる詳細な時禱書(じとうしょ、1530年頃〜1535年)より。7.6×5cm足らずのこの装飾写本は、3時間おきに祈りをささげる際に用いられた。

メソポタミアの粘土板

楔(くさび)形文字が刻まれた古代メソポタミアの粘土板には、縦横のサイズがわずか数cmにもかかわらず、重要な情報が書き込まれているものが数多くある。内容は商人の在庫目録から私的な手紙まで様々だ。

イスラムの小型巻物

左:ヨーロッパに木版技術が導入される何世紀も前に、イスラム世界には小さな護符の巻物を木版で作る技術が存在した。呪文やコーランの節が記され、専用の箱に収納された。11世紀のエジプトの作品。

親指聖書

右:デヴィッド・ブライス・アンド・サン社が出版した小型の「親指聖書」(1901年)。チェーンと書見台付き。

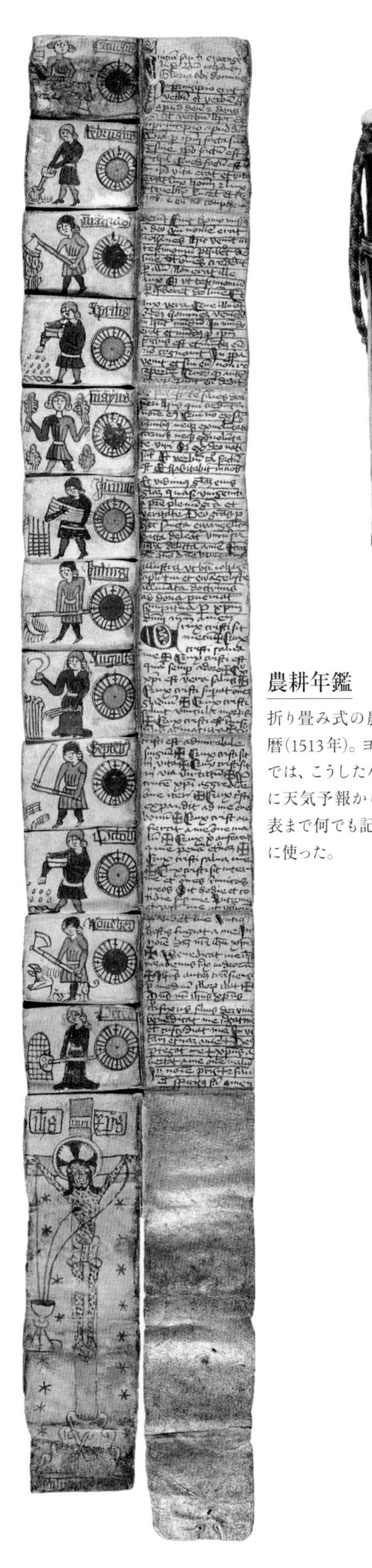

小型本納書箱

小型本を入れる箱。15世紀前半のフランスの作品。鼈甲(べっこう)と象牙で作られており、高さはわずか10cm余り。

農耕年鑑

折り畳み式の農民用の暦(1513年)。ヨーロッパでは、こうした小型の暦に天気予報から度量衡表まで何でも記し、便利に使った。

生活の友

イングランドの小型の暦(15世紀初め)。カレンダー、占星図、医術書などが手のひらサイズの本に盛り込まれていた。

鼈甲(べっこう)の装丁

左:『ダヴィデ詩篇集』(1659年)。7cmの本が鼈甲で豪華に装丁されている。

祈禱書のアクセサリー

右:16世紀にイタリアで作られた小型の祈禱書。装身具として女性が腰紐やロザリオからぶら下げて使った。

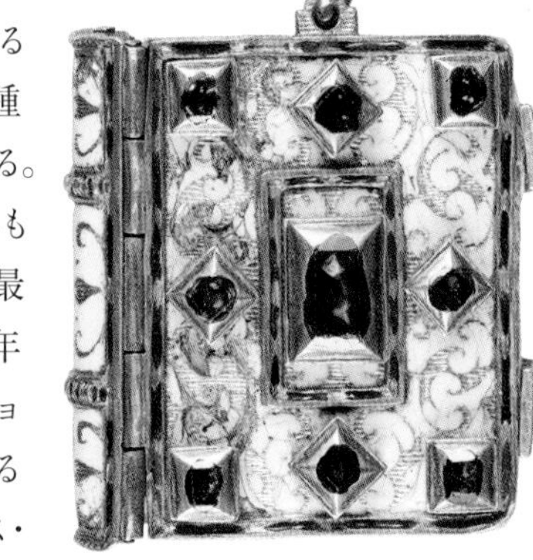

小さな宗教書

今でこそ小型本の内容は多岐にわたるが、最初期の印刷本は、前述の「懺悔の詩篇」などの宗教書が中心だった。

揺籃期(ようらんき)(グーテンベルクが印刷術を発明した1450年頃から1501年)の小型本は、装飾写本期の最後を飾る名匠たちの作品を手本としていた。とりわけ装飾写本家「メートル・ド・クロード・ド・フランス」の作品は素晴らしく、ニューヨークのモルガン図書館は何年も執念深く作品を集め続けてきた。特に『クロード・ド・フランスの祈禱書』は誉れ高い。この本は、フランス王フランソワ1世の最初の妻、クロード・ド・フランスのために作られた2冊のうちの1冊で、王妃の戴冠に合わせて1517年に制作された。わずか7×5cmの本に、なんと132点もの細密画が収められている。絵のテーマは聖書の一場面から王妃の個人的な心配事まで様々あり、健康な男子を産まなければならない王妃の不安も描かれている。かつて私的な秘密が描かれたこの本を見るのは王妃だけだったが、今日、モルガン図書館に行くと誰でも館内のiPadで読むことができる。

17世紀初頭になると、「親指聖書」と呼ばれる小型本が現れた。挿絵満載の子供向け簡易版聖書である。目の酷使を強いられるこの聖書は、現在300種以上の版が知られている。なお、米国初の小型本も簡易版聖書だった。最古の親指聖書は1601年に出た英国の詩人ジョン・ウィーヴァーによる128ページの『アニュス・デイ(神の子羊)』で、各ページに6行詩が並ぶ。わずか2点しか現存せず、最も貴重な小型本に数えられる。キリスト教の親指聖書は宣教活動の広がりとともに意外な場所からも発見されており、最近では1965年、ニュージーランドで小型の福音書が大量に見つかった。宣教活動の一環で配布されたもので、なんとマオリ語で書かれていた。

一方、コーランの小型印刷本は、写真撮影が身近になる19世紀末に現れる。当時最も出回ったのは、1896年に英国グラ

コーランの豆本

下:美しい装飾写本の小型コーラン(ペルシャ、16世紀)。大きさは4×4cmで338葉からなる。

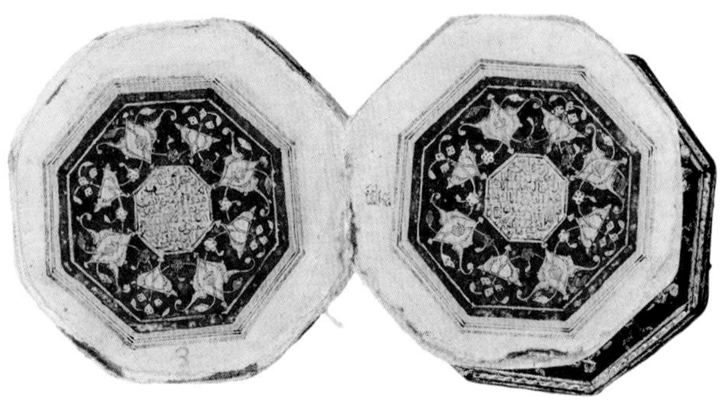

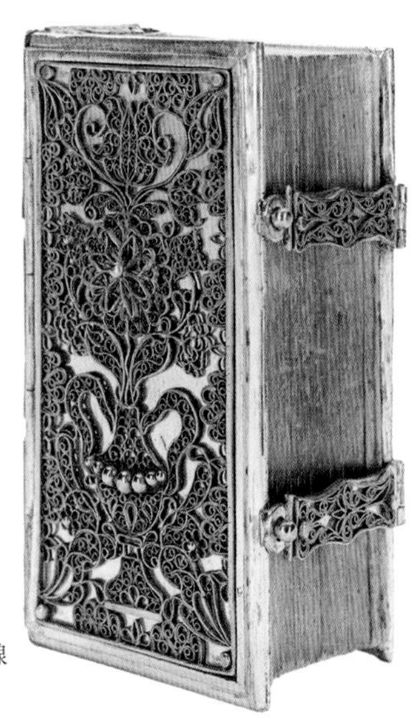

銀細工の祈禱書

親指サイズの祈禱書。装丁に銀線細工が施されている(17世紀)。

初の「ハエの目」活字本

ダンテの『神曲』の小型本（1878年）。極小活字が使われ、制作した職人は目を悪くした。

スゴーのデヴィッド・ブライスが製作した、拡大鏡つき金属ケース入りの小型本で、大英帝国側で戦うイスラム教徒たちがお守りとして身に付けた。もっとも、手書きの小型コーランは何世紀も前からあり、やはり護符として使われてきた。オスマン帝国時代、軍旗の先端に掲げた手書きの小型コーランは「サンジャク・クルアーン」と呼ばれた。旗を「サンジャク」と呼ぶことにちなんだ名で、この「お守り」を金や銀のケースに入れて腕に着ける兵士もいた。

精巧な技術

制作者、収集家双方にとって、小型本の魅力はなんといっても職人技にある。時代の最高技術を駆使し、もちろんミスは許されない。必然的に小型本の歴史は、努力を積み重ねて精巧な技に挑戦し、より小さな本を作る方向へ進んでいった。考えただけで頭が痛くなる仕事だ。例えば、1673年にオランダのアムステルダムで印刷された25ページの詩集『小さな花園』は、弱冠23歳のベネディクト・スミットが匠の技を存分に発揮している。本の大きさはわずか7×13mmで、その後200年以上も世界最

珍しい料理本

極めて珍しい小型本『世界で一番小さな料理本』（ウィーン、1900年頃）。約23×21mm。

木の実の表紙

19世紀には木の実の殻を表紙に加工する小型本が流行した。下はトーマス・ジェファーソンの伝記。

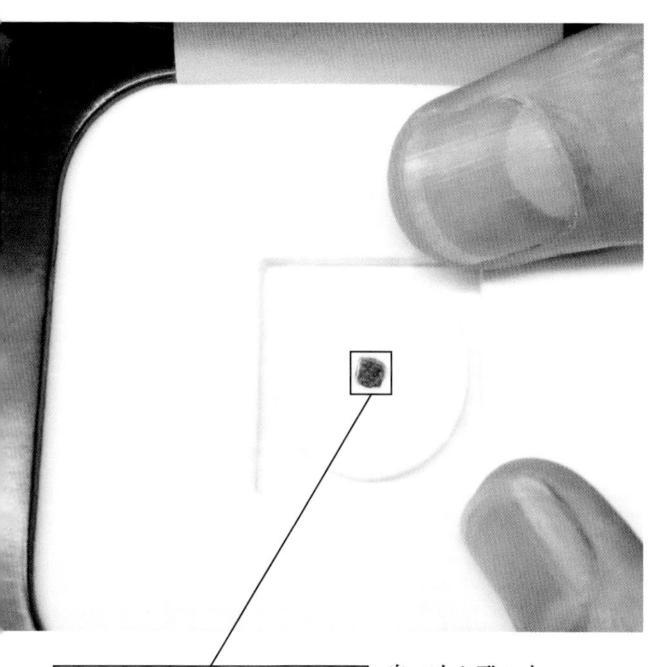

息で吹き飛ぶ本

『世界最小の本』(2002年)。ドイツのライプツィヒの書体デザイナー、ヨシュア・ライヘルトの作品。

小の名をほしいままにした。だが、1819年に転機が訪れる。フランスの印刷業者アンリ・ディドーが、わずか2.5ポイント、高さ約0.9mm(このくらいの大きさ)の史上最小活字を発明したのだ。その活字はあまりにも小さかったため、新たに「ポリアマタイプ」という特殊な鋳型が開発された。

50年余り経ち、イタリアのパドヴァの出版社サルミン兄弟は技術者と協力して、「ハエの目」と呼ばれる極小活字の開発に成功した。この活字は目が疲れるので地元の検眼士たちは喜んだかもしれないが、今日ではすこぶる評判が悪い。極小活字は1878年、ダンテの『神曲』の小型本「ダンティーノ」に初めて使われた(221ページの図参照)。「ハエの目」は恐ろしく小さいため製作は困難を極め、植字工のジュゼッペ・ジェーケをはじめ製作に携わる者たちは次々と目を

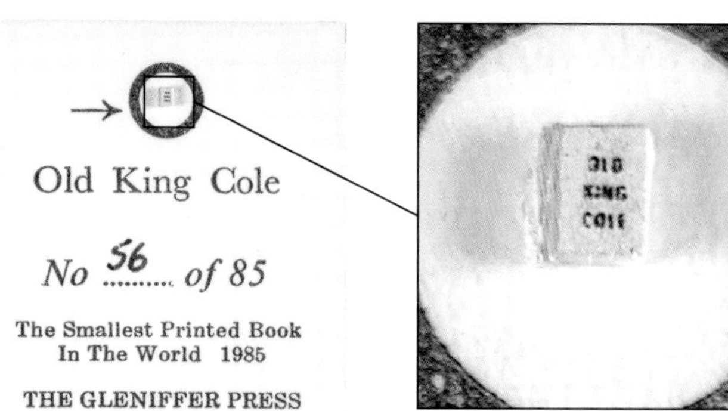

1mmの本

12ページからなる『コール老王』(1985年)。スコットランドのグレニファー・プレス社が制作した小型本で、大きさは1×1mm。ページをめくるには針が必要だ。

悪くした。32ページを仕上げるのに丸1カ月かかる緻密な作業を続け、最終的にわずか4.5cmの大きさで、500ページ、1万4323詩行を載せた本が出来上がった。とてつもない偉業であるが、危険な本でもある。虫眼鏡の使用をお勧めするが、それでも読むのは一苦労である。

ミクロの世界に突入する

20世紀に小型本は際限なく小さくなっていった。1900年に米国オハイオ州クリーヴランドのチャールズ・H・メグズが自費出版したウマル=ハイヤーム作品の特装本は、切手の4分の1ほどの大きさで、字は小さすぎて肉眼で読めなかった。出版されたうちの1冊を印章付き指輪(シグネットリング)に収めた人が出るほどの小ささだった。

2002年に世界最小の認定を受けた、その名もずばり『世界最小の本』も忘れてはならない。ドイツのライプツィヒの書体デザイナー、ヨシュア・ライヘルトが、活版印刷を発明したヨハネス・グーテンベルクを記念して制作した作品で、大きさは2.9×2.4mm(左上の写真参照)。出版され

た本では今も世界最小を誇る。各ページにアルファベットの1文字が特殊な書体で印刷され、1冊約100ポンド（約1万4000円）で300部が売れたという。もしもこの本と出合う機会があれば、取り扱いに注意しよう。数年前、書籍見本市でドイツ人書籍商から購入した際、彼の同業者の失敗談を教訓として聞かされた。自身の1冊を検めていたその女性は、あろうことか本の前で呼吸をしてしまった。その日の午後は、虫眼鏡を片手に床に這いつくばり、芥子粒ほどの大きさの本をずっと探し回る羽目になったとか。

ここから先は途方もない話になる。2007年、カナダのブリティッシュコロンビア州ヴァンクーヴァーにあるサイモン・フレーザー大学ナノ・イメージング研究室で、研磨した単結晶シリコン面に集束イオンビームで文字を刻み、30ページ、0.1×0.07mmの極小本が作られた。制作費は1万5000カナダドル（約130万円）。原作はマルコム・ダグラス・チャップリンの『カブの町のちっちゃなテッド』（小さなテッドが大きなカブを育て、毎年恒例の収穫祭のカブ・コンテストで優勝する物語）だった。同大学の科学者リー・ヤンとカレン・カヴァナーの協力を得て、出版業者ロバート・チャップリンが制作したこの「ナノ・ブック」には、ISBN番号まで付けられている。だたし、読むためには電子顕微鏡が必要である。

次の本も特筆に値する。2016年、ロシア人物理学者ウラジーミル・アニスキンは、写真平板技術を使って0.015ミリ大の金属文字を塗装し、極小本を制作した。本には、ロシアの作家ニコライ・レスコフの『トゥーラの斜視の左利きと鋼鉄のノミの話』（1881年）に登場する3人の名が記された。この物語は、英国製ぜんまい仕掛けのノミの足に小さな蹄鉄を打ち付けて、英国の職人より自分たちの技術のほうが優れていると示した3人のロシア人鍛冶職人の話である。ノミの蹄鉄より小さい本に3人の鍛冶職人の名を記したアニスキンは、その職人の技術も超えたことを器用に示したわけだ。

シリコン結晶に書く

上：モニターに映し出された極小本『カブの町のちっちゃなテッド』（2007年）。横に立つのはサイモンフレーザー大学のカレン・カヴァナーとリー・ヤン。

手作りのマイクロブック

下：物理学者ウラジーミル・アニスキンの極小本。

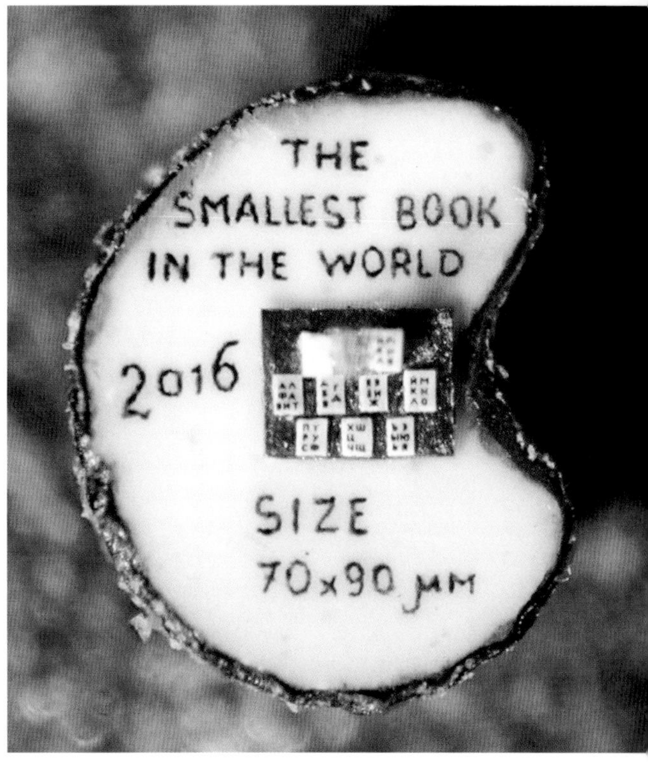

THE
SMALLEST BOOK
IN THE WORLD
2016
SIZE
70x90 μm

巨人国
ブロブディンナグの本
長い小説、巨大な本

「小人国の本」の対極に位置するのが「巨人国の本」だ。書物史家ウォルター・ハート・ブルーメンソールの言葉を借りれば「本の世界のゴリアテ（旧約聖書の巨人兵士）」だ。巨大本の世界を正しく理解するには、次の2冊を見る必要があるだろう。1冊は、書くことに強迫観念を抱く著者による恐ろしく長い本、もう1冊は、書庫を破壊するほど巨大なサイズの本である。

なぜ長い本を書くのか

史上最長とされる本はどんな動機で生まれるのだろう。米国アイオワ州ウォータールーの主婦マーヴァ・ドルーは、1968〜1974年にかけて、1から100万までの数字を手動式タイプライターで嬉々として打ち込んでいった。使用した紙は2473枚に及ぶ。数字を打つ理由を聞かれ、ドルーは「タイプするのが好きなんです」と答えている。アルメニアの作家アルメン・シェコヤンは、本書執筆時点で、世界一長い小説を書き上げようとしている。「普通の方法で本を書いたら、人によって好き嫌いは分かれるかもしれない。だが10巻の本を指して8巻だと言うことはできないだろう」

中国、明代の永楽帝（1360〜1424年）の場合、史上最長の書物の制作を命じた理由は、自分の参考書を作るためだった。今は多くが失われた『永楽大典』は、8000冊ほどの書物を集めてまとめ上げた中国の大百科事典である。編纂事業は1403年から始められ、携わった学者は最初は100人ほどだったが、やがて2169人まで膨れ上がった。彼らは中国全土を旅し、農業、宗教、詩文、その他ありとあらゆるテーマの書物を探し出して収集した。5年後の1408年、学者の成果は3億7000万字を手書きした2万2877巻に結実した。歴史、哲学、人文科学、自然科学、儒教など、当時の知識がすべて盛り込まれた大百科事典は、体積にしてざっと40m³を占めたとされる。8トントラックの荷台がいっぱいになってしまう量だ。『永楽大典』と肩を並べる書物は未だ現れていない。ただし、それは「リアルな本」としてであって、600年近く経った

背合わせの本

「背合わせ製本」による作品（1637年）。2冊が裏表紙を共有している。新約聖書と詩篇の合本。

歌川国芳の『南総里見八犬伝』

奇才の浮世絵師、歌川国芳の木版画（1835年前後）。大作『南総里見八犬伝』の一場面を描いたもの。登場人物の犬田小文吾悌順（いぬたこぶんごやすより）が、敵の1人を踏みつけ、もう1人の攻撃をかわしている。幼い犬江新兵衛仁（いぬえしんべいまさし）が背負われている。

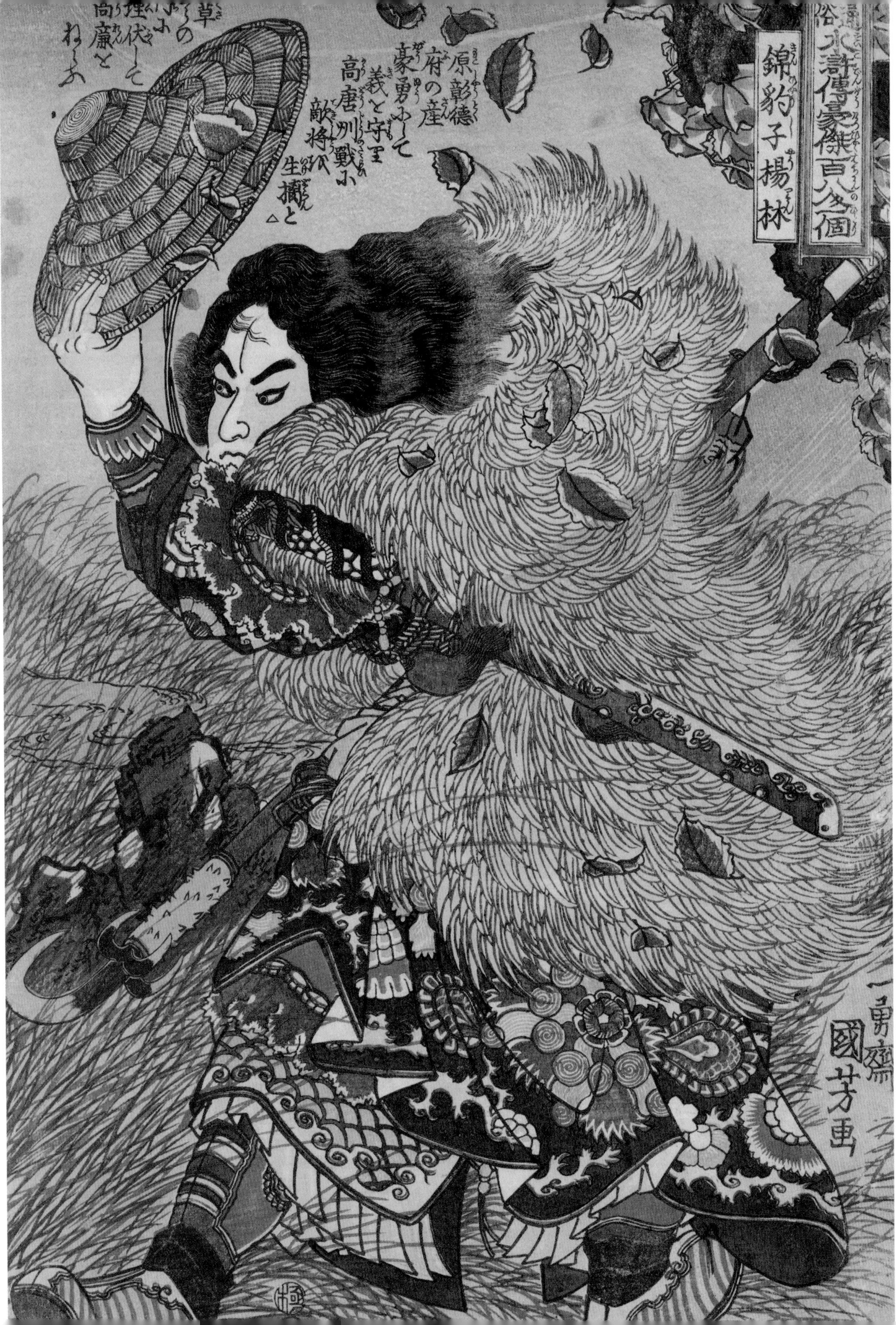

俗水滸傳豪傑百八人之一個
錦豹子楊林
原彰徳府の産豪勇ふして義と守里高唐州戰ふ敵將を生擒と
草むらの内ふ埋伏して向廉とねらふ
一勇斎國芳画

2007年9月9日、量と範囲である書が『永楽大典』をしのいだ。オンライン上の百科事典ウィキペディアである。

もっとも理論上は、世界一の長編作品は『グーゴルプレックスを書き上げたら』の印刷物になるだろう（グーゴルプレックスは数の単位）。2013年、ウォルフガング・H・ニッチェが複数のPDF文書に分けてオンライン出版したこの書は、1グーゴルプレックス（1の後ろに、10を10^{100}乗した数の0が並ぶ数）を、累乗を使わずに、0を並べて書き表したものだ。「購入する」をクリックして印刷物を入手する前に、よくよく考えたほうがいい。この世のすべてを破壊することにつながるからだ。1グーゴルプレックスのゼロをすべて印刷すると10^{94}冊の本となる。仮にそれぞれの本の質量（重さ）を100gとすると、全冊揃えた場合の全質量は10^{93}kgになる。ご参考までに、地球の質量はほんの5.972×10^{24}kg、銀河系の質量は推定で2.5×10^{42}kgとされているから、この本の前ではかすんでしまう。結論を言おう。この本をプリントアウトしてはいけないのだ。

日本の恐ろしく長い本は、曲亭馬琴（きょくていばきん）による小説『南総里見八犬伝』だ。全98巻106冊の大作で、1814年に出版され、28年後の1842年に完結した。本が完成したとき著者は75歳、執筆後半で失明するも、息子の妻の路（みち）に口述筆記してもらうことで物語を書き上げた。1匹の犬を霊的な「父」として誕生した八犬士が繰り広げる冒険活劇で、全180話を通し、室町時代（馬琴の時代より350年ほど前）を生きた八犬士の活躍が描かれている。この作品には、中国四大奇書の一つで豪傑たちが天下の世直しを目指す『水滸伝』の影響が色濃い。

歌川国芳の『水滸伝（すいこでん）』

左ページ：同じく歌川国芳の描く『水滸伝』の登場人物、錦豹子楊林（きんぴょうしようりん）。『水滸伝』は中国古典文学の四大奇書の一つで、『八犬伝』に影響を与えた。

多作の新興宗教創設者

西洋へ目を転じると、本書執筆時点で最も多作とされる著者は、驚くなかれ、あのL・ロン・ハバードである。新興宗教サイエントロジーの創設者で、世界で最も長い小説の一つ、全10巻からなる『ミッション・アース』を書いたことでも知られる。1985年に刊行が開始され、最終的には120万語、3992ページの本になった。うたい文句には「遠い未来が舞台の風刺的SF冒険小説」とあるが、批評家の意見はあまり好意的ではなく、米国ジョージア州ダルトンなどでは「反社会的で、邪悪で、すべてに否定的」であるとして有害図書に指定された。

ハバードは驚くことに1084点もの作品を執筆し、様々な筆名を使った。筆名の例には、バーナード・ハッベル、リージョネア14830、ルネ・ラファイエット、ジョー・ブリッツ、そして私の個人的なお気に入りで、銃器メーカー名を参考にしたらしきウィンチェスター・レミントン・コルトなどがある。最も奇想天外な作品は『エクスカリバー』で、歯の治療で笑気ガスを吸ったときの体験に刺激されて1938年に執筆したらしい。ハバードは「聖書よりはやや重要で、人々に与える影響は聖書より多大な」本だという。出版はされなかったが、1957年に限定版が1冊1500ドルで短期間販売された。しかも、「この本を最初に読んだ15人のうち4人が正気を失った」という警告付きで。彼の著作権エージェントであるフォレスト・J・アッカーマンにはこう伝えている。「ニューヨークの出版社に原稿を送ったら、読んだ人間が超高層ビルの窓から飛び降りた」。ちなみに、悪名高いのちの著書『ダイアネティックス』（1950年）はこの作品を基にしている。

人知れず書かれた長い小説

ハバードに負けず劣らずの奇人で、正反対の世捨て人だったのがヘンリー・ダーガー（1892～1973年）だ。米国イリノイ州シカゴの病院の雑

長編小説の自作絵

1万5145ページに及ぶヘンリー・ダーガーの長編『非現実の王国で』の挿絵。

役夫として一生を終えたが、死後、40年間暮らしたアパートの一室から作品が発見された。雑然とした部屋に「わきの下の高さ」まで積まれた様々な収集品(ボール状に巻いた紐や薬瓶など)の中から、とてつもない長さの原稿が見つかったのだ。発見した家主によれば、その原稿は900万語余り、1万5145ページ、全15冊に及んだという。300点以上のスケッチや水彩画も添えられ、最後の数点は3m幅の紙に描かれていた。『非現実の王国として知られる地における、ヴィヴィアン・ガールズの物語、子供奴隷の反乱に起因するグランデコ——アンジェリニアン戦争の嵐の物語』(通称『非現実の王国で』)というタイトルの原稿は、7人の天真爛漫な少女たち「ヴィヴィアン・ガールズ」が、子供を連れ去る邪悪な大人「グランデリニアン」に反乱を起こす冒険譚である。ダーガーが制作に費やした時間は定かではないが、間違いなく数十年を要しただろう。今日、彼の作品はアウトサイダー・アートの代表作として有名になり、その数々の挿絵には何百万ドルもの値がつけられている。

長い長い日記

やはり多作の世捨て人に、米国ボストンの壊滅的に売れない詩人アーサー・クルー・インマンがいる。書き上げた1700万語、155冊の日記から選び抜いて出版した本は、米国のタイム誌の書評で、「誇大妄想狂、偏屈、女嫌い、のぞき見趣味の心気症患者」による作品と酷評された。

実際に心気症で衰弱していたインマンは、高級アパートメントの防音された暗い部屋で生活し、絶え間なく襲ってくる書字過多症（ペンを持つと際限なく書き続ける）のはけ口として日記をつけた。日記から典型的な一節を挙げよう。「リトアニア人の女が読み聞かせに来た。一目で嫌な奴だと思った。たいしてとりえのない女で、油をさしていない車軸のような声で話した」。1919年から始まる彼の日記は、英語の日記では最長の部類に入る。「バルザックがフィクションでしたことを、

世界最大の経典

1868年にミンドン王が建造した仏塔群クドードー・パゴダの、三蔵などの仏典を刻んだ石板。ミャンマーのマンダレーにある。石板（1枚は1.53×1.07m）は730枚あり、「1ページ」の厚さは12.7cm、1枚ずつ高さ4mほどの白い小仏塔の中に収められている。

私はノンフィクションでしてみようと思う」と語ったように、彼は生活のあらゆる場面を写実的に描き出した。だがその日記も1963年に終わる。近隣の超高層ビル、プレデンシャル・タワーの建設工事の騒音に耐え切れず、インマンが拳銃自殺をしたからだ。

一方、米国ワシントン州デイトンにも、何とも魅力的な日記を書いた男がいた。元牧師で高校の英語教師だったロバート・シールズ（1918〜2007年）の日記はこんな感じだ。「午前7時：浴槽をきれいに掃除し、足の古い角質を手の爪で取り除いた」。1972〜1997年の間、毎日4時間、特に便通を気にしながら5分単位で日記をつけ、最終的には驚きの3750万語に達した。日記にはこんな言葉が並ぶ。「午後6:30〜6:35：スタウファー社の冷凍マカロニチーズを2つ、オーブンで350度で温めた。6:50〜7:30：一つは私が、もう一つはコーネリアが食べた。グレースは今は食べないようだ」。シールズによれば、日記をやめることは「人生をやめる」ことであり、彼はその日記が将来何かの研究に役立つと考えていた。「ある人間の生活を毎日毎分単位で詳しく調べることで、全人類に役立つ何かが発見されるかもしれない」。2007年のシールズの没後、日記はワシントン州立大学に寄贈された。現在、同大学のコレクションで、山のような日記と「さらなる研究」のために彼が残した鼻毛を見ることができる。

悪魔の助けで書いた巨大本

もっとも、こうした長たらしい本も、巨大なサイズの本を前にすると存在が色あせる。巨大本のリストから最初に紹介したいのは、現存する中世ヨーロッパ最大の手稿で、悪魔の助けを借りて書かれたという作品だ。伝説によると、13世紀初め、ボヘミア（現在のチェコ）のポドラジツェにあるベネディクト会修道院で、「隠遁者ヘルマン」と呼ばれる修道士が誓願を破った。そのため、彼は死ぬまで独房に監禁される罰を言い渡さ

れた。命乞いをしたヘルマンは、修道院長から理不尽な条件で罰を免除される。その条件とは、あらゆる人類の知恵を一晩で書き上げることだった。ヘルマンは死に物狂いで取り組むが、真夜中になって達成は無理だとわかり、必死の思いで悪魔に助けを求めた。翌朝、美しい挿絵入りの手稿が魔王ルシファーによって仕上げられていた。ヘルマンは感謝の意を込めて、1ページを割いて「暗黒界の王子」の肖像(右ページの図参照)を描き、本に加えたという。

俗に「悪魔の聖書」と呼ばれるこの巨大な『ギガス写本』には、確かに多くの知恵が詰め込まれている。高さ約90cm、160頭のロバの皮または子牛皮から作られた310枚もの獣皮紙に、ヴ

中世期最大の写本

上、右ページ：現存する中世最大の書『ギガス写本』。悪魔の助けを借りて修道士が一晩で書き上げたとされ、そのお礼として悪魔の肖像が書き加えられたという。

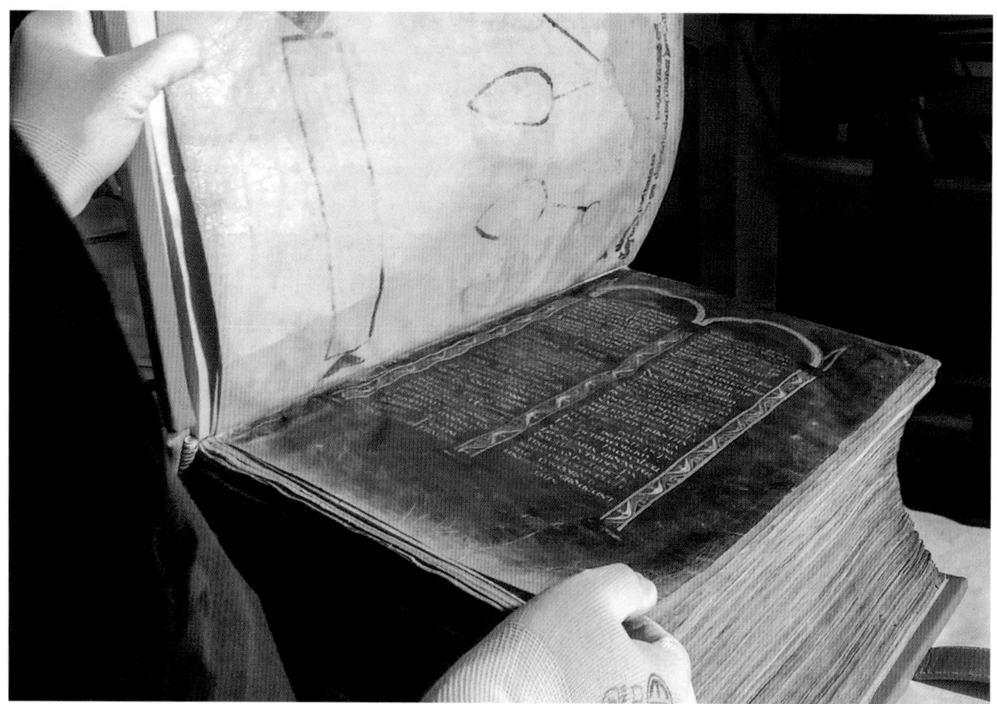

世界最古のラテン語聖書

アミアティヌス写本。この巨大な聖書は、全巻が1冊にまとめられたラテン語聖書としては現存最古のもの。8世紀初頭にイングランドのウェアマウス・ジャロー修道院で作られた写本で、3点の細密画が描かれている。

ルガタ聖書(カトリック教会の標準ラテン語聖書)の全文、イシドルスの百科全書『語源論』、種々雑多な医学論集、コンスタンティヌス・アフリカヌスによる2冊の医学書など、広範にわたる著名な作品が書かれている。現代の専門家は、制作に20年以上はかかると推定している。現在はストックホルムのスウェーデン国立図書館に保管されているが、以前、同市のトレー・クローノル城にあったとき、火災から守るために4階の窓から放り投げられた。幸いにも、74.8kgもあるその本は通行人に当たり、数葉が散らばっただけで済んだ。マット代わりになった人間のその後はわかっていない*3。

聖書の大きさは内容の重要性を表すと考えられ、持ち運びに最低2人が必要となる重さは神の言葉の重みを反映しているとされた。実用面では、特大サイズの聖書は何人も同時に読めるメリットがあった。とりわけその利点が生かされたのが、礼拝で使われた交唱聖歌集だった。あまりに大きくて扱いにくいため、頑丈な書見台の上に置きっぱなしにされた。交唱(短い繰り返し句)の部分には、典礼聖歌隊のために、アンブロジオ聖歌やグレゴリオ聖歌で広く用いられる正方形やひし形の記譜記号がびっしりと記されていた。合唱団員たちは交唱聖歌集を囲んで集まり、記譜記号を見て共に歌ったという。

荘厳さで交唱聖歌集と肩を並べるのが、ウズベキスタンのサマルカンドにある「ウスマーン写

*3 窓から投げ出されて凶器となった本はこれだけではない。1731年2月3日夜、ブリュッセル王宮から火の手が上がった。王宮の司書は本を救うため、無我夢中で窓から本を放り投げた。その際、見物人の一人が特にずっしりと重い二折本の犠牲になったという。

礼拝に使う巨大な交唱聖歌集

巨大な交唱聖歌集(中世の合唱曲集)を開いて読むには床の上でないと無理だ。

本」だ。往時の姿は実に神々しかったに違いない。その本にまつわる話がこう伝えられている。ティムールの妃であり第一夫人のサライ・ムルク・ハヌム(1343〜1406年)は、夫が軍事遠征中だった1399年、この世で最も美しいモスクの建設を命じた。偉大な建築家や職人が不眠不休で作業にあたり、1404年にビビ・ハヌム・モスク(「第一夫人のモスク」)が完成した。その中庭の中央に、約2.3×約2mの大理石でできた書見台が今も鎮座している。現在、台の上には何も置かれていないが、かつては金で装丁された重さ約300kgの世界最古のコーランが置かれたという。そのコーランはイスラム教の開祖ムハンマドから3代目のカリフ、ウスマーン(在位644〜656年)のもので、読書中に暗殺され、その血が染みついて歴史的な遺物として珍重されるようになったという。ある聖人(ティムールとも)によってサマルカンドへ運ばれて以降、その書見台の上で何世紀にもわたって地元民や巡礼者に崇められたと伝えられる。男子の妊娠を望む女性は、その書見台の周りを3度回ると望みがかなったともいう。1868年にサマルカンドがロシア軍に占領された翌年、戦利品としてサンクトペテルブルクへ持ち去られたが、1924年、ソ連によってウズ

巨大なコーランの書見台

大理石でできた巨大な書見台。15世紀に建てられたサマルカンドのビビ・ハヌム・モスクの中庭にある。このモスクは中央アジアで最も印象的なモスクに数えられる。

王の地図帳

そびえ立つようなクレンケ・アトラス。オランダの学者で商人のヨハネス・クレンケがイングランド王チャールズ2世のために制作した地図帳で、王政復古を祝って王に献上された。見開きの大きさは176×230cmもあり、読む人を小さく見せる。

ベク人に返還された。今日、傷みやすい鹿革を保護するため、首都タシケントの空調管理の行き届いた図書館に保管されている。

20世紀の巨大な本

巨大本の中には、当然、その大きさを誇示するために作られたものもある。特筆に値するのが米国の超大型本『南部の物語』である。1925年、ニューヨークのグランド・セントラル・パレ

スで開催された米国南部物産展で、各産業が出展した自慢の品の中に、この本があった(のちにメリーランド州のボルチモア市庁舎に飾られたらしいが、その後の消息は不明。あまりに大きくて扱いにくいため解体されたのだろう)。

実際、『南部の物語』は床が抜けるほど大きい。高さ2.08m、本を開いた幅は2.79mで、ページをめくるのに発動機が必要だった。巨大な機械仕掛けのイーゼルに載せると、大人のアフリカゾウとほぼ同じ高さ3.7mに達し、見る人を圧倒した。総重量は500kg以上、12馬力のモーター2つを動かして19枚のシーツ大のページをめくった。各ページには、合衆国建国における南部諸州の貢献が詳述されていた。制作者たちの頭を悩ませたのは装丁だった。これほど大きな本の装丁に使える動物の皮などあるのだろうか。あちこち探し回った末に見つけたのは、3.66mもあるテキサスの雄牛の皮だった(ありえない大きさだが、とてつもなく大きな雄牛がいるとすれば、テキサス以外にはないだろう)。

それから90年後の2014年、ブラジルの税法専門弁護士ヴィニシウス・レオンシオは、まったく異なる理由から巨大本を完成させた。その理由とは「抗議」である。23年かけて制作した7.5トンの『最愛の国』は、ブラジル税法の異常なまでの数の多さと複雑さを示した本だ。ブラジルのあらゆる税法規を1冊にまとめ上げた初めての本でもある(ただ、本が「完成」したのは一時だけのこと。毎日平均35件ほどの新しい税法規が生まれているからだ)。4万1000ページを超えるその本は、裏表紙を下にすると2.1mの厚さで読者の前にそそり立つ。

レオンシオは自腹で制作費100万レアル(約2000万円)を出し、コンタジェン市で借りた作業小屋に、本来は看板用ポスターを大量印刷するための印刷機を中国から取り寄せ、印刷した。23年にわたり、毎日平均5時間かけて法律を調べ、収集していった。その間、プロジェクトのスタッフは37人まで増えた。3回の心臓発作、1回の離婚と再婚を経験するも、彼はくじけなかった。尋常でない税制を扱う際に味わう「現実とは思えない、うんざりする経験」に何としても注目を集めたかった。「この国で税金を払うときに感じる屈辱をなんとかしたいと思っただけです」とレオンシオは話す。

本書で彼の本を取り上げたいと話したら、非常に喜んで写真まで提供してくれたが、このプロジェクトにはもう何の未練もないという。最後の質問に彼は「ノー」と答えた。第2版を出す予定はないそうだ。

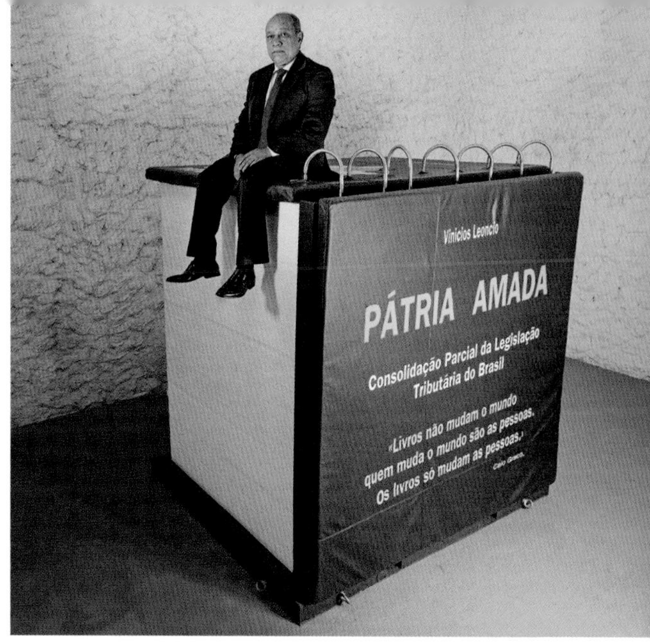

抗議の巨大本

自作の巨大本に腰掛けるブラジルの弁護士ヴィニシウス・レオンシオ。ブラジルの税法規が異様に多いことに対する抗議の出版物だ。

実物大の鳥の本

次の4ページ:1827〜1838年に出版された画集『アメリカの鳥類』より。米国の自然誌家ジョン・ジェームズ・オーデュボンが描いた北米の鳥類が、「ダブル・エレファント・フォリオ判」(99×66cm)という巨大サイズのページに、実物大で載っている。2010年、初版の全巻セットがロンドンのサザビーズで競売にかけられ、印刷された書籍としては当時の史上最高額732万1250ポンド(約9億6000万円)で落札された。

Nº 57.

Drawn from Nature by J.J. Audubon, F.R.S. F.L.S.

Great White Heron, AR

PLATE CCLXXXI.

A OCCIDENTALIS, *Male adult spring plumage* View Key-west.

Engraved, Printed & Coloured by R. Havell 1835.

No 87.

PLATE CCCCXXXI

Drawn from Nature by J. J. Audubon, F.R.S. F.L.S.

Engraved, Printed and Coloured by Robt Havell, 1838

1. Profile view of Bill at its greatest extension.
2. Superior front view of upper Mandible.
3. Interior front view of upper Mandible.
4. Inferior front view of lower Mandible.
5. Interior front view of lower Mandible with the Tongue in.

American Flamingo.
PHŒNICOPTERUS RUBER. *Linn.*
Old Male.

6. Profile view of Tongue.
7. Superior front view of Tongue.
8. Inferior front view of Tongue.
9. Perpendicular front view of the foot fully expanded.

Drawn from Nature by J. J. Audubon F.R.S. F.L.S. — Engraved, Printed & Coloured by R. Havell 1836

American White Pelican

PELICANUS AMERICANUS, Aud.

Male Adult.

Strange Titles

変わった書名

タイトルはエンターテインメント

「名前がなんだっていうの？」。シェークスピアは『ロミオとジュリエット』で感慨深げにそう書いている（ちなみに1597年初版のタイトルは『ロミオとジュリエットの巧みで優れた悲劇』だった）。もしシェークスピアが生きていて、次の事実を知っても同じせりふを書いただろうか。F・スコット・フィッツジェラルドの『グレート・ギャツビー』は、一時期『ウエスト・エッグのトリマルキオ（トリマルキオは「成り上がり者」の意）』という書名が検討されていた。ブラム・ストーカーの『吸血鬼ドラキュラ』は『不死の死者』だったかもしれない。すばらしい題名はもはや芸術である。その一例が、英国のユーモア作家、故アラン・コーレンの本だ。1975年にエッセー集を出版する際、「猫」「ゴルフ」「ナチス」の本が売れ筋と知ったコーレンは、タイトルを『猫のためのゴルフ』とし、表紙にナチスのシンボルマークのハーケンクロイツをそのまま置いたのだ。

書名を決める際にはよくよく注意したほうがいい。書名が皮肉な運命を引き寄せることもあるからだ。米国のビル・ヒルマンは、『牛追い祭り：パンプローナの雄牛にやられない方法』というガイドブックを出版した2014年に、パンプローナの雄牛に突かれ、翌年も同じ目に遭った。『激戦区を制する方法』を著した保守党の政治家ギャヴィン・バーウェルは、2017年の英国総選挙の激戦区で負けている。

英国のダイアグラム賞は、その年の「世界で最も変な書名」に与えられるユーモアあふれる文学賞で、1978年から毎年発表されている。過去の受賞作には、グレン・C・エレンボーゲンの『星の王子様と野菜人格』（1986年）、アクサ出版社の『楽しい湯沸かし』（2018年）などがある。だが実は、「変な書名」は何世紀も前から存在した。蔵書目録の片隅に埋もれた、もっと変な名前の本たちをいくつか紹介しよう。

『禿（は）げ礼賛』
フランス人修道士フクバルト、910年頃。

『婦人による異常な執政に反対する第一声』
ジョン・ノックス、1558年。

『忌まわしい長髪：長髪に反対する新旧両教会の聖職者の一致意見。化粧、胸をはだけること等への異議を掲載した補遺付き』
トーマス・ホール牧師、1654年。

『霊との友好関係について、あるいは霊と知り合う方法』
H・A・マック、G・E・ハンベルガー、1716年。

『尻からの調べ、あるいは女性のお尻の話』
フィズル・ランプ伯爵夫人（ジョナサン・スウィフトの筆名）、1722年。

『悪魔の収穫祭、あるいは売春、姦通、私通、売春婦斡旋、ポン引き、ソドミー、女性同性愛の現況、および善良なるプロテスタントのわが王国にて日々増殖する悪魔的書物』
作者不詳、1749年。

『上手な説教術に関する随想。その愉快な術を実践するための適切なルールとともに』
ジェーン・コリアー、1753年。

『著名な雌鶏が構想し、高名な闘鶏家が公表した2話：卵、あるいはグレゴリー・ギディ氏の回想録。ちゃちなフランシス、派手なフレデリック、大げさなベン諸氏による労作。さらにはふくれっ面のパティ、甘美なルーシー、積極的なプリシラによる個人的意見入り。および善良で立派な子犬の回想録』
作者不詳、1772年。

『南京木綿のズボンの風変わりな逸話を散りばめた、アイリッシュリネンのスモックの冒険』
ジョージ・リスター、1783年。

『おならについての随想。高名なブーブー音の興味深い逸話とともに』
チャールズ・ジェームズ・フォックス、1787年。

『彼自身、彼女自身、またはそれ自身が語ったとされるピンの冒険』
J・リー、1790年。

『太陽光線はキュウリから抽出し得る。だがその過程は退屈だ』
デヴィッド・ダゲット、1799年。

『高級なダチョウの羽根の冒険』
シャーウッド、ニーリー&ジョーンズ社、1812年。

『古いかつらの回想録』
リチャード・フェントン、1815年。

『小鬼との休日』
ダドリー・コステロ、1861年。

『ベロシペードの乗り方:どうやってサドルにまたがり、漕いで遁走するか』
ジョセフ・ファース・ボトムリー、1869年。(ベロシペードは19世紀に登場した自転車)

『天国:その所在地、住人、行き方』
ドワイト・L・ムーディー、1881年。

『アヒルで儲ける方法』
ウィリアム・クック、1890〜1894年の間。(「アヒルに一矢報いる方法」とも読める)

『私が出会った霊たち、その他の幽霊譚』
ジョン・ケンドリック・バングズ、1898年。

『夫を「料理」する方法』
エリザベス・ストロング・ワージントン、1898年。

『医科治療および性的快楽におけるむち打ちの利用に関する論考』
ヨハン・ハインリッヒ・マイボーム、1898年(英訳版)。

『私が知っている魚たち』
アーサー・A・ヘンリー・ビーヴァン、1905年。(「魚」は「娼婦」の隠語でもある)

『テレパシーによる病気の「遠隔治療」』
シェルドン・レヴィット医学博士、1906年。

『ほくろ占い——身体各部位のほくろで知る古代占学の最新早分かりガイド』
ハリー・デ・ウィント、1907年。

『あるアイルランド人のオランダ語奮闘記』
キューイ・ナ・ゲール、1912年。

『老年:原因と予防法』
サンフォード・ベネット、1912年。

『ブタで儲ける方法』
C・アーサー・ピアソン社、1913年。(「ブタに一矢報いる方法」とも読める)

『地球が回っている? ありえない!』
ウィリアム・ウェストフィールド、1919年。(243ページ右図参照)

『レディエーション料理本』
レディエーション社(英国バーミンガム市)、1927年。(「レディエーション」には放射線という意味がある)

『絞首刑の手引き』チャールズ・ダフ、1928年。

『主キリストは梅毒にどう対処されるか』
アイラ・D・カーディフ博士、1930年代。

『心霊的自己防衛:心霊的攻撃からの防衛法を説く実践的手引きの書』
ダイアン・フォーチュン、1930年。

『鳥のテレパシー(以外にはありえない)』
エドマンド・セルース、1931年。

『侵略にどう対処するか——柔術』
ジェームズ・ヒップキス、1941年。

『コッカー・スパニエル犬の紳士録』
マリオン・フランシス・ロビンソン、1944年。

『キャベツと犯罪』
アン・ナッシュ、1945年。

『織ゴムの歴史とロマンス』
クリフォード・A・リッチモンド、1946年。

『ラスムセン夫人の料理本:ビール片手に創作料理』
メアリー・ラズウェル、1946年。

『ミミズの利用法』
トーマス・J・バレット、1949年。

『毛むくじゃらのカリブー』
C・バーナード・ラトリー、1949年。

『喜びと実益のためにカエルを育てる』
アルバート・ブロール博士、1950年。

『炭鉱労働者のための筋違え対策』
作者不詳、1950年。

『あなたの足があなたを殺す』
サイモン・J・ウィクラー博士、1953年(『あなたの足が文字通りあなたを殺す』、T・O・「ティップ」・バーグ、1979年も参照)。

『サウスカロライナの牡蠣を攻撃する穿孔海綿』
ベアーズ・ブラフ研究所、1956年。

『蠅帳の中のイタチ』
フィル・ドラブル、1957年。

『誰にでもできる原子力ガーデニング』
ミュリエル・ハワース、1960年。

『耳毛の遺伝』
レジナルド・ラグルス・ゲイツ、P・N・バドゥリ、1961年。

『玉ねぎとその盟友たち』
ヘンリー・アルバート・ジョーンズ、ルイス・キンブル・マン、1963年。

『洗脳なんて簡単さ!』
ジェームズ・マラッタ、1966年。

『バーブ線、プロング線、ポイント線、プリッカー線、スティッカー線:アンティーク有刺鉄線の総カタログ』
ロバート・T・クリフトン、1970年。

『バナナで大胆に』
クレセントブックス社(編集)、1972年。

『ユダヤ人と日本人のセックスと料理本、そしてオオカミの育て方』
ジャック・ダグラス、1972年。

『オカルト料理の愉快なガイドブック』
ウィル・アイズナー、1974年。

『ヌードマウスに関する第2回国際ワークショップ議事録』
野村達次、他(編集)、1977年。

『起業家としての女主人:売春宿の経営管理』
バーバラ・シャーマン・ヘイル、1978年。

『コンクリートの注目すべき歴史』
C・C・スタンリー、1979年。

『驚きの食材:マヨネーズ!』
パット・モリソン、1979年。

『重力は押す力だ』
ウォルター・C・ライト、1979年。

『鶏の喜び』
デニス・ノーラン、1981年。

『縦方向の圧延理論』
G・S・ニキーチン、アレクサンドル・ツェリコフ、S・E・ロコチャン、1981年。

『中世・ルネサンス期のトロンボーン』
ジョージ・B・レーン、1982年。

『核戦争:あなたのメリットは?』
グラウンド・ゼロ、1982年。(邦訳は『核戦争——ある晴れた日、地球の終わりがやってくる』サイマル出版会)

『警察組織のためのオカルト対策の手引き』
メアリー・アン・ヘロルド、1986年。

『排気管の宿命:唯一! 無二! 車のエンジンをキッチンに!』クリス・メイナード、ビル・シェラー、1989年。

『巨大な船を避ける方法』
ジョン・W・トリマー、1993年。

『1ドル以下でデートするための301個のアイデア』
ブレア・トールマン、1999年。

『憂鬱とサヨナラするには:お尻の穴を毎日100回しめてみよう。ナンセンス? それとも効果的?』
西垣広幸、2000年。

『過敏性腸症候群の信仰治療』
ドン・コルバート医学博士、2002年。

『女性のことはトラクターで学んだ』
ロバート・ウェルシュ、2002年。

『死んでいることに気付かない霊たち:いかにして何も知らない傍観者に乗り移るか、乗り移られたときの対処法』
ゲイリー・レオン・ヒル、2005年。

『神は猫を通して語り給うか』
デヴィッド・エヴァンズ、2006年。

『幽霊：ミネソタのもう一つの天然資源』
ブライアン・レフラー、2007年。

『第三帝国時代のスプーン・コレクション』
ジェームズ・A・イアンス、2009年。

『人を撃ったら：銃は熱く、奴は冷たい。さてどうする？』
アラン・ノーウィン、2010年。

『排泄物の出所』
デヴィッド・ウォルトナー＝テーブズ、2013年。（邦訳は『排泄物と文明』築地書館）

『建物の年代を測定するための簡単ガイドブック』
トレヴァー・ヨーク、2017年。（「建物とデートする」とも読める）

『ハンサムな歯科医サーベルタイガーのために大きく開いて——その歯科医は幽霊だった』
チャック・ティングル、2017年。

The BENEFIT of
FARTING
EXPLAIN'D:
OR, THE
FUNDAMENT-all *CAUSE*
OF THE
Diſtempers incident to the Fair Sex
Enquir'd into:

Proving *a poſteriori* moſt of the *Diſordures* in-*tail'd on 'em*, are owing to *Flatulencies* not *ſeaſonably vented*.

Wrote in *Spaniſh*, by Don *Fart-in-hand-o Puff-in dorſt*, Profeſſor of Bum-baſt in the Univerſity of *Craccow*.

AND

Tranſlated into *Engliſh*, at the Requeſt, and for the Uſe of the Lady *Damp-Fart*, of *Her-ſart-ſhire*.

By *Obadiah Fizzle*, Groom of the Stool to the Princeſs of *Arſe-Mini*, in *Sardinia*.

A FART, though wholeſome, does not fail,
If barr'd of Paſſage by the Tail,
To fly back to the Head again,
And by its Fume diſturb the Brain:
Thus Gun-powder confin'd, you know, Sir,
Grows ſtronger, as 'tis ramm'd the cloſer;
But, if in open Air it fires,
In harmleſs Smoke its Force expires.

The TWELFTH EDITION, *reviſed by a College of* Fizz-icians.

LONDON, Printed for *A. P.*

(Price ONE-PENNY.)

読者のためのページ

『物知りのためのピクルス、または素朴な服のありのままの真実』（1802年）の句読点が並ぶページ。著者のティモシー・デクスターは米国マサチューセッツ州の実業家で、この奇怪な本に負けず劣らず相当の奇人だったが、持ち前の強運で成功した。長い柄（え）がついた寝室用あんかを熱帯の西インド諸島に大量に輸出したときは、船長の機転で、地元の糖蜜産業で使う柄杓（ひしゃく）として売りさばくことができた。やはり熱帯にウールの手袋を輸出したときは、アジアの商人がシベリアで売るといって買い取ってくれた。東南アジアの東インド諸島に聖書を輸出したときは現地の宣教師が買ってくれ、西インド諸島に送った野良猫はネズミ駆除に役立つと喜ばれた。まんまとはめられ、船いっぱいの石炭を英国北東部のニューキャッスルに輸送したときは（サウジアラビアに原油を輸出するようなものだ）、船の到着時に炭鉱労働者がストライキ中だったため、大儲けした。その彼が50歳で自費出版したのが、政治家、聖職者、妻への恨みつらみを書き連ねた8847語からなるこの本だ。大文字が適当に散りばめられ、句読点はまったく使われていない。意図したのではなく、無学だっただけだ。とはいえ、読者の反応が悪かったため、第2版では、本の終わりに句読点をひたすら並べたページを加えた。読者自身で切り貼りしてもらう工夫らしい。本書で彼の本を取り上げたことを、今頃きっとどこかで喜んでくれているだろう。

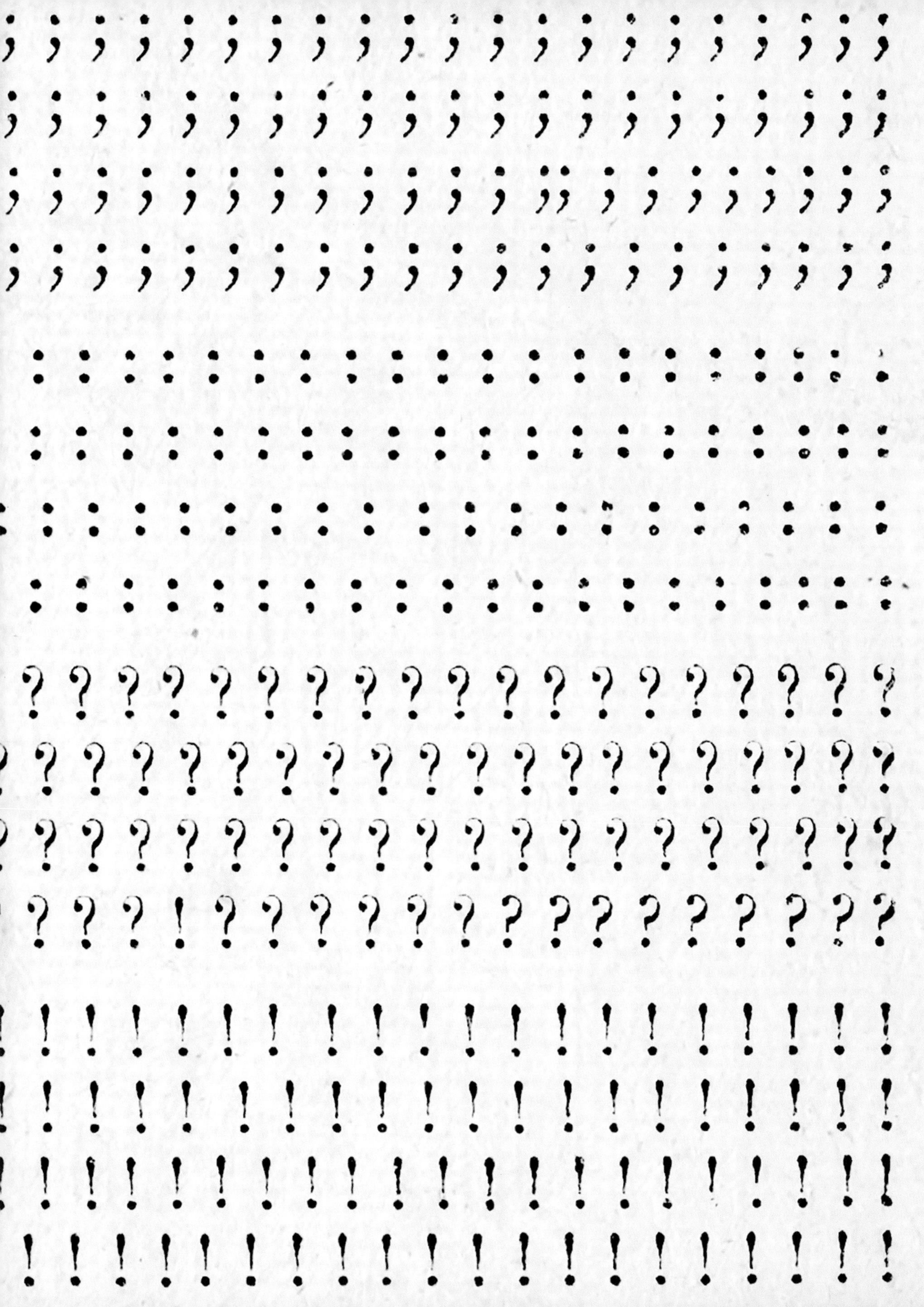

主な参考文献

Ash, R. & Lake, B. (1998) *Bizarre Books*, London: Pavilion Books

Basbanes, N. A. (1995) *A Gentle Madness: Bibliophiles, Bibliomanes and the Eternal Passion for Books*, New York: Henry Holt & Co.

Basbanes, N. A. (2001) *Patience & Fortitude*, New York: HarperCollins Publishers

Bauer, M.S. (2009) *A Mind Apart: Poems of Melancholy, Madness, and Addiction*, Oxford: Oxford University Press

Bishop, T. (2017) *Ink: Culture, Wonder, and Our Relationship with the Written Word*, Toronto: Penguin Canada

Bloch, I. (1909) *The Sexual Life of Our Time in its Relations to Modern Civilization*, London: Rebman Ltd

Bondeson, J. (1997) *A Cabinet of Medical Curiosities*, London: I. B. Tauris Publishers

Bondy, L. (1981) *Miniature Books*, London: Sheppard Press

Bromer, A. C. & Edison, J. I. (2007) *Miniature Books: 4000 Years of Tiny Treasures*, New York: Abrams Books

Copp, P. (2014) *The Body Incantatory: Spells and the Ritual Imagination in Medieval Chinese Buddhism*, New York: Columbia University Press

Darnton, R. (2009) *The Case for Books: Past, Present and Future*, New York: Public Affairs Books

Davenport, C. (1929) *Beautiful Books*, London: Methuen & Co. Ltd

Davenport, C. (1927) *Byways Among English Books*, London: Methuen & Co. Ltd

Davenport, C. (1907) *The Book: Its History and Development*, London: Archibald Constable & Co. Ltd

Davies, O. (2009) *Grimoires: A History of Magic Books*, Oxford: Oxford University Press

Dibdin, T.F. (1809) *The Bibliomania; or Book Madness*, London: W. Savage

Disraeli, I. (1791) *Curiosities of Literature*, London: J. Murray

Ditchfield, P. H. (1895) *Books Fatal to their Authors*, London: Elliot Stock

Duncan, D. & Smyth, A. (eds.) (2019) *Book Parts*, Oxford: Oxford University Press

Eisen, E. X. (2018) https://www.theparisreview.org/blog/2018/10/31/writing-in-blood/

Eliot, S. & Rose, J. (eds.) (2009) *A Companion to the History of the Book*, Oxford: Blackwell Publishing

Febvre, L. & Martin, H-J. (1976) *The Coming of the Book: The Impact of Printing, 1450–1800*, London: New Left Book Club

Finkelstein, D. & McCleery, A. (2005) *An Introduction to Book History*, New York/London: Routledge

Fishburn, M. (2008) *Burning Books*, Basingstoke: Palgrave Macmillan

Ford, B.J. (1992) *Images of Science: A History of Scientific Illustration*, London: British Library

Fowler, C. (2012) *Invisible Ink*, London: Strange Attractor

Garfield, S. (2018) *In Miniature: How Small Things Illuminate the World*, Edinburgh: Canongate Books

Gekowski, R. (2013) *Lost, Stolen or Shredded: Stories of Missing Works of Art and Literature*, London: Profile

Gilbar, S. (1981) *The Book Book*, New York: Bell Publishing Company

Gillett, C. R. (1932) *Burned Books*, Norwood: Plimpton Press

Gordon, Stuart (1995) *The Book of Hoaxes*, London: Headline Book Publishing

Grafton, A. (1997) *The Footnote: A Curious History*, London: Faber and Faber

Haggard, H. W. (1913) *Devils, Drugs and Doctors*, London: Harper & Brothers

Haight, A. (1978) *Banned Books*, New York: R. R. Bowker LLC

Houston, K. (2016) *The Book: A Cover-to-Cover Exploration of the Most Powerful Object of our Time*, New York: W. W. Norton

Jackson, H.J. (2001) *Marginalia: Readers Writing in Books*, London: Yale University Press

Jackson, Holbrook (1930) *Anatomy of Bibliomania*, London: Soncino

Jackson, K. (1999) *Invisible Forms*, London: Picador

Johns, A. (1998) *The Nature of the Book: Print and Knowledge in the Making*, Chicago: Chicago University Press

Kahn, D. (1974) *The Codebreakers*, London: Weidenfeld and Nicolson

Katsoulis, M. (2009) *Literary Hoaxes*, New York: Skyhorse Publishing

Kells, S. (2017) *The Library: A Catalogue of Wonders*, Melbourne: The Text Publishing Company

Kelly, T. F. (2019) *The Role of the Scroll*, New York: W. W. Norton & Company

Kelly, S. (2005) *The Book of Lost Books*, New York: Viking

Kwakkel, E. (2018) *Books Before Print*, Leeds: Arc Humanities Press

Láng, B. (2008) *Unlocked Books*, University Park, PA: Pennsylvania State University

Lyons, M. (2011) *Books: A Living History*, Los Angeles: Getty Publications

Maggs Bros. (1932) *Curiouser and Curiouser: A Catalogue of Strange Books and Curious Titles*, London

Olmert, M. (1992) *The Smithsonian Book of Books*, Washington D.C.: Smithsonian Books

Page, N. (2001) *Lord Minimus: The Extraordinary Life of Britain's Smallest Man*, London: HarperCollins Publishers

Pearson, D. (2008) *Books as History: The Importance of Books Beyond Their Texts*, London: British Library

Petroski, H. (1999) *The Book on the Bookshelf*, New York: Alfred A. Knopf

Pietsch, T. W. (ed.) (1995) *Fishes, Crayfishes, and Crabs: Louis Renard's Natural History of the Rarest Curiosities of the Seas of the Indies*, Baltimore/London: John Hopkins University Press

Robinson, A. (2009) *Lost Languages*, New York: Thames & Hudson Inc.

Rubenhold, H. (2005) *Harris's List of Covent-Garden Ladies*, Stroud: Tempus Publishing

Singh, S. (1999) *The Code Book*, London: 4th Estate

Sutherland, J. (2009) *Curiosities of Literature*, London: Arrow

Tucker, S. D. (2016) *Forgotten Science*, Stroud: Amberley Publishing

Van Straten, G. (2017) *In Search of Lost Books: The Forgotten Stories of Eight Mythical Volumes*, London: Pushkin Press

Welsh, D. V. (1987) *The History of Miniature Books*, Albany: Fort Orange Press

Witkowski, G-J. (1898) *Tetoniana: Curiosités Médicales, Littéraires et Artistiques sur les Seins Et L'allaitement*, Paris: Imprimerie Lemale et Cie, Havre

Wootton, D. (2006) *Bad Medicine: Doctors Doing Harm Since Hippocrates*, Oxford: Oxford University Press

Yu, J. (2012) *Sanctity and Self-Inflicted Violence in Chinese Religions, 1500–1700*, Oxford: Oxford University Press

索引

「索引を付けずに本を出版する者は、地獄の10マイル先へと落ちるがよい。イラクサが邪魔して悪魔でさえたどりつけない場所へ」――ジョン・ベインズ(1758～1787年)

ア行

カ行

サ行

タ行

ナ行

ハ行

マ行

ヤ行

ラ行

ワ行

A-Z

謝辞

本書の作成にあたって、多大な力添えをいただいた方々に心より感謝申し上げたい。キングスフォード・キャンベル社のチャーリー・キャンベル氏、サイモン&シュスター社のイアン・マーシャル氏、全力で美しい本を作り上げてくれたローラ・ニコルとキース・ウィリアムズの両氏に謝意を表する。また、質問攻めに懲りずに付き合ってくれる父フランクリン・ブルック=ヒッチングをはじめ、私を支えてくれる家族にも感謝したい。アレックスとアレクシー・アンスティ、デイジー・ララミー・ビンクス、メーガン・ローゼンブルーム、リンジー・フィッツハリス、マットとジェマとチャーリー・トゥロートン、ジョージー・ハレット、ティア・リーズの諸氏、さらにはQIの友人であるジョンとサラとココ・ロイド、ピアース・フレッチャー、ジェームズ・ハーキン、アレックス・ベル、アリス・キャンベル・デイビス、ジャック・チェンバース、アン・ミラー、アンドリュー・ハンター・マリー、アンナ・ターシンスキー、ジェームズ・ローソン、ダン・シュライバー、マイク・ターナー、サンディ・トクスヴィグにも感謝申し上げる。

また、快くインタビューに応じ、専門知識を提供し、素晴らしい絵や写真の転載を許可してくださった皆様に特別な謝意を表したい。ダニエル・クラウチ稀覯本・地図販売店のダニエル・クラウチとニック・トリミングの両氏、サザビーズのリチャード・ファットリーニとフィリップ・アーリントンとキアラ・デ・ニコライの諸氏、ボンハムのマシュー・ヘイリー氏、ピーター・ハリントン古書店のジョー・ジェームソン氏、さらにトビアス・シュローデル、ニール・ウィルソン博士、デヴィッド・ネイサン=マイスター、ウラジーミル・アニスキン、ヴィニシウス・レオンシオ、フィリップ・マーティンズの諸氏にも感謝申し上げる。大英図書館、メトロポリタン美術館、米国議会図書館、ニューヨーク公共図書館、米国国立医学図書館、ウェルカム・コレクション、プリンツホルン・コレクション、バイネキ稀覯本・手稿図書館、イエール大学、アムステルダム国立美術館、モルガン図書館・博物館、バイエルン州立図書館、ジョン・カーター・ブラウン図書館、ベルギー王立図書館、ホノルル美術館リチャード・レイン・コレクションの素晴らしいスタッフの方々にも厚くお礼申し上げる。

図版クレジット

The Arnamagnæan Institute, University of Copenhagen Pg 28; The Arnamagnæan Institute, University of Copenhagen, Copenhagen, Denmark, AM 377 fol., 455v-456r. Photograph: Suzanne Reitz Pg 117; Auction Team Breker Cologne Germany ″ 2019 Pg 137 (bottom); BabelStone, Wikipedia Pg 143 (top); Bayerische Staatsbibliothek München, Cgm 48, fol. 37r Pg 181; Beinecke Library, Yale University Pg 4–5, 19 (top), 40, 70–73, 144, 166; Ben Denzer Pg 41; BiblioArchives / LibraryArchives Pg 89; Biblioteca Civica Hortis, Trieste Pg 201 (bottom three images); Bibliothèque Royale de Belgique Pg 195; Bonhams Pg 190–191, 217 (both images), 224; Boston Public Library Pg 85 (all images); Bristol Archives Pg 51; British Library Pg 23 (top left), 29 (bottom), 47 (top), 58, 60–61, 74 (top), 110 (top), 112 (both images), 114, 116, 128, 147, 153 (top), 167, 174–175 (both images), 177, 197, 199 (top), 201 (top left, top middle); The British Library Board/Bridgeman Images Pg 234 (bottom); California Digital Library Pg 211 (both images); Center for the History of Medicine, Countway Library Pg 210; CEphoto, Uwe Aranas Pg 136 (bottom); Cristian Chirita Pg 90 (top); Daderot Pg 23 (right); Courtesy of Dr Neil Wilson Pg 38; Daniel Crouch Rare Books and Maps Pg 33 (bottom right); David Nathan-Maister Pg 44 (both images); Dorotheum, Wikipedia Pg 97 (top); dpa picture alliance / Alamy Pg 107; Etan J. Tal Pg 176; Francis A. Countway Library of Medicine, Medical Heritage Library Pg 132–133; Getty Research Institute Pg 79, 205; Haeferl/Wikimedia Pg 35 (bottom); Ghent University Library Pg 118–119; Heidelberg University Pg 142; Henry Groskinsky / The LIFE Picture Collection via Getty Images Pg 212; Houghton Library, Harvard University Pg 54; Houston Museum of Natural Science Pg 35 (top); Institute of Slavonic Studies Pg 141; INTERFOTO / Alamy Pg 33 (bottom left); The J. Paul Getty Museum, Los Angeles Pg 112 (both images); The J. Paul Getty Museum, Villa Collection, Malibu, California, gift of Lenore Barozzi Pg 26; John Carter Brown Library Pg 178–179; Kevin Knight, Beáta Megyesi, Christiane Schaefer Pg 78; Keystone Press / Alamy Pg 84; Lawrence J. Schoenberg Collection of Manuscripts, Kislak Center for Special Collections, Rare Books and Manuscripts, University of Pennsylvania Pg 75; Leofstan Pg 221 (bottom right); Library of Congress Pg 16, 32 (top left), 99, 106, 161 (bottom), 162, 185, 209 (top), 215 (both images), 222 (top right), 226; Mac Armstrong, Wikipedia Pg 82; Mamma Haidara Library, Timbuktu Pg 43 (top); Marcin Wichary Pg 137 (top); Marie-Lan Nguyen Pg 24, 33 (top); McGill University Pg 46; Metropolitan Museum of Art Pg 27 (right), 65 (bottom), 140, 169, 218 (top left and bottom left), 219 (top right); Nicholas Herman Pg 32 (bottom); Museums Victoria Pg 136 (top left and second from bottom); Music Library, University of California, Berkeley Pg 183; Nara National Museum Pg 180 (both images); National Archives of the Netherlands Pg 42, 120–121; National Gallery of Art Pg 216; National Library of Medicine, Maryland Pg 64 (left), 134–135, 198 (both images), 204 (bottom two images); National Library of New Zealand Pg 218 (bottom right); Division of Cultural and Community Life, National Museum of American History, Smithsonian Institution Pg 36; National Museum of Warsaw Pg 27 (bottom); NATT-at-NKM/Flickr Pg 37; N P Holmes Pg 111 (right); Per B. Adolphson, National Library of Sweden Pg 230–231; Peter Harrington Rare Books Pg 127; Petrus Agricola/Flickr.com Pg 172; Philipe Martins Pg 235; Princeton University Library Pg 43 (bottom); Newberry Library Pg 45; Prinzhorn Collection, University Hospital Heidelberg, Inv. Nr. 743 Pg 20–21; Punishar, Wikipedia Pg 136 (second from top); Rare Book and Manuscript Library, University of Pennsylvania Pg 146; Richard Lane Collection, Honolulu Museum of Art Pg 204 (top); Rijksmuseum Pg 153 (bottom), 202; Royal Danish Library Pg 30, 110 (bottom); Royal Library, Copenhagen Pg 219 (left); Scott Peterson via Getty Images Pg 63; Simon Fraser University Pg 223 (top); Skokloster Castle / Erik Lernestål / CC BY-SA Pg 220 (top left, bottom right); Smithsonian Libraries Pg 11 (bottom), 29 (top), 36, 56 (both images), 94–95; SothebyÅfs Pg 171, 220 (bottom); Staatsbibliothek Bamberg Pg 47 (bottom); Stadtbibliothek im Bildungscampus Nürnberg, Amb. 317.2Åã, f. 34r Pg 50; Reproduced with the Kind Permission of the SurgeonsÅf Hall Museums, The Royal College of Surgeons of Edinburgh Pg 53; Swarthmore College Pg 143 (bottom); Courtesy of Tobias Schrödel Pg 86–87; Trey Jones Pg 65; University of California Libraries Pg 163; Uploadalt, Wikipedia Pg 74 (bottom); Vladimir Aniskin Pg 223 (bottom); Wagaung, Wikipedia Pg 229; Walters Art Museum Pg 220 (top right); Waseda University Library Pg 12–13; University of Pittsburgh Pg 236–239; Wellcome Collection Pg 1, 8, 11 (top), 23 (bottom left), 48, 49, 52, 57, 139, 152 (top right and bottom), 154–158 (all images), 159, 160, 182, 184, 194, 199 (bottom left and right), 200, 201 (top right), 203 (both images), 206 (both images), 207, 219 (bottom right); Wellspring/Courtesy Everett Collection/ Alamy Pg 228; Yorck Project Pg 66, 170, 196, 232; Ziegler175, Wikipedia Pg 234 (top); ウィキ太郎 (Wiki Taro) Pg 189.

6〜7ページ：Cincinnati public library, 1954

上記以外の図版は全て著者所有。

ナショナル ジオグラフィック協会は1888年の設立以来、研究、探検、環境保護など1万3000件を超えるプロジェクトに資金を提供してきました。ナショナル ジオグラフィックパートナーズは、収益の一部をナショナルジオグラフィック協会に還元し、動物や生息地の保護などの活動を支援しています。

日本では日経ナショナル ジオグラフィック社を設立し、1995年に創刊した月刊誌『ナショナル ジオグラフィック日本版』のほか、書籍、ムック、ウェブサイト、SNSなど様々なメディアを通じて、「地球の今」を皆様にお届けしています。

nationalgeographic.jp

THE MADMAN'S LIBRARY

Text Copyright © 2020 Edward Brooke-Hitching
First published in Great Britain in 2020 by Simon & Schuster UK Ltd
1st Floor, 222 Gray's Inn Road, London, WC1X 8HB
A CBS Company
Japanese translation rights arranged with
Simon & Schuster UK Ltd.
through Japan UNI Agency, Inc., Tokyo

愛書狂の本棚

異能と夢想が生んだ奇書・偽書・稀覯書

2022年3月14日　第1版1刷
2022年6月30日　2刷

著者　エドワード・ブルック=ヒッチング
訳者　髙作自子
編集　尾崎憲和
葛西陽子
編集協力　小葉竹由美
日本語版デザイン　三木俊一
髙見朋子（文京図案室）
制作　クニメディア
発行者　滝山 晋
発行　日経ナショナル ジオグラフィック社
〒105-8308 東京都港区虎ノ門4-3-12
発売　日経BPマーケティング
印刷・製本　凸版印刷

© 2022 Yoriko Takasaku
© 2022 Nikkei National Geographic Inc.

ISBN978-4-86313-489-8
Printed in Japan

乱丁・落丁本のお取替えは、こちらまでご連絡ください。
https://nkbp.jp/ngbook

本書の無断複写・複製（コピー等）は著作権法上の例外を除き、禁じられています。購入者以外の第三者による電子データ化及び電子書籍化は、私的使用を含め一切認められておりません。
本書はSimon & Schuster UK社の書籍The Madman's Libraryを翻訳したものです。内容については、原著者の見解に基づいています。
NATIONAL GEOGRAPHIC and Yellow Border Design are trademarks of the National Geographic Society, under license.

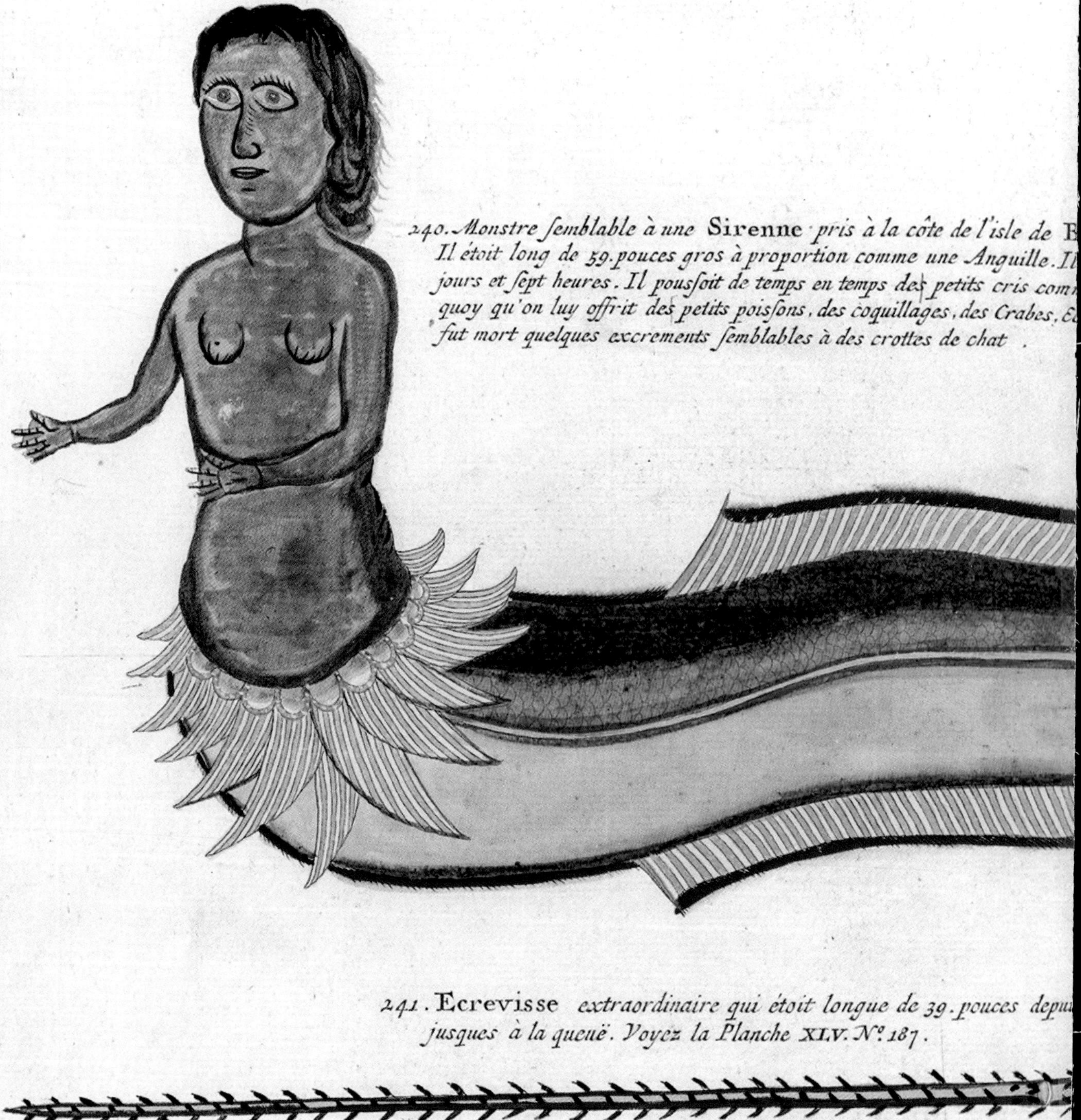

240. *Monstre semblable à une* **Sirenne** *pris à la côte de l'isle de B*
Il étoit long de 59. pouces gros à proportion comme une Anguille. Il
jours et sept heures. Il poussoit de temps en temps des petits cris com
quoy qu'on luy offrit des petits poissons, des coquillages, des Crabes, Ec
fut mort quelques excrements semblables à des crottes de chat.

241. **Ecrevisse** *extraordinaire qui étoit longue de 39. pouces depu*
jusques à la queuë. Voyez la Planche XLV. *N°. 187.*

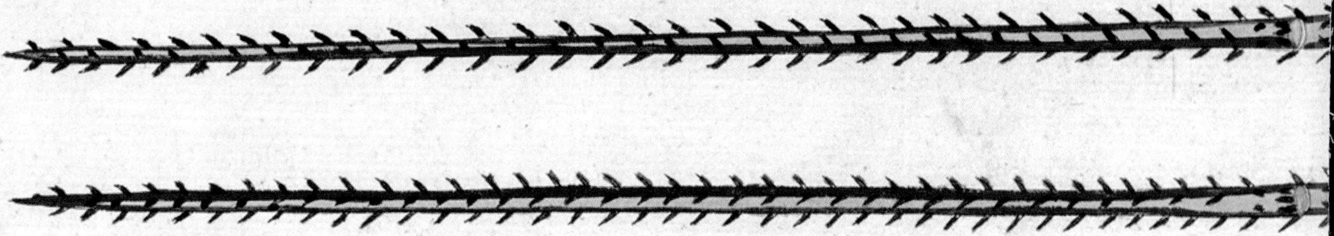